Lust aufs Land
2007/2008

Europas schönste Ferienhöfe

Natur erleben
Urlaub genießen

im Landschriften-Verlag

Impressum

© Landschriften-Verlag GmbH, Maarstraße 96, D-53227 Bonn
Telefon: 0049/(0)2 28/96 30 20, Telefax: 0049/(0)2 28/96 30 233
E-Mail: info@landselection.de, www.landselection.de

Redaktion
Ariane Bödecker, Anita Brunsch, Martin Gaumert, Isabelle Klarenaar

Gestaltung
Anita Brunsch, Martin Gaumert

Abbildungen
Tourismusverband NRW, Rheinland-Pfalz, Hessen, Baden-Württemberg, Emsland, Niedersachsen, Michael Dickel, Martin Gabriel, Theo Haslbeck, Andreas Hub/B-Rechte FWL/TVF (S. 152), Landschriften-Verlag u.a.

Alle Rechte vorbehalten, insbesondere des Nachdrucks, der fotomechanischen Wiedergabe und der Übersetzung. Ohne schriftliche Zustimmung des Verlages ist es auch nicht gestattet, aus diesem urheberrechtlich geschützten Werk Anschriften, einzelne Textabschnitte, Zeichnungen oder Bilder mittels aller Verfahren wie Speicherung, Übertragung auf Papier, Transparente, Filme, Bänder, Platten oder andere Medien zu verbreiten und zu vervielfältigen. Ausgenommen sind die in § 53 und § 54 URG genannten Sonderfälle.

Printed in Germany   ISBN 978-387457161-6

Herzlich willkommen

„Kein schöner Land in dieser Zeit ..."

Liebe LandSelection-Gäste,
liebe Landliebhaber!

Wo könnte es schöner sein als auf dem Land –

wo Traditionen vielfältig gelebt werden und sich die Regionen von ihrer ursprünglichsten Seite zeigen,

wo die Menschen in Generationen statt in Quartalen denken und handeln und

wo man ganz nah dran ist, was man vielleicht „echtes Er-Leben" nennen kann.

Machen Sie sich auf die Reise,
lernen Sie Europas schönste Ferienhöfe kennen!

Wir wünschen Ihnen eine schöne Zeit!

Ihre LandSelection-Gastgeber

"Kein schöner Land in dieser Zeit..."

Inhaltsverzeichnis

LandSelection stellt sich vor	6
Bauernhof-Cafés und -Restaurants	8
LandSelection-Gastgeber auf einen Blick	10
LandSelection nach Regionen	12
LandSelection im Internet	15
LandSelection-Gastgeber nach Postleitzahl	16
LandSelection-Gastgeber in Deutschland	18
LandSelection-Gastgeber in Europa	190
LandSelection – Besondere Angebote	264
LandSelection – Kindergeburtstage feiern	268
LandSelection – Service	269
LandSelection – Symbole	272

LandSelection stellt sich vor

Entdecken Sie Europas schönste Ferienhöfe!

Ganz persönlich
Im Bauernhaus wohnen,
miteinander lachen und reden,
über Gott und die Welt
und das Leben auf dem Land.

Sehr traditionsbewusst
die Geschichten von Land und Leuten hören,
Bauernregeln lernen,
alte Werte neu entdecken.

Höchst komfortabel
Unter Daunendecken träumen,
Schmackhaftes aus der Bauernküche kosten,
auf nichts verzichten müssen.
Total erholsam

Den Tieren zuschauen,
in ein Buch schauen,
nicht auf die Uhr schauen,
die Vögel zwitschern hören
und auf den Alltag pfeifen.

Besonders erlebnisreich
Die Rösslein einspannen
und die Spreu vom Weizen trennen,
Reiten – Angeln – Schwimmen – Klettern -
Wandern – Trecker fahren,
mal aufstehen um 6, mal schlafen bis 10.

Das Gras wachsen hören,
klare Luft und frisch gepflügte Erde,
tief einatmen,
mal wieder durchatmen.

LandSelection stellt sich vor

Die LandSelection-Gastgeber heißen Sie herzlich willkommen!

Ob groß oder klein, alt oder jung – bei LandSelection werden all jene fündig, für die hoher Komfort und bester Service ebenso wichtig ist wie frische Landluft.

LandSelection steht für ausgefallene Feriendomizile, die die traditionellen Vorzüge des Bauernhof-Urlaubs mit anspruchs-

Vom Reiterhof an der See bis zum Wellness-Hof im Voralpenland, vom Weingut am Rhein bis zur spanischen Finca, stellt „Lust aufs Land" die unterschiedlichsten Varianten ländlicher Quartiere vor, die den Bauernhof-Urlaub zum Traumurlaub machen.

voller Ausstattung in allen Bereichen kombinieren:

Gepflegte Landschaften, ein herzliches Ambiente, leckere Land-Küche für Genießer und abwechslungsreiche Freizeitmöglichkeiten für Groß und Klein.

Bauernhofcafés und

Lust auf Bauernhofcafes und -Restaurants

Ob man die Sehenswürdigkeiten der Umgebung erkundet oder sein Lieblingsplätzchen auf dem Hof genießt: gutes Essen gehört zu einem gelungenen Urlaub unbedingt dazu.

Daher macht „Lust aufs Land" natürlich auch Lust auf hausgemachte Spezialitäten und regionaltypische Restaurants.

Die meisten Zutaten stammen aus heimischer, gelegentlich sogar biologischer Erzeugung. Dazu gehören viel frisches Obst und Gemüse, so dass sich der Genuss der ländlichen Küche zu Hause nicht auf der Waage niederschlagen muss.

-Restaurants

Auf gesonderten Seiten präsentieren sich ausgesuchte Bauernhof-Cafés und -Restaurants.

Dort verbinden sich ländliche Gemütlichkeit in Dielen, Scheunen oder Gewölbekellern mit speziellen Gaumenfreuden zu einem unvergesslichen Charme. Seien Sie neugierig auf ländliche Genüsse aus verschiedensten Regionen – vom knusprigen Braten bis zum frischen Butterkuchen, von der leckeren Suppe bis zum knackigen Salat.

Traditionell macht deftige Hausmannskost die ländliche Küche aus. Schließlich ist Landarbeit harte Arbeit und die verbrauchte Energie muss wieder zugeführt werden. Doch auch die Feriengäste werden sich

über ihren gesunden Appetit wundern. Die gute Landluft macht eben hungrig und da kommt das reichhaltige Angebot gerade recht.

LandSelection-Höfe in

Deutschland

Ostsee — Seite 18
380 km Küste zwischen Flensburg und Usedom, dazwischen Ferienhöfe inmitten leuchtender Rapsfelder und geheimnisvoller Buchenwälder, ein reizvolles Hinterland mit Seen und Alleen.

Nordsee — Seite 52
Ebbe und Flut, Watt und Wind – hier spricht man Platt und beschenkt die Gäste mit herzlicher, ehrlicher Gastfreundschaft – geprägt durch fest verankerte Bräuche.

Ems- und Heideland — Seite 72
Einmal von West nach Ost durch Norddeutschlands Weiten – Heideflächen, Flüsse, Moore und Wälder versprechen erholsame Urlaubstage auf herrschaftlichen Höfen.

Zwischen Münsterland und Niederrhein — Seite 98
Radwege so weit das Auge reicht, parkähnliche Landschaften und dazwischen herrschaftliche Höfe, die den Gästen erholsame Ferien bereiten.

Deutschlands Mitte: vom Sauerland nach Thüringen — Seite 112
Bewaldete Berge und idyllische Täler, Fachwerk in den Dörfern und auf den Höfen – rundum erholsam und ganz nah!

Mittelrhein und Westerwald (rechtsheinisch) — Seite 126
Burgen und Schlösser rechts des Rheins und oberhalb der Lahn, traditionelle Gastgeber inmitten einer beeindruckenden Kulturlandschaft.

Deutschland und Europa

Mosel und Eifel (linksrheinisch)
Geschwungene Flussläufe und Weinberge an der Mosel, erloschene Vulkane in der Eifel – Winzerhöfe und Pferdebetriebe sagen herzlich Willkommen.

Seite 136

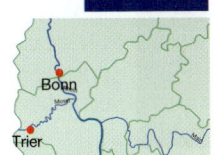

Von der Schwäbischen Alp nach Franken
Zwischen Tauber und Main, dort wo man schwäbelt und fränkelt, freuen sich herzliche Gastgeber auf kleine und große Gäste.

Seite 152

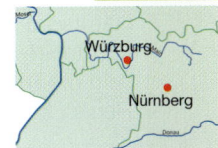

Zwischen Bodensee und Schwarzwald
Deutschlands milder Südwesten mit traditionellen Bauernhöfen auf den Höhen des Schwarzwaldes und einladenden Häusern in der lieblichen Bodenseegegend.

Seite 164

Vom Bayerischen Wald nach Oberbayern
Blumenbeladene Balkone, bayerische Traditionen und Brauchtümer sind auf den Ferienhöfen im Süden und Osten Bayerns zu Hause.

Seite 178

Österreich

Berge, Täler oder Seen – Österreichs Ferienhöfe liegen an den schönsten Flecken des Landes und bieten das ganze Jahr über Ferien inmitten herrlicher Natur

Seite 190

Niederlande

Zwischen Wasser und Wiesen, beschaulichen Orten und Tulpenfeldern liegen herrliche Ferienhöfe, von denen aus sich das Land ideal erkunden lässt.

Seite 214

LandSelection-Höfe in Europa

Polen

Ob Masuren oder Riesengebirge – Polen's vielfältige Landschaft und seine sprichwörtliche Gastfreundschaft verzaubert hier wie dort.

Seite 226

Ungarn

Naturschönheiten, kultureller Reichtum und zahlreiche Heilbäder sind die Trümpfe der Perle im Herzen Europas.

Seite 232

Italien

Olivenhaine und Weinberge umgeben die italienischen Landgüter. Herzliche Gastgeber laden in das Land der Kulturschätze und der zauberhaften Landschaften ein.

Seite 238

Frankreich

Liebe auf den ersten Biss vermittelt die französische Küche. Ein Genuss für alle Sinne sind die abwechslungsreichen Schönheiten der Küsten- und Binnenlandschaft.

Seite 244
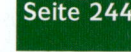

Spanien

Ländliche Gastgeber einer stolzen Nation mit reichhaltiger Kultur erwarten ihre Gäste auf traditionellen Fincas in abwechslungsreicher Landschaft.

Seite 252

Portugal

Das Land der Seefahrer besitzt die Idylle der kleinen Dörfer, der alten Burgen, der Orangen- und Zitronenbäume, der malerischen Felsformationen und der weiten Sandstrände.

Seite 258

www.landselection.de

Stöbern Sie auch unter *www.landselection.de* nach Ihrem Traumziel auf dem Land.

Erfahren Sie auf einen Blick, wo es überall *LandSelection Gastgeber* gibt und bekommen Sie bereits einen ersten Eindruck von Ihrem Wunschhof, indem Sie ihn schon einmal auf seiner Internetseite besuchen.

Werden Sie fündig nach Ideen für ein *Land-Wochenende* oder ein paar Urlaubstage zwischendurch. Setzen Sie Ihren Urlaubswunsch ins Netz und lassen Sie sich einfach direkt von Ihrem *LandSelection-Gastgeber* ein individuelles Angebot machen.

Sie gehören zu den Kurzentschlossenen? Dann werden Sie garantiert unter den *Last-Minute-Angeboten* fündig!

Willkommen bei *www.landselection.de*, wir freuen uns auf Sie!

LandSelection-Gastgeber

Ostsee

18556 Putgarten/Rügen		
Hof Wollin	S. 48	
18569 Ummanz/Rügen		
Bauernhof Kliewe	S. 44	
18569 Ummanz/Rügen		
Rügen-Ferienhof	S. 46	
23701 Eutin-Sielbeck		
Ferienhof Damlos	S. 32	
23714 Bad Malente		
Hof Radlandsichten	S. 34	
23714 Bad Malente		
Hof Neversfelde	S. 36	
23714 Bad Malente		
Ingenhof	S. 38	
23730 Bliesdorf		
Ferienhof Bendfeldt	S. 28	
23758 Oldenburg/Holstein		
Gut Gaarz	S. 26	
23883 Dargow		
Schoppenhof	S. 42	
24306 Bösdorf		
Hof Augstfelde am See	S. 30	
24306 Pfingstberg		
Hof Schlossblick	S. 40	
24398 Winnemark		
Hof Bocksrüde	S. 22	
24407 Karschau		
Ferienhof Truelsen	S. 24	
24972 Steinberg		
Gut Oestergaard	S. 20	

Nordsee

25718 Friedrichskoog
  Der Tjarkshof S. 54
26434 Hooksiel
  Katrin's Ferienhof S. 60
26434 Hooksiel
  Traberhof S. 62
26434 Wangerland-Förrien
  Ol' Backhus S. 64
26434 Horumersiel
  Ferienhof Janssen S. 66
26349 Jade
  Kulturschatzhof Cramer S. 58
26506 Norden
  Groot Plaats/Osterwarf S. 68
26969 Butjadingen
  Ferienhöfe Francksen S. 56

Ems und Heideland

29223 Celle-Altenhagen
  Ferienhof Knoop S. 92
29614 Soltau-Tetendorf
  Drewes-Hof S. 88

29614 Soltau
  Bauernhofcafé Eggershof S. 90
29699 Bommelsen
  Beekenhof S. 86
31600 Uchte
  Hof Frien S. 84
31832 Springe
  Ferienhof Sander S. 94
49577 Eggermühlen
  Schloss Eggermühlen S. 78
49577 Ankum
  Ferienhof Schmidt S. 80
49624 Löningen-Angelbeck
  Hof am Kolk S. 76
49685 Drantum
  Ferienhof Werner S. 82
49849 Wilsum
  Ferienhof Garbert S. 74

Münsterland und Niederrhein

34434 Borgentreich
  Rittergut Burg Borgholz S. 104
47589 Uedem
  Poenenhof S. 108
48351 Everswinkel
  Ponyhof Georgenbruch S. 100
48329 Havixbeck
  Ponyhof Schleithoff S. 106
59320 Ennigerloh
  Ferienhof Bettmann S. 102

Vom Sauerland nach Thüringen

34311 Naumburg
  Landhotel Schneider S. 116
34311 Naumburg
  Gut Waldruh S. 118
59964 Medebach
  Zur Hasenkammer S. 114
99947 Behringen
  Ponyhof Zilling S. 120

Mittelrhein und Westerwald

35796 Weinbach Gräveneck
  Hofgut Alt Schwartenberg S. 128
55430 Oberwesel
  Ferienhof Hardthöhe S. 130
56412 Welschneudorf
  Gutshaus Rückerhof S. 132

Mosel und Eifel

54536 Kröv
  Weingut Staffelter Hof S. 138
54552 Schönbach
  Hubertushof S. 144
54552 Utzerath
  Gestüt Pfauenhof S. 142

LandSelection-Gastgeber

54649 Lauperath
  Mayischhof — S. 146
67308 Lautersheim
  Lautersheimer Gutshof — S. 140

Schwäbische Alb / Franken
91628 Steinsfeld
  Landhotel Schwarzes Roß — S. 154
96274 Itzgrund
  Die Schenkenau — S. 158
96352 Wilhelmsthal
  Steffahof — S. 160
97999 Igersheim
  Reiterhof Trunk — S. 156

Bodensee / Schwarzwald
77709 Oberwolfach-Walke
  Hanselehof — S. 168
88048 Friedrichshafen-Ailingen
  Gerbehof — S. 172
88069 Tettnang
  Gutshof Badhütten — S. 174
89340 Leipheim
  Schwarzfelder Hof — S. 166
88631 Beuron-Thiergarten
  Gutshof Käppeler — S. 170

Bayrischer Wald / Oberbayern
82449 Schöffau
  Blaslhof — S. 186
83125 Eggstätt
  Hagerhof — S. 184
84106 Großgundertshausen
  Hof Stadler — S. 180
94139 Breitenberg
  Landgut Tiefleiten — S. 182

Österreich
A-3251 Purgstall/Erlauf
  Pension Hochrieß — S. 204
A-5201 Seekirchen/Wallersee
  Lindenhof — S. 196
A-5611 Großarl
  Moar-Gut — S. 198
A-5611 Großarl
  Reisenhof — S. 200
A-6263 Fügen
  Landhaus Katharina — S. 194
A-6533 Fiss
  Ponyhof Wachter — S. 192
A-9816 Penk
  Moserhof — S. 202
A-9852 Trebesing
  Nicklbauer — S. 206
A-9762 Weißensee
  Haus Jakober — S. 208
A-9762 Weißensee
  Neusacher-Moser — S. 210
A-9762 Weißensee
  Obergasserhof — S. 212

Niederlande
NL-2396 HK Koudekerk/Rijn
  Rijnhoeve — S. 222
NL-2441 CK Nieuwveen
  Sint Nicolaashoeve — S. 220
NL-2771 NG Boskoop
  Christinahoeve — S. 218
NL-3633 XX Vreeland
  „de Willigen Logies" — S. 224
NL-7004 JD Doetinchem
  Hof Mebelder — S. 216

Polen
PL-11-520 Ryn
  Hermannshof — S. 230
PL-58-400 Kamienna Góra
  Ferienhof Ditterla — S. 228

Ungarn
H-6786 Ruzsa
  Virág Tanya — S. 236
H-8756 Kisrécse-Kendli
  Bauernhof Czinki — S. 234

Italien
I-50060 Donnini
  Fattoria Montalbano — S. 240
I-58022 Follonica
  Il Tesorino e Gerfalco — S. 242

Frankreich
F-24510 St. Felix de Villadeix
  Domaine de Lavalette — S. 246
F-39350 Ougney
  Mon Moulin — S. 250
F-46350 Payrac
  Le Colombié — S. 248

Spanien
E-41370 Cazalla de la Sierra
  Las Navezuelas — S. 256
E-41479 La Puebla de los Infantes
  Finca Los Cerrillares — S. 254

Portugal
P-8300-028 Silves
  Quinta da Figueirinha — S. 260
P-8550 Monchique
  Residencia Minuh — S. 262

Seit der Wiedervereinigung ist die deutsche Ostseeküste um das Vierfache gewachsen: von Flensburg bis Usedom säumen nun mehr als 2000 Kilometer Strand die reizvolle Landschaft Schleswig-Holsteins und Mecklenburg-Vorpommerns. Salzarmes Wasser und das Fehlen der Gezeiten bilden ideale Bedingungen für den Wassersport und erholsame Badeaufenthalte. Neben weißen Naturbadestränden machen vor allem die Steilufer und tief eingeschnittenen Buchten den Reiz dieser Küste aus.

Unzählige Attraktionen haben die Ostseeküste Schleswig-Holsteins zu einer der beliebtesten Ferienregionen Deutschlands gemacht. Von Flensburg bis Lübeck reihen sich traditionsreiche Seebäder wie Perlen auf einer Kette. Jedes hat sein eigenes Flair, von elegant, mondän bis hin zu modernsten Familienbädern und Kurbetrieben. Allein in der feinsandigen Lübecker Bucht tummeln sich unzählige beliebte Ferienorte wie Travemünde, Timmendorfer Strand, Scharbeutz, Haffkrug, Sierksdorf, Neustadt und Grömnitz.

> **Meer und Sonne**
>
> Das Meer erstrahlt im Sonnenschein
> Als ob es golden wär.
> Ihr Brüder, wenn ich sterbe,
> versenkt mich in das Meer.
>
> Hab immer das Meer
> so liebgehabt
> Es hat mit sanfter Flut
> So oft mein Herz gekühlet;
> Wir waren einander gut.
>
> Heinrich Heine

Ostsee

Im dünn besiedelten Binnenland fällt auf, dass Schleswig-Holstein immer noch vor allem ein Agrarland ist. Dort findet der Besucher Ursprünglichkeit und Beschaulichkeit, Ruhe und Entspannung. Zahlreiche feudale Herrenhäuser und Schlösser zeugen von der historischen Bedeutung und der Kultur des Landes.

Mit Buchenwäldern, durch die das Blau des Meeres schimmert und mit einem weitläufigen Hinterland voller Alleen, alter Herrensitze und unberührter Natur lockt die Ostseeregion Mecklenburg-Vorpommerns. Nicht ohne Grund malte Caspar David Friedrich das Wahrzeichen der Insel Rügen: die abwechslungsreiche Bilderbuchlandschaft und die imposanten Kreidefelsen auf der Halbinsel Jasmund sind Symbol des besonderen Zaubers dieser Region. Historische Badeorte der Gründerzeit erstrahlen in neuem Glanz, alte Hansestädte wie Wismar, Rostock, Stralsund oder Greifswald zeugen von einer bewegten Geschichte. Gleichzeitig zeigt sich die Natur von einer Ursprünglichkeit und Weite, die ihresgleichen sucht. So ist der jährliche Kranichzug schon legendär und ein Höhepunkt der Nachsaison – jährlich reisen viele Menschen im Herbst an, um Zehntausende der eleganten Vögel bei ihrer Rast in den Boddengewässren zu beobachten.

Ostsee – Schleswig-Holstein

Gut Oestergaard

LandSelection-Tipp: Irrungen und Wirrungen

Jährlich von Mitte Juli bis Mitte September können sich die Gäste im hofeigenen, zweieinhalb Hektar großen **Maislabyrinth** verlaufen! Wo sonst der Weizen wächst, findet sich dann ein „biologisch abbaubares" Freizeitvergnügen für Jung und Alt.
Für alle diejenigen, die vom Verirren bei Tag dann noch nicht genug haben, bietet sich die Möglichkeit an einer Gespensternacht teilzunehmen.
Dafür sollten unbedingt Taschenlampen mitgebracht werden!

Eingebettet in die malerische Landschaft „Angeln" liegt das Gut Oestergaard – erstmals um 1400 erwähnt – in einem großzügigen Park direkt an der Ostsee. Wo Jahrhunderte lang Land- und Forstwirtschaft betrieben wurde, ist heute ein ganz besonderer Ort für Erholung und Kultur. Da lädt das gemütliche Hofcafe in den Räumen des herrschaftlichen Gutshauses zu leckeren Waffeln und selbstgebackenen Torten ein. Die mächtige Kornscheune aus dem Jahr 1870 mit historischer Holzbalkenkonstruktion ist heute Austragungsort vielfältiger kultureller Veranstaltungen – wie zum Beispiel Jazz- oder Klassikkonzerte. Darüber hinaus

Familie Lempelius
Gut Oestergaard
24972 Steinberg
Tel.: 0 46 32/72 49
Fax: 0 46 32/8 73 09
www.gut-oestergaard.de
info@gut-oestergaard.de

lockt der hofeigene „Pfingstmarkt" alljährlich viele Besucher nach Oestergaard. Der hauseigene Mühlenteich lädt zum Ruderboot fahren und die dazugehörige Seeterrasse zum Angeln ein.

Wer die herrliche Gegend kennenlernen möchte, der hat die Auswahl zwischen geschmackvoll renovierten Ferienwohnungen im „Herren- oder Kutscherhaus". Die romantische „Alte Wassermühle" und die Mühlenkate sind heute stilvolle, mit allem Komfort eingerichtete Ferienhäuser.

Die malerische Umgebung mit ihren Getreide- und Rapsfeldern und die nahegelegenen Naturstrände (1 km) empfehlen sich für Spaziergänge und Fahrradtouren, und das milde Reizklima der Ostsee ist eine Wohltat für Leib und Seele.

- Café im Herrenhaus und Garten (Wochenende Mai – Okt.)
- Kulturscheune (Programm s. Homepage)
- parkähnlicher Garten mit Liegestühlen und Seeterrasse
- Gastpferdeboxen
- Reitunterricht und Ausritte mit Kutsche
- Ponys, Spielplatz, Streicheltiere
- **Tischlein deck' dich**
- **Ziegenpeterservice**
- Ab-Hof-Verkauf von Eiern und Marmelade

Preise ab EUR	
Wohneinheit	**FeWo**
Ü	42–131
qm	50–150

10 Wohnungen, 48 Betten

Ostsee – Schleswig-Holstein

Hof Bocksrüde

**LandSelection-Tipp:
Herbstzeit ist Kürbiszeit!**

Von Ende August bis Ende Oktober können Sie auf Bocksrüde Kürbisse erwerben und alle möglichen Kürbisspezialitäten geniessen. Frisch zubereitet bekommen Sie Kürbisgemüse, Kürbissuppe, Kürbismarmelade, Kürbisbrot und Kürbiskuchen.

Am zweiten Wochenende im Oktober wird auf Bocksrüde außerdem das traditionelle Kürbisfest gefeiert – mit vielen Aktionen ein ganz besonderes Ereignis für Jung und Alt!

Ganz oben im Norden Deutschlands zieht sich die Schlei viele Kilometer als Fjord von der Ostsee aus landeinwärts, vorbei an malerischen Dörfern und ansehnlichen Gehöften. In den sanften Hügeln der Landschaft Schwansen liegt der 200 Jahre alte Dreiseithof Bocksrüde, der auch heute noch von der Familie Siemes landwirtschaftlich bewirtschaftet wird. Zur „Familie" gehören Labradore, Minischweine, Miniponys und Kaninchen. Hier finden die Gäste ein Ferien-Traumland zum Entspannen und Wohlfühlen.
Der historische Dreiseithof beherbergt heute im Haupthaus sowie im ehemaligen Getreidespeicher insgesamt elf moderne, helle und mit

Heinrich-Ferdinand und Maria Siemes
Hof Bocksrüde
24398 Winnemark
Tel.: 0 46 44/3 51
Fax: 0 46 44/10 51
www.bocksruede.de
info@bocksruede.de

Vollbewirtschafteter Bauernhof

- Hofcafé mit Frühstücksmöglichkeit oder Halbpension
- Getränkekühlschrank
- Gästebibliothek
- Grillen
- Stockbrot
- Kräutergarten mit Salat
- Blumenfeld
- Trampoöin
- Spielhütte
- Kinderfuhrpark
- Pedal-Go-Kart-Parcour, In- und Outdoor
- Volleyball
- Radweg am Hof
- **Ziegenpeterservice**
- **Tischlein deck' dich**
- Ab-Hof-Verkauf von Marmelade, Kuchen, Brot, Wein. Eier
- Kürbisanbau und -verkauf

allem Komfort ausgestattete Ferienwohnungen unterschiedlichster Größe.
Beim morgendlichen Frühstück auf der Terrasse kann sich der Blick an der malerischen Landschaft erfreuen. Wer sich einmal so richtig verwöhnen lassen möchte, genießt ein großzügiges Frühstück, selbstgemachten Kuchen und abends ein leckeres Abendessen im hofeigenen Landcafé.
Wasserratten kommen an der Schlei (2 km entfernt) oder an der Ostsee (7 km entfernt) voll auf ihren Kosten.
Und wenn die Labradorhündinnen Ronja, Lotti und Dalli die Gäste nach einem Ausflug freudig begrüßen, dann ist man so richtig angekommen im Ferienzuhause auf Bocksrüde.

Preise ab EUR	
Wohneinheit	**FeWo**
Ü	35–120
qm	49–100
11 Wohnungen, 49 Betten	

Ostsee – Schleswig-Holstein

Ferienhof Truelsen

**LandSelection-Tipp:
Auf den Spuren des
„Landarztes"**

Kappeln ist die Kleinstadt „Deekelsen" aus der ZDF-Fernsehserie „Der Landarzt" und einige Landszenen wurden sogar auf dem Ferienhof Truelsen gedreht. Wundern Sie sich also nicht, wenn Sie das eine oder andere Haus in der Altstadt von Kappeln oder sogar die Praxis wiedererkennen. Außerdem finden „Himmelfahrt" in Kappeln die Heringstage statt. Auch Europas einziger noch erhaltener Heringszaun ragt hier aus dem Wasser.

Im Norden Schleswig-Holsteins, da wo man sich schon fast in Dänemark glaubt, liegt der Ferienhof der Familie Truelsen direkt am südlichen Ufer der malerischen Schlei. Die beiden Haflinger Pferde Max und Sanny sowie das Pony Blacky grüßen schon von der Wiese vor dem Hof.
Der Blick, der sich vom gepflegten und großzügig angelegten Garten auf die zwei Kilometer breite Schlei bietet, ist geradezu atemberaubend.
Die idyllische, hofeigene Badewiese mit einem Steg und Booten bestätigt den ersten Eindruck – hier ist man an einem ganz besonders idyllischen Ort angekommen.

Drei der insgesamt fünf Ferienwohnungen sind freundlich und hell im Vier-Sterne-Standard eingerichtet und bieten für Familien ausreichend Platz zum Schlafen und Wohnen. Man hat lediglich die Qual der Wahl zwischen dem Blick auf den Sonnenuntergang hinter den gleich angrenzenden Feldern oder auf die Morgensonne in Richtung Wasser.

Der Tag verfliegt zwischen Baden, Boot fahren, Angeln, Ziegen, Hasen, Katzen und Meerschweinchen streicheln, Ponyreiten am Nachmittag und Toben in der Spielscheune. Bei den gemütlichen Grillabenden im Garten werden oft schon die Pläne für die nächsten Ferien geschmiedet, denn wiederkommen wollen alle Gäste!

Astrid Truelsen
Ferienhof Truelsen
Karschau 10
24407 Karschau
Tel.: 0 46 42/96 47 29
Fax: 0 46 42/96 47 28
www.ferienhof-truelsen-karschau.de
ferienhoftruelsen@msn.com

Ferienhof direkt an der Schlei

- Freizeitraum mit großer Kinderspielecke
- Babysitterdienst
- kostenloses Reiten für Groß und Klein auf dem Reitplatz
- Stockbrot grillen am Lagerfeuer
- großer Spielplatz
- viele Streicheltiere
- Ruderboote
- Bastelnachmittage
- gemeinsame Grillabende
- Fahrdienst
- Hochseeangeln
- Betriebsführungen
- Kindergeburtstagsfeiern möglich
- **Tischlein deck dich**
- Ab-Hof-Verkauf von Honig, Marmelade, Eier, Brot, Kuchen
- Golfplatz in 3,5 km
- Brötchenservice
- Frühstücksmöglichkeit im Dorf

Preise ab EUR	
Wohneinheit	**FeWo**
Ü 2-5 Pers.	41-63
qm	55-94
Wäscheset a. Anfrage	
21 Betten	

Ostsee – Schleswig-Holstein

Gut Gaarz

LandSelection-Tipp: Die Zeit der Slawen – der Oldenburger Wall

Der slawische Ringwall, nur wenige Kilometer von Gut Gaarz entfernt, ist eines der bedeutendsten archäologischen Denkmäler Schleswig-Holsteins. Ein Spaziergang über den in seinen Ringwällen nachgebildeten Burgwall vermittelt eine Vorstellung von dessen Größe und Mächtigkeit. Von dem bis 18 m hohen Wall blickt man auf die ihn umgebende Auenlandschaft, die mit dem „Oldenburger Graben", einem seit der slawischen Zeit fast vollständig verlandeten Meeressund, in Verbindung stand.

Der Oldenburger Graben auf der nördlichen Halbinsel zwischen Lübecker und Hohwachter Bucht ist ein Naturschutzgebiet von eigenwilliger Schönheit: Das milde, gesunde Klima verdankt er der Nähe zur Ostsee.
Hier und da zeugen die romantischen Herrenhäuser Ostholsteins von Glanz und Reichtum vergangener Zeiten. In dieser Tradition steht auch das vollbewirtschaftete Gut Gaarz.
Das großzügige Anwesen ist seit über 100 Jahren in Familienbesitz. Inmitten einer weitläufigen, naturbelassenen Parkanlage erwarten den Gast 20 individuelle und gemütliche Ferienwohnungen für jeden Ge-

**Familie Struckmann
Gut Gaarz
23758 Oldenburg/Holstein
Tel.: 0 43 65/72 44
Fax: 0 43 65/84 64
www.gaarz.de
info@gaarz.de**

Vollbewirtschafteter Gutshof in Einzellage

- Solarium, Sauna
- jede Wohnung mit mind. zwei Schlafräumen, teilw. Kamin und Spülmaschine • Spiel- und Aufenthaltsraum • Abenteuerspielplatz • gemütliche Gästeabende • Kindernachmittage, Reitespiele, Gestaltung je nach Jahreszeit • Reitunterricht, Gelände- und Strandritte
- Tiere zum Anfassen
- Hochzeit und Familienfeiern
- Kindergeburtstage mögl.
- Tennisplatz
- Minigolf • Luftgewehrstand
- **Ziegenpeterservice**
- **Tischlein deck' dich**
- Flitterservice
- Ab-Hof-Verkauf von frischen Brötchen, Eiern, Milch, heimischen Wurstsorten, Holsteiner Katenrauchschinken, Marmelade und Rapshonig
- „Grüne Kiste" vom regionalen Demeterhof

schmack. Wie es sich für ein Landgut gehört, gibt es ein vielseitiges Freizeitangebot und ein großes Herz für kleine Leute. Im Mittelpunkt stehen die Tiere – vor allem aus Sicht der kleinen Gäste: Pferde, Enten, Gänse, Pfaue, Ziegen, Hasen, Meer-, Haus- und Mini-Schweine, Esel und vieles mehr. Reitunterricht für Groß und Klein wird täglich angeboten. Anfänger Fortgeschrittene und Wiedereinsteiger können auf dem Pferderücken „hautnah die Natur erleben". Ob man mit dem Pferd oder dem Rad die Umgebung erkunden, mit dem Auto die mondänen Badeorte an der Ostseeküste besuchen oder einfach Entspannen und zur Ruhe kommen will: Auf Gut Gaarz kommt jeder Gast ganz nach seinem Geschmack auf seine Kosten.

Preise ab EUR	
Wohneinheit	**FeWo**
Ü	38,5–90
qm	45–100
20 Wohnungen, 85 Betten	

Ostsee – Schleswig-Holstein

Ferienhof Bendfeldt

LandSelection-Tipp: Ostseegolfen ganz nah!

Golfspielen ist Ihr großes Hobby? Vom Ferienhof Bendfeldt aus können Sie ganz bequem mehrere besonders schön gelegene 18- und 9-Loch Golfplätze erreichen. Sei es auf der Insel Fehmarn, im nur 10 Minuten entfernten Ostseebad Grömitz oder gleich um die Ecke inmitten herrlicher Natur an der Brodauer Mühle. Ostseeblicke gibt's überall gratis und für das besondere Erlebnis wird garantiert!

Im Osten Schleswig-Holsteins, da wo die Ostsee nur noch einen Hügel weit entfernt ist, liegt das Ferienparadies der Familie Bendfeldt. Ob in Großfamilie, zu zweit oder auch allein – hier findet jeder sein Zuhause für die schönste Zeit des Jahres. Sei es in der Ferienwohnung mit Dachterrasse, im historischen Bauernhaus oder in einem der komfortablen Luxus-Ferienhäuser mit eigener Sauna, Solarium und Whirlpool. Zudem verfügt jede der Wohnungen oder Ferienhäuser über einen Internetzugang.
Zahlreiche Streicheltiere wie Kaninchen, Wildschweine, Pferde, Ponys, Hund, Hühner und natürlich eine Katze freuen sich auf die Kinder.

Martin Bendfeldt
Ferienhof Bendfeldt
Brodauer Str. 23
23730 Bliesdorf-Schashagen
Tel.: 0 45 62/22 77-0
Fax: 0 45 62/22 77-22
www.ferienhof-bendfeldt.de
ferienhof.bendfeldt@
t-online.de

Wenn alle Tiere versorgt sind, dann lockt der Spielplatz mit der Riesenspielburg aus Holz, von deren Turm der Blick zur Ostsee unschlagbar ist. Unterhalb der Spielburg können sich die Kleinen mit den Großen beim Wettrennen mit Trettreckern oder Gokarts messen.

Und wenn abends der Geruch von frisch gebackenem Stockbrot und Gegrilltem in der Nase kitzelt, sich die Kinder noch einmal über die besten Eierverstecke der Hühner austauschen, die Erwachsenen mit Herrn Bendfeldt über moderne Landwirtschaft fachsimpeln, dann geht ein ausgefüllter Ferientag mit dem erleichternden Gedanken zu Ende, dass die Ferien ja noch ganz lange dauern auf dem Ferienhof Bendfeldt. Ausgezeichnet mit dem Schleswig-Holstein-Zeichen.

- Exklusives Ambiente in Dänischen Ferienhäusern
- Sauna
- „Surfplatz" (PC) für Gäste
- wöchentl. ausgedehnte Hofführungen
- Grillabende mit den Gästen
- Stockbrot backen
- Babysitterdienst möglich
- Trecker/Gokartpark inkl. Bahn
- riesige Spielburg
- Spielscheune mit Trampolin
- 2 Pferde, 6 Ponys, 2 Wildschweine
- Reitlehrerin
- viele Streicheltiere
- Reitplatz, kleine Ponyführbahn
- Badesee in 18 km

Preise ab EUR	
Wohneinheit	**FeWo**
Ü	69–155
qm	55–85
10 Wohnungen, 40 Betten	

Ostsee – Schleswig-Holstein

Hof Augstfelde am See

LandSelection-Tipp: Musik liegt in der Luft

Die historische St. Petri-Kirche im nur drei Kilometer entfernten Luftkurort Bosau wird vom Mai bis September zur Bühne für die „Bosauer Sommerkonzerte". Liebhaber klassischer Musik werden in dem charmanten Örtchen voll auf ihren Kosten kommen, wenn talentierte Nachwuchsmusiker oder renommierte Größen der Musikwelt ihr Können zeigen. Etwas ganz besonderes ist hierbei die traditionelle Konzertnacht Ende Juli, bei der auch das Publikum seine musikalischen Fähigkeiten einsetzten kann!

Insider nennen den Naturpark Holsteinische Schweiz das „gelobte Land". Dass dies nicht ganz falsch sein kann, weiß jeder zu erzählen, der einmal zur Rapsblüte die großartige Kulisse aus blauem Himmel, leuchtend gelben Feldern, Seen und der Ostsee bewundert hat. Mitten drin in dieser wunderbaren Landschaft liegt der Hof Augstfelde in Einzellage direkt am Vierer See im Anschluss an die Plöner Seenplatte. Hier ist wahrhaftig viel Platz für Groß und Klein. Am eigenen Strand schwimmen, segeln, surfen, angeln, in stillen Buchten der Natur lauschen oder bei Paddeltouren die idyllischen Verbindungsarme zwischen den Seen entdecken – für all

**Maria Sieme-Westphal
Hof Augstfelde am See
24306 Bösdorf-Plön
Tel.: 0 45 22/94 84
Fax: 0 45 22/80 02 00
www.Hof-Augstfelde.de
info@hof-augstfelde.de**

das ist der Hof Augstfelde ein idealer Startpunkt. Ruderboote und Kanus stehen selbstverständlich für die Gäste bereit. Für Nicht-Wasserratten bieten der Bauernhof und seine Umgebung ebenfalls eine Unmenge von Möglichkeiten, den Tag zu gestalten: Spielplatz, Trampolin, Tretmobile, Ballspiele, Tischtennis, Wanderungen, Fahrradtouren, Golfen und Ausflüge nach Plön, Kiel oder an die Ostsee. Nach einer längeren Tagestour können die Kinder auf dem Hof nach den Kaninchen schauen, die Ponys streicheln und kurz vor dem Schlafengehen nachsehen, ob die Hühner wieder Eier gelegt haben.

Bei all diesem Angebot kannn es schon mal länger dauern, bis die Kleinen endlich erschöpft in die Betten fallen!

- Sauna, Solarium
- Spielraum im Eingangsbereich des Gästehauses
- Spielscheune mit Billard
- Stockbrot grillen
- Ponyreiten
- Kinderfahrzeuge
- eigener Badestrand
- Ruderboot und Kanu fahren
- Trampolin
- Streicheltiere
- **Ziegenpeterservice**
- **Tischlein deck' dich**
- Golfplatz Waldshagen 200 m
- Brötchenshop am Hof

Preise ab EUR	
Wohneinheit	**FeWo**
Ü	49-87
qm	40-65
25 Betten	

Ostsee – Schleswig-Holstein

Ferienhof Damlos

**LandSelection-Tipp:
Nach dem Spielen zu den Festspielen**

Große Opern, klassische Operetten, hinreißende Feste schöner Stimmen bei Gala-Abenden, und das in freier Natur am Seeufer im herzoglichen Schlossgarten und dennoch ohne störende akustische Verstärkung, – so erleben im Juli und August weit über 40.000 Besucher die Eutiner Festspiele. Unter Schirmherrschaft der weltberühmten Klarinettistin Sabine Meyer werden zusätzlich im großen Rittersaal der Eutiner Schlosses ganzjährig Schlosskonzerte veranstaltet.

Eingebettet zwischen Keller- und Ukleisee, im heilklimatischen Urlaubsort Sielbeck in der Holsteinischen Schweiz hat die Familie Damlos aus ihrem Hof ein wahres Ferienparadies für Kinder gemacht.
Auf dem Hof gibt es Abenteuer satt: Es warten Katzen, Hasen oder Meerschweinchen auf ihre Streicheleinheiten, Schafe, Ferkel und Kälbchen freuen sich auf Futter. Ponys wollen auf dem neu entstandenen Reitplatz geritten oder frisch gelegte Eier gesucht werden und obendrein gibt es auch noch zwei altersmäßig getrennte Spielplätze, die um ein Vielfaches vergrößert wurden. Wenn es Petrus mal nicht so gut mit den Feriengästen meinen sollte,

**Malte und Katja Damlos
Ferienhof Damlos
Eutiner Str. 10
23701 Eutin-Sielbeck
Tel.: 0 45 21/77 69 40
Fax: 0 45 21/77 69 50
www.Ferienhof-Damlos.de
Ferienhof-Damlos@
t-online.de**

dann ist der Spielboden in der Scheune eine tolle Attraktion oder es lockt die überdachte Sandkiste. Die Ostsee ist 20 Minuten entfernt und ein See liegt direkt vor der Haustür.
Die historischen Wirtschaftsgebäude beherbergen heute sieben komfortabel ausgestattete und behutsam renovierte Ferienwohnungen, wo selbstverständlich all das vorhanden ist, was junge Familien mit kleinen Kindern zum Wohlfühlen brauchen.
Und während die Großen abends noch im Klönschnack mit den Gastgebern allerlei über Natur und Landwirtschaft erfahren, liegen die Kleinen glücklich und erschöpft in den Betten und träumen vielleicht schon von der Treckerfahrt am nächsten Tag.

- Reitunterricht • Übernachtung im Heu • spezielles Kinderwochenprogramm • Yoga für Kinder • Filzen für Kinder
- Edelsteinketten selbst gestalten
- Märchenlesungen • Strohspielscheune • Bolzplatz
- gemeinsame Grillabende mit Stockbrotbacken • Babysitterdienst möglich • Traktor fahren
- geführte Wanderungen • Betriebsführungen • **Ziegenpeterservice** • **Tischlein deck' dich** • ab-Hof-Verkauf von Eiern, Honig und Wildfleisch

Preise ab EUR	
Wohneinheit	**FeWo**
Ü	55–85
qm	65-95
7 Wohnungen. 28 Beten	

Ostsee – Schleswig-Holstein

Hof Radlandsichten

LandSelection-Tipp: „Sind hier Außerirdische gelandet?"

So ist oft der Kommentar von Besuchern, die zum ersten Mal oben auf dem Hügel von Radlandsichten vor den 16 m hohen Lärchenstämmen des Hochseilgartens Malente stehen. Der Hochseilgarten mit künstlichen Hindernissen aus Seil- und Stahlkabeln, die in einem Parcours aufgebaut sind, garantiert hohe emotionale Spannung. Dabei setzt die Teilnahme keine besonderen Ansprüche an die Fitness oder körperliche Verfassung voraus. Das Erlebnis ist das Ziel!

„Es gibt ohne Zweifel Landschaften von auffallender Wirkung ... aber keine, die gewinnender zum Herzen spricht als unsere." So beschrieb im 18. Jahrhundert der Dichter Johann Heinrich Voß die Holsteinische Schweiz.

Hier liegt der Hof Radlandsichten fernab von der nächsten Straße, wo die Landwirtschaft noch von der Liebe zur Natur beseelt ist. Falls das Haus seltsam vertraut anmutet, so mag das an den alten Immenhof-Filmen liegen, deren Innenaufnahmen hier Anfang der 70er Jahre gedreht wurden.

Große wie kleine Tiere laufen hier frei herum und können gestreichelt werden, Stalltüren stehen weit offen

Kathrin Dehn-Schumacher
Hof Radlandsichten
23714 Bad Malente-
　　　　Gremsmühlen
Tel.: 0 45 23/16 22
Fax: 0 45 23/75 89
www.radlandsichten.de
kds@radlandsichten.de

und sogar Damwild ist in einem Gehege zu bewundern.
Wer möchte, kann im Stall oder auf der Weide mithelfen; Kinder dürfen die Ställe und den Heuboden erkunden, auf dem Bolzplatz toben oder sich auf Trampolin und Hüpfkissen verausgaben.
Ein weitläufiger parkähnlicher Garten lädt zum Faulenzen und Sonnenbaden ein und auf Kutschfahrten kann die Gegend genossen werden.
So klingen ereignisreiche Tage am Kaminfeuer und einem Klön mit den Hausherren gemütlich aus. Wer seinen Urlaub auf Hof Radlandsichten verbringt, wird angesteckt von der freundlichen Gelassenheit seiner Gastgeber und nimmt vielleicht etwas davon mit nach Hause.

- Bauernstübchen-Café mit selbstgebackenem Kuchen
- Verpflegung möglich
- weitläufiger Park
- Nordic-Walking-Startplatz
- Gruppenraum für Tagungen und Seminare
- Hochseilgarten mit Anmeldung
- Trampolin, Hüpfkissen
- **Ziegenpeterservice**
- **Tischlein deck' dich**
- Ab-Hof-Verkauf von Brötchen, Eiern, Konfitüre, Gelee, Honig, Wurst, Wein aus dem Kraichgau

Preise ab EUR

Wohneinheit	**FeWo**	**Zimmer**
Ü	55–85	25–32
qm	40–60	20–25

6 Wohnungen, 25 Betten

Ostsee – Schleswig-Holstein

Hof Neversfelde

LandSelection-Tipp: Wilder Westen in Holsteins Osten

Haben Sie schon einmal mitten in einem Indianerüberfall gesessen? Inmitten knallender Colts, galoppierender Rothäute und packender Zweikämpfe? Das alles gibt es bei den Karl-May-Spielen in Bad Segeberg. Träumen Sie sich in den Wilden Westen um 1870, zu Winnetou und Old Shatterhand! Neben Spannung, Stunts und Feuerzauber erleben Sie auch Romantik und jede Menge Spaß. Die Karl-May-Spiele sind seit ihrer Gründung im Jahre 1952 ein Erlebnis für die ganze Familie.

„Bauernhofurlaub heißt, das Gegenteil von dem zu tun, was sonst im Alltag getan werden muss, denn in der Gegensätzlichkeit liegt die Erholung". Dies gilt für große und kleine Urlauber. Mit diesen Worten heißt Familie Lenz ihre Gäste auf dem Hof Neversfelde, inmitten der Holsteinischen Schweiz, willkommen.

Schmuckstück des Betriebes ist das reetgedeckte Bauernhaus aus dem Jahre 1722. Vom Garten gelangt man in jede der 6 gemütlichen und hellen Ferienwohnungen im Gästehaus.

Anregung und Abwechslung für einen gelungenen Bauernhofurlaub bieten die verschiedenen Eckchen

Land Selection
EUROPAS SCHÖNSTE FERIENHÖFE

Erika und Nanno Lenz
Hof Neversfelde
23714 Bad Malente
Tel.: 0 45 23/43 58
Fax: 0 45 23/88 06 45
www.hofneversfelde.de
HofNeversfelde@t-online.de

und Fleckchen auf dem großen, parkähnlichen Hofgelände und das Leben und die Arbeit auf dem Hof in Hülle und Fülle.
Schnell finden große und kleine Gäste echte „Bauernhoffreunde" unter den Rindern, Hühnern, Gänsen und anderen Tieren, die auf dem Hof leben.
Reiterfreunde können das Glück der Erde auf dem Rücken mehrerer gutmütiger Haflinger erleben – Ungeübte werden geführt, Könner können auch alleine reiten.
Wer frühmorgens schon fleißig sein möchte, kann gern beim Eier sammeln helfen. Und während des ausgiebigen Ferien-Frühstücks auf der Terrasse grüßen die zutraulichen Hunde, Katzen und auch die Haflinger von der angrenzenden Weide schon wie alte Bekannte.

- Aufenthaltsraum mit Holzofen
- Sauna
- Waschmaschine und Trockenraum
- Geschirrspüler
- gemeinsame Grillabende
- Lagerfeuer mit Stockbrot
- Streicheltiere
- Spielplatz
- Kinderfahrzeuge
- Ausritte
- Angelmöglichkeit
- Reitplatz
- **Ziegenpeterservice**
- **Tischlein deck' dich**
- Ab-Hof-Verkauf von Eiern Konfitüre und Wild
- Ostsee in 15 km
- Badesee in 2 km

Preise ab EUR

Wohneinheit	FeWo
Ü	40–70
qm	40–70

6 Wohnungen, 24 Betten

Ostsee – Schleswig-Holstein

Ingenhof

LandSelection-Tipp: Landwirtschaft im Museumshof Lensahn

Historische Werkzeuge, die ersten Trecker und Mähdrescher können hier besichtigt und ausprobiert werden. Es werden alle Getreidesorten sowie Tabak, Senf und Hanf angebaut. Bauerngarten und Kräuterspirale laden zum Staunen ein. Der Naturlehrpfad mit über 362 verschiedenen Arten von Waldbäumen, Büschen und 236 verschiedenen alten Obstbaumsorten auf 2,4 km Länge führt u.a. zu Teichbiotopen, zum Steingeschiebegarten und dem Duft- und Färbergarten.

„Du wirst mehr in den Wäldern finden, als in den Büchern. Die Bäume und die Steine werden dich Dinge lehren, die dir kein Mensch sagen kann." Diese Worte von Bernhard von Clairveaux beschreiben treffend, was Ferien am Ortsrand der 500-Seelen-Gemeinde Malkwitz in der Schleswig-Holsteinischen Schweiz so unvergesslich macht. Eingerahmt von großzügigen Rasenflächen und dem gepflegten Park mit alten, erhabenen Bäumen bietet der Ingenhof viel Platz zum Spielen und lauschige Ecken zum Träumen und Sonnenbaden. Neben dem klassizistischen Haupthaus aus dem Jahre 1860 sind im Gästehaus die allergikergerechten Ferienwohnun-

Land Selection
EUROPAS SCHÖNSTE FERIENHÖFE

Familie Engel
Ingenhof
Dorfstr. 19
23714 Bad Malente-Malkwitz
Tel.: 0 45 23/23 06
Fax: 0 45 23/14 15
www.ingenhof.de
urlaub@ingenhof.de

gen untergebracht. Weil man sich hier in gesunden Räumen erholen soll, wurden beim Umbau konsequent umweltfreundliche Materialien verarbeitet. Landwirtschaft zum Anfassen wird auf dem Ingenhof zu einem spannenden und interessanten Abenteuer. Die Familie Engel betreibt einen modernen Ackerbaubetrieb und baut außerdem noch Erdbeeren, Himbeeren und Kartoffeln an. In der Beerensaison kann die leckere Ernte im hofeigenen Café gekostet werden. Wer Lust hat, darf Eier sammeln, mit Ziegenbock Waldi spazieren gehen, auf dem Trecker mitfahren, Ponys streicheln, auf dem hofeigenen See rudern, auf dem Feld Erdbeeren naschen oder das Kräuterbeet erkunden.
Ferienhof des Jahres 2007!

- Allergikergerechte FeWo mit eig. Sonnenterrasse und Geschirrspüler • Angelsee mit Boot
- Sauna, Solarium, Kräuterbeet
- Kneipp-Gesundheitshof, Tretbecken • Nordic-Walking
- **Erdbeeren naschen im Juni**
- Gr. Trampolin, Kinderfahrzeuge
- Tiere zum Anfassen, Ponyreiten
- Segelausflug auf dem Dieksee
- geführte Fahrradtouren, Kutschfahrten • Garten-Café zur Obsternte • Ab-Hof-Verkauf von Erdbeeren, Himbeeren, Kartoffeln, Tomaten, Marmelade...
- Ostsee 15 km, Badesee 2 km

Preise ab EUR

Wohneinheit	FeWo
Ü	50–90
qm	70–80

8 Wohnungen, 32 Betten

Ostsee – Schleswig-Holstein

Hof Schlossblick

LandSelection-Tipp: Über den Wolken

Sie wollten schon immer mal die Holsteinische Schweiz aus der Vogelperspektive betrachten? Lassen Sie sich sorglos treiben, wohin Sie der Wind trägt. Die Flüge werden von Ende April bis Anfang Oktober je nach Wetterlage mittwochs durchgeführt. Der Treffpunkt ist die Liegewiese Fegetasche um ca. 18.00 Uhr. Alle Teilnehmer helfen beim Aufbau und dann geht es gemeinsam in die Luft. Weitere Informationen gibt es bei der Tourist Info in Plön.

Mitten im Naturpark „Holsteinische Schweiz" auf einem Höhenzug gelegen, befindet sich die Ferienanlage Hof Schlossblick als Teil der kleinen Ortschaft Pfingstberg. Wie der Hofname schon andeutet, kann der Blick von hier aus ungehindert über das „Ruhlandstal" bis zum Plöner Schloss schweifen.

Abwechslungsreich und vielseitig wie Landschaft und Wetter präsentiert sich der Hof dem Betrachter. Familien sowie kleine als auch größere Gruppen finden hier viele Angebote für einen gelungenen Urlaub. Fitness und Wellness stehen hoch im Kurs: Nach dem Tischtennisduell, dem Beachvolleyball Turnier oder dem Reitausflug laden

Land Selection
EUROPAS SCHÖNSTE FERIENHÖFE

Bernd Rothfos
Hof Schlossblick
Alte Salzstr. 8
24306 Pfingstberg
Tel.: 0 45 22/97 38
Fax: 0 45 22/65 88
www.hof-schlossblick.de
schlossblick@t-online.de

Ackerbaubetrieb mit Pferden

- Gäste-Aufenthaltsraum (100 qm)
- Wintergarten
- alle Wohnungen mit Spülmaschine und Mikrowelle
- Alternative Energien: Heizung mit nachwachsenden Rohstoffen
- Fitnessraum mit Hantelbank
- Hallenbad (ca. 60 qm)
- Solarium
- Gemeinsame Grillabende,
- Grillhaus
- Abenteuerspielplatz
- Kinder-Wasserrutsche
- Ackergliding • Jeeptouren
- Trikes, Kettcars, Trettrecker
- Open-Air-Schach
- Beachvolleyball
- Angeln (Forellen)
- Brötchenservice
- Ab-Hof-Verkauf von Eiern, Fisch und Marmelade

Sauna, Solarium oder sogar das eigene Hallenbad zur Entspannung ein. Während die einen sich geistig beim Open-Air-Schach messen, üben sich andere in Geduld beim Angeln oder in Ausdauer beim Baden im quellgespeisten, hofeigenen Teich.
Ein besonderes Highlight wartet auf Abenteuerlustige: Jeeptouren oder Ackergliding über die Felder versprechen Action pur für die Großen. Der hofeigene Abenteuerspielplatz garantiert Herzklopfen und Spannung für die Kleinen!
Die reizvolle Umgebung verführt zu ausgedehnten Fahrradtouren. Viele Streicheltiere warten auf liebevolle Gäste. Die Gastgeber laden regelmäßig zu zünftigen Feiern ein.

Preise ab EUR	
Wohneinheit	**FeWo**
Ü	34-74
qm	30-90
40 Betten	

Ostsee – Schleswig-Holstein

Schoppenhof

**LandSelection-Tipp:
Biosphärenreservat im Kino**

Die hügelige Landschaft des Biospärenreservates Schaalsee ist faszinierend für jeden Naturliebhaber. Ranger führen Interessierte durch weite Buchenwälder und zeigen seltene Vogelarten. Im „Pahlhuus" zeigt eine moderne Dauerausstellung mit Eiszeittunnel, Vivarium, Tiertelefon und vielen anderen ungewöhnlichen Einblicken den Wandel von der Eiszeit bis zur heutigen Kulturlandschaft. Zudem war die abwechslungsreiche Landschaft Kulisse für einen Spielfilm.

In einer von der Eiszeit geprägten Seen- und Hügellandschaft an der Grenze zu Mecklenburg, liegt der Schoppenhof, nahe dem stillen Ufer des Schaalsees.
Der westliche Teil des Sees und das Örtchen Dargow liegen im Naturpark „Lauenburgische Seen", der östliche im Mecklenburgischen „Biosphärenreservat Schaalsee", einer der reizvollsten Großlandschaften Mitteleuropas.
Bei allem Komfort wurde der bäuerliche Charakter des Hofes bewahrt. Schönstes Beispiel ist das Herzstück des Schoppenhofes: Die ehemalige Wirtschaftsdiele, wo an kühlen Abenden ein Kaminfeuer zum Verweilen einlädt. Überall ist die ange-

Land Selection
EUROPAS SCHÖNSTE FERIENHÖFE

Erich-Johann Schoppenhauer
Schoppenhof
Schaalseeufer 1
23883 Dargow
Tel.: 0 45 45/13 77
und 0170/2 93 68 19
Fax: 0 45 45/13 37
www.schoppenhof.de
info@schoppenhof.de

nehme Atmosphäre und Liebe zum Detail spürbar.
Im neuen Koppelhus gegenüber gibt es extra große Ferienwohnungen mit bis zu vier Schlafzimmern, Terrasse und Kaminofen. Von hier aus hat man einen schönen Blick auf die angrenzenden Weiden, auf denen Ponys, Pferde und Ziegen grasen.
Ausflüge in die abwechslungsreiche Landschaft des Naturparks oder in die sehenswerten, romantischen Städte bieten sich ebenso an wie das Schwimmen, Angeln oder Boot fahren.
Es werden Natur- und Basiskurse zu grundlegendem Naturverständnis und allgemeinen Lebenswerten angeboten.
Urlaub auf dem Schoppenhof ist „Frischluft für die Seele".

Landleben mit allem Komfort

- Schwimmen und Angeln im Schaalsee
- eigenes Kanu, Ruder- und Segelboot
- kreative Kurse
- Solarium, Soft-Dampfbad
- Lagerfeuerabende
- Bett and Bike
- Brötchenservice
- Frühstücksmöglichkeit im Dorf
- Restaurants in der Umgebung
- Verpflegung für Gruppen in der Nebensaison möglich
- Tagungsmöglichkeit
- ab-Hof-Verkauf von Highland-Beef

Preise ab EUR

Wohneinheit	FeWo
Ü	45-160
qm	23–118

15 Wohnungen, 60 Betten

Ostsee– Mecklenburg-Vorpommern

Bauernhof Kliewe

**LandSelection-Tipp:
Warum in die
Ferne schweifen…**

Einige Kilometer vom Ferienhof Kliewe entfernt liegt das kleine Dorf Waase auf Ummanz. Besonderer Anziehungspunkt ist hier die kleine Kirche aus dem 13. Jahrhundert. Besonderen Blickfang ist der gotische Schnitzaltar aus Eichenholz mit bemalten Klappflügeln. Er wurde um 1520 in Antwerpen gefertigt und später von Stralsunder Kaufleuten für die dortige Nikolaikirche erworben. 1708 wurde er nach Ummanz verschenkt und ist heute beliebte Kulisse für viele Brautpaare.

Nur noch den Rügendamm passieren, dann ist man auf Deutschlands größter Insel – der Sonneninsel Rügen. Lange Alleen, wogende Felder, Störche, sich stetig ändernde Blicke auf Bodden, Buchten und Wälder. Dort, wo man mit sich selbst und dem Himmel allein ist, kommt man auf die Halbinsel Ummanz. Ein Heer von Gänsen kündigt den Bauernhof Kliewe an, der direkt am Wasser, inmitten des Nationalparks Vorpommersche Boddenlandschaft liegt.

Der Hof – seit 1840 im Familienbesitz – wurde zu einem wahren Ferienparadies gestaltet. Sehr komfortabel ausgestattete Ferienwohnungen im Vier- und Fünf-Sterne-

Insel Rügen

Land Selection
EUROPAS SCHÖNSTE FERIENHÖFE

Holger und Susanne Kliewe
Bauernhof Kliewe
Mursewiek 1
18569 Ummanz/Rügen
Tel.: 03 83 05/81 30
Fax: 03 83 05/5 55 69
www.Bauernhof-Kliewe.de
Bauernhof-Kliewe@t-online.de

Einzelhof direkt am Wasser im Nationalpark Vorpommersche Boddenlandschaft

- Hofcafé
- Familienclubraum mit Kamin
- Seminarraum und Seminartechnik
- Spielhalle
- Betriebsführungen nach Absprache
- wöchentliche Grillabende in der Saison
- Diaabende mit Verkostung hauseigener Produkte
- Spielplatz mit Riesensandkasten
- Kinderfahrzeuge
- Tischfußball, Billiard, Dart
- Ab-Hof-Verkauf von Schlachtgeflügel, Geflügelspezialitäten, Eiern, Sanddornprodukten, Honig und Marmelade

Standard mit Blick auf die Nationalpark-Landschaft, ein reichbestückter Spielplatz, Tiere zum Streicheln, Ponys zum Kümmern und Reiten, zahlreiche Kinderfahrzeuge, ein Ruderboot am Bodden – ideale Voraussetzungen für entspannte Ferien.
Im neugebauten Hofcafé und Hofladen können die Gäste selbsterzeugte und regionale Produkte probieren oder einkaufen. Wenn man im „Kükenkino" schlüpfende Küken beobachtet, merkt man, dass es kaum etwas Aufregenderes gibt als Landleben! Und noch ein Tipp: Nur wenige wissen, wie schön Herbst und Winter hier sein kann, wenn Wildgänse und Kraniche auf den Feldern rasten oder zugefrorene Gewässer zu Spaziergängen oder zum Schlittschuhlaufen einladen.

Preise ab EUR

Wohneinheit	FeWo
Ü bis 4 Pers./NS	40
Ü bis 4 Pers./HS	70
qm	45-120
42 Betten	

45

Ostsee – Mecklenburg-Vorpommern

Rügen Ferienhof

LandSelection-Tipp: Flatternde Farbenpracht

Lassen Sie sich verzaubern von der Vielfalt im Schmetterlingspark in Sassnitz. Rund 100 Schmetterlingsarten aus vier verschiedenen Kontinenten können unter den klimatischen Bedingungen des Regenwaldes beobachtet werden. Die Schmetterlinge durchfliegen frei ihren Lebensraum, nichts trennt sie von den Besuchern. Es zeigt sich immer wieder, wie tief das Erleben gehen kann, wenn die neugierigen tropischen Schmetterlinge sich ohne Scheu den Menschen nähern oder sich sogar auf ihnen niederlassen.

Im Westen der Sonneninsel Rügen werden die Straßen schmaler und der Himmel weiter. Die Ortschaften sind klein und man kennt sich. Und wer von drei Seiten Wasser, Schilf und Salzwiesen der Vorpommerschen Boddenlandschaft sieht, ist auf dem Rügen-Ferienhof der Familie Kewitz gelandet.
Dieser besteht aus den beiden neu aufgebauten Bauernhöfen Simon und Thesenvitz, deren bunte Reetdachhäuser schon fröhlich durch die Salzwiesen grüßen.
Komfortable und geschmackvolle Ferienwohnungen, alle im Fünf-Sterne-Standard ausgestattet, werden den Gästen rasch zu einem vertrauten Ferienzuhause.

Insel Rügen

Land Selection
EUROPAS SCHÖNSTE FERIENHÖFE

Familie Kewitz
Rügen-Ferienhof GbR
Lieschow 26
18569 Ummanz
Tel.: 03 83 05/53 37 80
Fax: 03 83 05/53 37 82
www.ruegen-ferienhof.de
urlaub@ruegen-ferienhof.de

Bauernhof direkt am Wasser

- sehr gut ausgestattete, komfortable Ferienwohnungen mit Kamin
- Naturbadestelle
- Frühstück mögl.
- Tret- und Spielfahrzeuge
- Spielscheune mit Tischtennisplatte
- Spielplatz und Spielwiese
- viele Streicheltiere
- großer Grillplatz
- Fahrradverleih
- Ruderboot
- DLG anerkannter Reitbetrieb
- Reitplatz und Ausritte
- Ponyreiten (3x/Woche 10 Min. inkl.) • Sauna und Solarium
- Fahrdienste
- Kinderbetreuung mögl.
- gem. Grillabend geg. Gebühr
- ab-Hof-Verkauf verschiedener Marmeladen, Honig
- Pauschalangebote

Während die Kinder schon morgens beim Füttern der Tiere helfen, können sich die Eltern in aller Ruhe entscheiden, ob sie lieber am selbst gedeckten Frühstückstisch in der Ferienwohnung frühstücken oder sich beim reichhaltigem Büfett verwöhnen lassen möchten.
Und dann vergeht der Tag wie im Flug zwischen Spielplatz, Baden an der Naturbadestelle gleich an den Wiesen, Ponyreiten, Angeln oder Heringsschwärme beobachten, zwischen Heu machen und mal gar nichts machen. Mit ein wenig Glück entdeckt man zwischen all den Kranichen, Wildgänsen und Störchen auch einmal einen Seeadler am Himmel. Der Tag klingt aus mit einem erholsamen Saunagang oder dem prasselnden Kaminfeuer – wo könnten Ferien schöner sein?

Preise ab EUR

Wohneinheit	FeWo 2-6 Pers.
Ü	50-120

inkl. Bettwäsche, Geschirr- und Handtücher, Kaminholz und Endreinigung, Kinderpreise

12 Wohnungen, 48 Betten

Ostsee – Mecklenburg-Vorpommern

Hof Wollin

LandSelection-Tipp:
Frischer Wind am Nordkap

Auf dem Flächendenkmal Arkona und Putgarten sind neben den Überresten der legendären Tempelburg Arkona eine historische Leuchtfeueranlage mit Schinkelturm, Nebelsignalstation und Peilturm zu besichtigen. Ein sagenhafter Blick über Arkonas einmaliges Landschaftsbild – abfallende Steilufer und die Weite des Meeres – bietet sich von einem der Leuchttürme. Im Leuchtturmwärtergarten werden im Sommer Theaterstücke auf der Freilichtbühne angeboten.

Die Halbinsel Wittow im Nordwesten von Rügen ist ein Kleinod für alle, die das Leben auf dem Land lieben. Das Windland bietet Entspannung Suchenden weite Felder, Wald und Wiesen, Steilküsten und Sandstrände. Zu Fuß, per Fahrrad oder zu Pferd lassen sich wunderschöne Ausflüge in der sonnenreichsten Region Deutschlands unternehmen, die überdies auch Kulturelles zu bieten hat: Das Kreidemuseum in Gummanz, Bauten der Backsteingotik, das malerische Fischerörtchen Vitt.

In dieser wunderschönen Gegend liegt die Vier-Sterne-Gutsanlage Wollin. 17 Ferienwohnungen mit Balkonen und Terrassen gliedern

Insel Rügen

Land Selection
EUROPAS SCHÖNSTE FERIENHÖFE

Fam. Kleingarn
Ferienwohnungen e.K.
Hof Wollin
18556 Putgarten auf Rügen
Tel.: 03 83 91/40 80
Fax: 03 83 91/4 08 40
www.hof-wollin.de
hof-Wollin@t-online.de

Alte Hofanlage

- Kaminraum
- Gartenzimmer als Info-Zentrum
- Sauna und Solarium
- Bibliothek
- großer Spielplatz mit Trampolin
- Mutterkuhherde
- Streicheltiere
- Basteln für Kinder
- Kreativarrangements mit regionalen Künstlern buchbar
- viele Veranstaltungen im Umfeld des Hofes
- **Ziegenpeterservice**
- **Tischlein deck' dich**

sich in drei Gebäude auf. Das Bauernhaus beherbergt das großzügige Entré, das Gartenzimmer und insgesamt sechs Ferienwohnungen. Im ehemaligen Rinderstall befinden sich auf zwei Ebenen insgesamt elf Ferienwohnungen unterschiedlicher Größe, von denen zwei rollstuhlgerecht ausgestattet sind und die Bibliothek. Im ehemaligen Schweinestall finden sich die Gäste im Kaminzimmer ein, genießen die Sauna oder das Solarium.

Das alles steht inmitten einer weitläufigen Parkanlage mit Teichen und altem Baumbestand, Rosenbeeten und Sitzecken mit Gartenmöbeln und Strandkörben. Ein großer Spielplatz mit Trampolin, Schaukeln und vielem mehr verlockt ebenso zum Toben wie die großen Rasenflächen.

Preise ab EUR

Wohneinheit	FeWo
Ü	66-116
qm	36-70
Zwischensaison	25 % Rabatt
Nebensaison	50 % Rabatt

64 Betten

Ostsee – Bauernhofcafés, Kulturdenkmäler

Bauernhof-Cafés

☕ Café Gut Oestergard
Oestergard 2, 24972 Steinberg,
Tel. 0 46 32/79 49, Fax 0 46 32/8 73 09,
Öffnungszeiten Juni bis Ende Sept.,
Sa u. So., Gruppen nach Vereinbarung

☕ Landcafé Bocksrüde
24398 Winnemark,
Tel. 0 46 44/351, Fax 0 46 44/10 51,
Öffnungszeiten April bis Okt. täglich
14 bis 18 Uhr, Nov. bis März Sa. u. So.
14 bis 18 Uhr

☕ Hofcafé Bisdorf
(Vollwert-Café), Bisdorf 15,
23769 Landkirchen,
Tel. 0 43 71/14 03,
Fax 0 43 71/8 71 86,
Öffnungszeiten 1. April bis
31. Okt., 14 bis 18 Uhr,
Mo. Ruhetag, Streicheltiere für Kinder

☕ Hein und Bea's Scheune
Dorfstraße 15,
23769 Dänschendorf/Fehmarn,
Tel. 0 43 72/3 97, Fax 0 43 72/15 26,
Öffnungszeiten April bis Oktober
11 bis 21 Uhr, Mi. Ruhetag,
auch vegetarische Küche, Kunstgalerie

☕ „Bauernstübchen"
Hof Radlandsichten
23714 Bad Malente,
Tel. 0 45 23/16 22, Fax 0 45 23/75 89,
Öffnungszeiten April bis Ende Okt.
Täglich 14 bis 18 Uhr, So 12 bis 18 Uhr,
Bauernladen, Waldspaziergang, Hofführung

☕ Stockseehof
23758 Weissenhaus
Tel. 0 43 82/3 51

☕ Schloss Weissenhaus
23758 Weissenhaus, Tel. 0 43 82/3 50
u. 3 52, Fax 0 43 82/12 33, Öffnungszeiten 1. Juni bis 30. Sept. täglich,
17. März bis 31. Dez. Di. bis So. 14 bis
18 Uhr, Cafégarten-Konzerte, Schlossführung

☕ Plantagencafé
Langenredder 66, 23743 Lenste/Grömitz, Tel. 0 45 62/4 76,
Fax 0 45 62/36 92, Öffnungszeiten Juni
bis August täglich ab 14 Uhr

Kulturdenkmäler

🏰 Naturschutzgebiet

🏰 Geltinger Blick
Tel. 04 61/6 21 12

🏰 Habermisser Moor
Tel. 0 46 43/18 94 74

🏰 Schwansener See
Schleimündung, Führungen durch Naturschutzbund SH, Ortsgruppe Nordschwansen,
Tel. 0 48 44/74 87

🏰 Naturschutzgebiet Wallnau
Wasservogelreservoir mit Führungen,
Tel. 0 43 72/14 45

🏰 Bräutigamseiche
Dodau bei 23701 Eutin, Briefkasten im
Baumloch, wird täglich geleert

🏰 Schloss Eutin
Eutiner Schloss-Festspiele, 5-Seen-Fahrt, Tel. 0 45 21/8 00 10,
Fax 0 45 21/30 01

Freilichtmuseen, Bauerngärten

Freilichtmuseen

Landschaftsmuseum Unewatt Unewatter Str. 1, 24977 Langballig, Tel. 0 46 36/10 21, Fax. 0 46 36/82 26

Flächendenkmal Dorf Sieseby
Reetgedeckte Häuser an der Schlei
Schleswig-Fischersiedlung Holm
Wikinger Museum

Mühlen- und Landwirtschaftsmuseum Lemkenhagen (Fehmarn), Tel. 0 43 72/18 94

Freilichtmuseum Molfsee
Hamburger Landstraße 97,
24113 Molfsee, Tel. 04 31/6 55 55,
Alte Gehöfte und Werkstätten,
Öffnungszeiten: 1. April bis 15. Nov.
täglich außer montags 9 bis 17 Uhr,
sonn- u. feiertags 10 bis 18 Uhr

Museumsdorf Lensahn
Prienfeldhof, 23738 Lensahn,
Tel. 0 43 63/9 11 22, Fax 0 43 63/9 11 44,
alte Geräte, Garten Café, Öffnungszeiten: Frühjahr bis Herbst täglich
10 bis 18 Uhr, montags geschlossen

Schleswig-Holsteinisches Landesmuseum
mit volkskundlichen Sammlungen,
Schloss Gottorf, 24837 Schleswig,
Tel. 0 46 21/96 76-0, Fax. 0 64 21/8130,
Öffnungszeiten: täglich von 9 bis 17 Uhr,
1. Nov. bis 31. März von 9.30 bis 16 Uhr

Plattdeutsch der Köge von Schleswig-Holstein:
„Pulen", d.h. ablösen, abpellen, zum Beispiel Nordsee-Krabben oder Pell-Kartoffeln (Kantüffel) von ihrer Schale befreien.

Freilichtmuseum „Dat ole Hus"
Museum für Volkskunde, 24613 Aukrug-Bünzen, Tel. 0 48 73/6 03,
Öffnungszeiten: samstags, sonntags und an Feiertagen 14 bis 18 Uhr und nach Vereinbarung

Multimar Wattforum Tönning
Am Robbenberg, 25832 Tönning,
Tel. 0 48 61/96 20-0,
Fax 0 48 61/96 20-10,
Öffnungszeiten: ganzjährig, 1. Mai bis 30. September 9 bis 19 Uhr,
1. Oktober bis 30. April 10 bis 18 Uhr

Bauerngärten

Tews-Kate
23714 Malente, Bauernkate mit antiken Möbeln und Geräten, Bauernmarkt im September

Holländerhof
alte Rosenzüchtungen,
Tel. 04641/22 92
Barockgarten Schleswig Gottorf
Rosarium Schloss Glücksburg

Rosengarten Schloss Weissenhaus

Schlosspark Eutin
alter Baumbestand, Lindenallee

Thomsen-Kate
Blumen und Gemüse,
Markt 10, 23174 Bad Malente, regelm. Kunstausstellungen

Willkommen im Ferienparadies Nordseeküste!

Wind und Wellen, Ebbe und Flut, Sonne und Regen formten eine Landschaft, in der sich Gäste bestens erholen und entspannen können.

Die Nordseestrände locken mit romantischen Dünen, grünen Deichen und dem einzigartigen Wattenmeer. Der Wechsel der Gezeiten und die schäumende Brandung bieten vor der traumhaften Kulisse gelber Rapsblütenfelder ein großartiges Naturschauspiel. Stets weht hier eine frische Brise, die den Urlauber nach Herzenslust auftanken lässt. Das wohltuende Reizklima verspricht gesunde Erholung. Strände gibt es an der Nordsee für jeden Geschmack: fein sandig oder saftig grün, mit Strandkörben und Spielplätzen oder weitläufig für sportliche Aktivitäten und Erkundungstouren.

> Wo die Nordseewellen spülen an den Strand,
> Wo die gelben Blumen blühn ins grüne Land,
> Wo die Möwen schreien schrill im Sturmgebraus,
> Da ist meine Heimat, da bin ich zu Haus.
>
> Friesenlied

Die ostfriesischen Inseln sind ursprünglich aufgeschwemmte Sandbänke, die heute noch sechs Meter pro Jahr nach Osten driften. Die nordfriesischen Inseln hingegen sind ursprünglich Festlandsreste, die den gewaltigen Sturmfluten immer noch trotzen. Alle Nordseeinseln sind Bestandteil des Nationalparks Niedersächsisches Wattenmeer und teilweise

Nordsee

autofrei. Jede Insel hat ihren eigenen, unverwechselbaren Charakter und Charme, und damit auch die eigenen treuen Stammurlauber. Auffällig sind die vielen Veranstaltungen und Einrichtungen für Kinder, was sie für Familienferien ideal macht.

Insbesondere das Hinterland der Nordsee in Schleswig Holstein und Niedersachsen lockt Jahr für Jahr viele Feriengäste aus nah und fern an. Das fette Marschland galt lange als der wertvollste Teil der Küste – mit ein Grund, warum außer Bremerhaven kaum Großstädte entstanden. Heute weiß man, dass der wertvollste Teil der Küste die wunderschönen, feinsandigen Strände sind.

Die Inseln sowie die mehr als 500 km langen Nordseeküste von der niederländischen bis zur dänischen Grenze werden von den Ost- bzw. Nordfriesen bewohnt, die vor allem in den Dörfern ihre eigene, in viele Dialekte zersplitterte Sprache sprechen.

Und so unterschiedlich wie die Menschen an der Küste auch sind, als Gastgeber heißen sie die Urlauber mit frischem Charme willkommen; sei es unter Reet oder in typisch norddeutschen Backsteinhäusern.

Nordsee – Schleswig-Holstein

Tjarkshof

**LandSelection-Tipp
Ein Leben wie ein junger (See-)Hund!**

Ein Ausflug zur Seehundstation ist ein Muss für alle Friedrichskoog-Urlauber! Tierschutzgerechte Aufzucht von Seehunden und Forschungsinitiativen zum Artenschutz sind die wesentlichen Aufgaben der bekannten Seehundstation. Die Aufzucht junger Seehunde (Heuler), die während der Säugezeit in den Monaten Juni bis August den Kontakt zur Mutter verloren haben, ist über Videokameras, den Aussichtsturm oder von Fenstern oberhalb des Heulerbereiches zu beobachten.

Im Südwesten Dithmarschens, eine Autostunde von Hamburg entfernt, ragt das Nordseeheilbad Friedrichskoog wie eine Halbinsel zehn Kilometer ins Meer hinein. Erst 150 Jahre ist es her, dass dieses Fleckchen Erde der Nordsee abgerungen wurde. In dem einzigartigen „Nationalpark Schleswig-Holsteinisches Wattenmeer" ist rundherum nur Natur. Vom Strand in Friedsrichskoogs Spitze ist der Ortskern – mit der zauberhaften Hochzeitsmühle und dem malerischen Kutterhafen – etwa fünf Kilometer entfernt. Ganz in der Nähe liegt der mehrfach ausgezeichnete Tjarkshof. Die Ferienwohnungen, ideal für zwei Erwachsene mit bis zu vier Kindern, sind

**Maren und Fred Duncker
Der Tjarkshof
Koogstr. 60 c
25718 Nordseeheilbad
  Friedrichskoog**
Tel.: 0 48 54/9 02 01
Fax: 0 48 54/16 91
www.tjarkshof.de
www.nordseeferien.de
info@nordseeferien.de

Ferienhof unweit des Kutterhafens

- eine Gruppenwohnung für 18 Personen im Erdgeschoss
- Verpflegung möglich
- Reithalle
- Kutschfahrten
- Angeln für Kinder
- Spielplatz
- Räucherfischbuffet, Krabben pulen, Stockbrot grillen
- Kids Club Tjarkshof
- Kindertag mit Spaghettiessen
- Tiere zum Anfassen
- große Tenne
- Fahrradtouren mit Grillen
- Hoffest mit Osterfeuer
- im Winter: Schlittenverleih und Ponyschlittenfahrten, es kommt der Weihnachtsmann
- Nordseebadestrand 5 km
- Kuren im Ort möglich

urgemütlich eingerichtet und familiengerecht ausgestattet. Tür auf, Kinder raus; durch die Terrassentür gleich in den Garten, auf den Spielplatz und in den Stall. Katzen, Meerschweinchen und Kaninchen kuscheln, Enten füttern...
Bei Schietwetter geht es zum Reiten in die Halle oder zum Toben in die riesige Tenne. Da kann man mit den Rutscherautos herrlich um die Tische sausen, an denen die Oldies zum Frühschoppen Platz genommen haben. Jeder bringt was mit und dann wird geklönt! Volle Kraft voraus vom Ponyreiten bis zum Bogenschießen, von der T-Shirt-Factory zur Muscheltour im Watt, vom Stockbrot backen zum urigen Grillbuffet... Da können die Großen getrost einen Gang zurückschalten: Abschalten.

Preise ab EUR

Wohneinheit	**FeWo**
Ü	25-110
qm	30-70

7 Wohnungen, 36 Betten

Nordsee – Niedersachsen

Ferienhöfe Francksen

LandSelection-Tipp:
Zu Fuß durch die Nordsee

Einmalig an der Nordseeküste ist der Besuch im Nationalpark Wattenmeer mit dem Ausflugsschiff Wega II. Auf einer Sandbank strandet das Schiff mitten in der Nordsee. Und von dort geht es zu Fuß in den Nationalpark, direkt beim Leuchtturm „HOHE WEG", dem ältesten Leuchtturm an der deutschen Küste. Hier startet die naturkundliche Führung durch das Watt, mit ausführlichen Erklärungen über das Leben von Vögeln, Seehunden und der restlichen Tierwelt im Wattenmeer.

Inmitten der weiten grünen Marschenlandschaft Butjadingens liegen, umgeben von Wiesen und alten Bäumen die Ferienhöfe Francksen, zwei denkmalgeschützte, liebevoll restaurierte Niedersachsenhöfe, die zu den ältesten Bauernhöfen der Nordseehalbinsel gehören.

Allein das Ambiente ihrer Ferienwohnungen mit den großen hellen Räumen und der stilvollen Einrichtung ist eine Reise wert. Die Ferienhöfe Francksen haben noch mehr zu bieten: Auf dem Hof in Ruhwarden warten Ponys und viele Streicheltiere wie Ziegen, Kaninchen und Meerschweinchen auf die Gäste. Im eigenen Badeteich kann geangelt

werden, und wer sich am Tag als Freizeitbauer versucht hat, kann abends in der Sauna entspannen.
In der riesigen Freizeitscheune trifft man sich zum gemütlichen Umtrunk oder man ist auf dem Grillplatz verabredet.
Aktivurlauber haben die Möglichkeit zum Tennis und Badminton spielen.
All das steht natürlich auch den Gästen des nahe gelegenen Hofs Burhave offen.
Dann gilt es auch noch Butjadingen zu entdecken: Bei einer Wattwanderung, einem Besuch des Hafens oder des verträumten Fischerdorfes Fedderwardersiel oder an einem erholsamen Tag an der Nordsee.

Land Selection
EUROPAS SCHÖNSTE FERIENHÖFE

Tammo Francksen
Ferienhöfe Francksen
Butjadinger Str. 82
26969 Butjadingen
Tel.: 0 47 33/4 32
Fax: 0 47 33/16 20
www.0700Francksen.de
Ferienhof.Tammo.Francksen@t-online.de

Ferienhof in Einzellage mit Rinderhaltung

- riesige Freizeithalle (1.000 qm) mit Möglichkeiten zum Tennis und Badminton spielen
- Streicheltiere
- Kinderfahrzeuge
- im Winter: Schlittschuh laufen
- **Ziegenpeterservice**
- **Tischlein deck' dich**
- Kuren im Ort möglich

Preise ab EUR	
Wohneinheit	**FeWo**
Ü	36–110
qm	40–150
6 Wohnungen, 26 Betten	

Nordsee – Niedersachsen

Kulturschatzhof Cramer

**LandSelection-Tipp:
Der Blick in Nachbars Garten!**

Gartengenuss wird im Nordwesten Deutschlands groß geschrieben. Die Route der Gartenkultur bildet ein Netzwerk von über 100 Parks und Gärten und lädt Sie ein, die Gartenlandschaft mit allen Sinnen zu erleben. Private Gärten und öffentliche Parks zeigen ihre Vielfalt und nehmen den Besucher mit, die vielseitigen Gestaltungsmöglichkeiten kennen zu lernen. Übrigens ist auch der Kulturschatzhof Cramer Teil der Route der Gartenkultur!

Wer die Weser bei Bremen in Richtung Westen überquert und sich nördlich hält, der befindet sich im weiten Oldenburger Land. Die idyllische Marschen- und Moorlandschaft säumt die Straße, oft mit den typisch „Schwarzbunten" Kühen auf den Weiden. Dazwischen immer wieder mächtige Wälder, Fahrradwege und großzügige Höfe oder ländliche Anwesen.

Nahe des Nordseebades Dangast und des Vareler Hafens liegt der Kulturschatzhof der Familie Cramer in Jade. Bereits in der 17. Generation ist der Hof im Familienbesitz und wird auch heute noch bewirtschaftet. In der sonnengelben Landvilla aus dem 19. Jahrhundert gibt es

Land Selection
EUROPAS SCHÖNSTE FERIENHÖFE

Hajo und Lieselotte Cramer
Kulturschatzhof Cramer
Bollenhagener Str. 51
26349 Jade
Tel.: 0 44 54/94 88 97
Fax: 0 44 54/15 32
www.kulturschatzhof.de
cramer-h@ewetel.net

eine stilvolle, hochwertig ausgestattete Suite mit einem Doppelzimmer und einem Wohnzimmer mit Kachelofen. Sie verbindet den Charme romantischen Wohnens mit modernem Komfort.
Der Garten ist die ganze Leidenschaft der Gastgeberin. Mit Liebe und Kompetenz angelegt, hält er lauschige Plätze zum Verweilen bereit und beherbergt eine Vielzahl besonderer Stauden, Sträucher und Bäume. Davon zeugt auch das jährlich stattfindende Fest „Gartenlust und Gaumenfreude" welches die Gastgeber immer im September ausrichten. Die Umgebung lockt mit Kultur und Einkaufsmöglichkeiten in Oldenburg, Bremen und Bremerhaven – hier sollte man auf gar keinen Fall das Deutsche Auswanderermuseum verpassen!

- Stilvoll logieren in großbäuerlicher Landvilla
- Landhausfrühstück im Salon
- parkartiger Hofgarten mit alten Eichen und Buchen
- Gartenführungen im eigenen Garten
- geführte Touren auf der Route der Gartenkultur
- geführte Kanufahrten auf der Jade
- 6 Golfplätze in der Nähe
- Ab-Hof-Verkauf von Büffelfleisch, Büffelsalami und Wildfruchtspezialitäten
- Nordsee in 10 km

Preise ab EUR	
Wohneinheit	**Suite**
Ü/F/2 Pers.	85-95
qm	32
1 Suite, 2 Betten	

Nordsee – Niedersachsen

Katrin's Ferienhof

**LandSelection-Tipp:
Auf den Spuren der
Mördermuschel**

Im Muschelmuseum von Hooksiel hat Georg Hempfling mehr als 6000 Muscheln und Schnecken aus seiner weitaus größeren Sammlung zusammengetragen. Er erzählt gern die Geschichte der Mördermuschel, die ihrem Namen keine Ehre macht. „Alles nur Gerede. Bislang gibt es keine Beweise, dass je jemand in einer Riesenmuschel umgekommen ist." Sie wird bis zu 1,80 Meter lang und 1,50 Meter hoch. Ihre Schalen wiegen rund acht Zentner und ihr Fleisch etwa 200 Kilogramm.

Wangerland ist eine fruchtbare, von Stürmen und Gezeiten geformte Marschlandschaft an der ostfriesischen Nordseeküste. Die wechselvolle Geschichte des Landes lebt unter anderem in jenen alten, flutgeschützten Dörfern, die im Laufe der Jahrhunderte auf Warften und Wurten gegründet wurden weiter. Am Rande eines solchen Wurtendorfes, nahe der historischen Stadt Jever liegt Katrin's Ferienhof, ein typisch friesischer Bauernhof.
Die Stallungen wurden zu modernen und freundlichen Ferienwohnungen umgebaut. Sie sind von einem großen Garten umgeben und laden zu jeder Jahreszeit zu einem Urlaub oder kombinierten Kuraufenthalt

Land Selection
EUROPAS SCHÖNSTE FERIENHÖFE

Katrin Hobbie
Katrin's Ferienhof
Bei Wüppels 1
26434 Hooksiel
Tel.: 0 44 25/8 13 64
Fax: 0 44 25/8 13 64
www.katrins-ferienhof.de
katrinhobbie@aol.com

ein. Auf die Kinder warten eine große Spielhalle und allerhand Tiere. Neben Ponyreiten und Kutsche fahren gibt es viele Möglichkeiten für die Kleinen zum Spielen und Toben. Doch auch die Erwachsenen kommen hier bei allerhand Sportangeboten auf ihre Kosten. Abends lässt sich der Tag bei einem gemütlichen Lagerfeuer und leckerem Stockbrot wunderbar ausklingen. In kaum fünf Autominuten erreicht man die Nordsee (5 km), wo sich zahlreiche Sport- und Freizeitmöglichkeiten rund ums Wasser anbieten. Und wenn sich das große Wasser für ein paar Stunden zurückzieht: Wer wollte sich da das unvergessliche Erlebnis einer Wattwanderung entgehen lassen?

- Aufenthaltsraum mit kleiner Bibliothek und Gesellschaftsspielen
- Lagerfeuer/Stockbrot
- Familienhängematte
- große Spielhalle
- Go-Karts u.a. Kinderfahrzeuge
- Spielen im Heu
- Kanu
- Bolzplatz
- Kuren in Horumersiel möglich
- Ab-Hof-Verkauf von Eiern

Preise ab EUR

Wohneinheit	FeWo
Ü	60–80
qm	50

4 Wohnungen, 16 Betten

Nordsee — Niedersachsen

Traberhof

Ausflugsziele in der näheren Umgebung

Kultur
- Marinemuseum Oceanis
- Brauereimuseum
- Int. Muschelmuseum
- Orgel- u. Kurkonzerte Künstlerhaus

Sportliche Aktivitäten
- Golf • Hochseeangeln
- Kanuverleih • Wasserski
- Segeln • Rad fahren

Vergnügen
- Wattwandern
- Kutschfahrten
- Spielscheune Bullermeck
- Trabrennveranstaltungen
- Jaderpark
- Inselfahrten

Tausende Vögel, das Kreischen der Möwen am Strand, Watt und noch viel Meer, dazu das Wiehern der Pferde und die Weite der Landschaft im Nationalpark „Niedersächsisches Wattenmeer". Berauschend – Einzigartig!

Nur wenige hundert Meter hinter dem Deich, in 2 km Entfernung zur Nordsee liegt der schöne Traberhof, ein typisch friesischer Bauernhof, auf dem man die Gastfreundschaft der Friesen hautnah erleben kann. Die liebevoll und komfortabel eingerichteten 4-Sterne Ferienwohnungen laden zum entspannten Wohlfühlen ein. Aber auch Ponyreiter und Freunde großer Reitpferde können hier auf dem Rücken der 12

Land Selection
EUROPAS SCHÖNSTE FERIENHÖFE

Remmer Müller
Traberhof
26434 Hooksiel
Tel.: 0 44 25/4 43
Fax: 0 44 25/17 81
www.traberhof.net
info@traberhof.net

Pferde oder bei einer Kutschfahrt ihr Glück suchen.
Der große Garten mit traumhaften Rosen lädt ein, ein schönes Buch zu lesen.
Für ausgedehnte Touren stehen Fahrräder mit Fahrradkarten und Tourenvorschlägen vor der Tür.
Ein spannender Ausflug ins Umland lohnt immer. Auch ein Tretboot kann genutzt werden, um damit auf dem kleinen Fluss zu fahren. Wer das Angeln liebt, kommt ebenfalls auf seine Kosten. Abends treffen sich die Gäste meist am Grill oder in der Sauna. Bei so vielen Beschäftigungsmöglichkeiten unter Gleichgesinnten wird dann die Heimfahrt bestimmt nicht einfach werden!
Ferienhof des Jahres 2007!

- **Kneipp-Gesundheitshof**
- Solarium, Sauna
- FN-Reiterhof, Reitplatz, Ponys
- Gastpferdeboxen
- Kräutergarten und Seminare
- Aufenthaltsraum mit Büchern und Spielen • Kettcars und andere Kinderfahrzeuge
- Riesentrampolin • großer Streichelzoo • Basket- und Fußball • Kicker • Kutschfahrten
- Nordic-Walking • Kanu fahren
- Sektfrühstück in der Nebensaison • Brötchenservice
- Abholung von der Bahn möglich
- großes Osterfeuer
- Golfplatz 10 km, Greenfee-Ermäßigung
- Angelgewässer
- Kuren möglich

Preise ab EUR

Wohneinheit	FeWo
Ü	25-110
qm	30-75

inkl. Reiten, Fahrräder, Tretboot

18 Wohnungen, 70 Betten

Nordsee – Niedersachsen

Ol' Backhus

LandSelection-Tipp: Stadt und Meer

Nur 20 Minuten vom Ol'Backhus entfernt befindet sich Jever – über die Grenzen Ostfrieslands bekannt durch das Schloss mit Schlossmuseum und das Friesische Brauhaus. Ob man durch die Altstadtgassen der fast 1000 jährigen Stadt mit den zahlreichen Geschäften „schnüstert" oder die Blaudruckerei als eine der letzten Museumswerkstätten, in denen das traditionelle Handwerk des Blaudruckens noch praktiziert wird, besichtigt – Jever ist überraschend vielseitig und bietet weitaus mehr als nur Bier!

Unmittelbar am Nordseedeich, am Tor zum Nationalpark Wattenmeer liegt das Wurtendorf Förrien in der Gemeinde Wangerland. Hier bewirtschaftet die Familie Onnen-Lübben seit 220 Jahren in der 8. Generation einen Ackerbaubetrieb.
Durch eine Jahrhunderte alte Lindenallee gelangt man zu dem unter Denkmalschutz stehenden Gulfhof von 1803, gelegen auf einem parkähnlichen Grundstück mit idyllischem Bauerngarten und eingebettet in die ursprüngliche friesische Landschaft.
Das Nebengebäude von 1883, das ursprünglich als Backhaus, später dann als Pferdestall genutzt wurde, beherbergt nach liebevoller Restau-

Land Selection
EUROPAS SCHÖNSTE FERIENHÖFE

Anke Onnen-Lübben
Ol' Backhus
Förriener Loog 1
26434 Wangerland-Förrien
Tel.: 0 44 26/3 47
Fax: 0 44 26/15 96
www.ol-backhus.de
info@ol-backhus.de

Ackerbaubetrieb

- Nichtraucher-Ferienwohnungen mit gehobener Ausstattung, teilweise mit Antiquitäten, 5 Sterne
- Aufenthaltsraum „Seglerklause" mit Kaminofen
- Spielturm mit Sandkasten, Schaukel
- Kindertrecker, Go-Karts
- Mitfahren auf dem Trecker
- Drachenwiese
- Tischtennis und -kicker
- je 2 Ponys, Ziegen und Hängebauchschweine, verschiedene Streicheltiere
- Trampolin
- Teetafel, Osterfeuer und (nur im Winter) Boßeln
- Lagerfeuer mit Stockbrotbacken
- **Tischlein deck' dich**
- Ab-Hof-Verkauf von Eiern, Marmelade und Hefezöpfen
- Strand in 1,5 km
- Friesland-Therme in 4 km
- Kuren im Nordseeheilbad Horumersiel

rierung drei Appartements für gehobene Ansprüche: Die stilvolle Einrichtung folgt dem Konzept der Verbindung von Alt und Neu. Ein Wohnzimmer mit Kamin, eingerichtet mit verschiedenen antiken Möbeln, 2 Bäder, 2 Schlafräume und eine vollausgestattete Küche lassen keinen Komfort vermissen. Vom Spitzboden mit dem „Kapitänsstuhl" lässt sich der herrliche Blick auf die Nordsee mit der Insel Minser Oldeoog genießen. Stille Winkel im wunderschönen Garten sowie Terrassen direkt am Haus laden bei schönen Wetter zum Verweilen und Entspannen ein.
Gleichzeitig finden sich auf dem weitläufigen Hof für Kinder jede Menge Spielmöglichkeiten, die einen Nordseeurlaub zu einem unvergesslichen Erlebnis werden lassen.

Preise ab EUR

Wohneinheit	**Hausdrittel**
Ü/4 Pers.	75-90
qm	95

3 Wohneinheiten, 12 Betten

Nordsee – Niedersachsen

Ferien- und Erlebnishof Janssen

LandSelection-Tipp: Tee und Meer

Erholen Sie sich nach einem langen Spaziergang bei einem Stück Kuchen und einer Tasse Tee. In eine kleine Tasse kommen zuerst ein bis zwei Kandisstücke (Kluntje). Darauf gießt man heißen, goldgelben Tee. Nun hört man das Knisten der Kandisstücke und spürt etwas von dem unverwechselbaren Duft des Tees. Man trinkt und genießt ihn mit Bedacht. Es ist Sitte, bei Besuchen mindestens drei Tassen Tee zu genießen, erst dann darf man zum Zeichen des „Dankes" den Löffel in die Tasse stellen.

In direkter Nachbarschaft zum Nordseeheilbad Horumersiel fernab von überfüllten Strandflächen und touristischem Trubel liegt der Ferien- und Erlebnishof Janssen.
Hier bietet sich eine Spieloase für Kinder: Kettcarbahn, Trampolin, die große Tarzanschaukel, eine Seilbahn, die sieben Ponys und eine 800 qm große Spielscheune.
Auf der großen Streichelwiese können Kinder viele Tiere hautnah erleben und kennen lernen.
Während im Sommer die Kleinen durch das Hanflabyrinth des Hofes jagen, Fußball oder Basketball spielen, halten die Eltern bei Kaffee und Kuchen einen gemütlichen Klatsch im Hofcafé. Kindergeburtstage wer-

Land Selection
EUROPAS SCHÖNSTE FERIENHÖFE

Annemargret Janssen
Ferien- und Erlebnishof
Wiardergroden 20
26434 Horumersiel
Tel.:   0 44 26/3 05
Fax: 0 44 26/17 85
www.Ferienhof-Janssen.de
Janssens-Ferienhof@
t-online.de

den hier groß geschrieben und wer einen Babysitter braucht, muss nur Bescheid sagen.
Drei Ferienhäuser liegen in unmittelbarer Nähe hinter dem Deich ca. 2 km vom Hof. Die modern eingerichteten 3 bis 4-Sterne Wohnungen liegen im Haupthaus und im umgebauten Stall direkt am Hof. Es gibt auch einen Fitnessraum und ein Solarium.
Im Stallkeller wurden Themenstraßen für die Gäste eingerichtet: Heimische Wildtiere, Weihnachtsstraße, Spaßlabyrinth und ein landwirtschaftliches Museum.
Dazu passend gibt es Gästeveranstaltungen wie z.B. das jährliche Osterfeuer.

- Hauscafé • Kindergeburtstage
- Baby- und Kleinkindergerecht
- Vermittlung von Babysittern
- f. Hausstauballergiker geeignet
- Gastpferdeboxen • Ponys, Reitplatz • Ponyreiten kostenlos
- großer Streichelzoo • Solarium
- Fitnessraum • wöchentliche gem. Grillabende • Hanflabyrinth
- große Spielscheune, 800 qm und Spielplatz • Basketball und Fußball • Hofbesichtigungen
- Kettcarbahn und Trampolin
- Treckerfahrten, Go-Karts
- Fahrdienst a. Anfrage • großes Osterfeuer
- **Tischlein deck dich** • Kuren im Ort möglich • ab-Hof-Verkauf von Eiern • Nordsee 1 km

Preise ab EUR

Wohneinheit	FeWo	Häuser
Ü	25-80	35-90
qm	40-60	80

16 Wohnungen, 46 Betten

Nordsee- Niedersachsen

Groot Plaats/Osterwarf

**LandSelection-Tipp:
Märchenschiff in Norddeich gestrandet**

Gleich um die Ecke in Norddeich ist das Märchenschiff von Bernhard Schwartz an Land gegangen. Erwachsene und Kinder sitzen dann im großen Rundzelt nach dem Vorbild der mongolischen Jurten mit Platz für ca. 40 Personen und hören dem Märchenerzähler zu. Am Lagerfeuer, bei Märchenschiffpunsch und Geschichten aus aller Welt, können Sie Ihrer Fantasie freien Lauf lassen und manchmal auch selbst mitmachen.

Vor dem Deich oder hinter dem Deich? Hoch oben an der Nordseeküste hat man die Wahl.
Direkt an der Küste Ostfrieslands auf einer flachen Warf liegt der Ferienhof Osterwarf. Der Hof wurde unter Verwendung alter Baumaterialien von Grund auf renoviert und durch Neubauten aufgewertet.
In herrlicher Natur liegt hier ein Feriendomizil von ganz besonderem Reiz.
Umgeben von urwüchsiger Natur- und Marschlandschaft bieten sich Familien zu jeder Jahreszeit und bei jedem Wetter Urlaubsmöglichkeiten vom Feinsten.
Im nahe gelegenen Groot Plaats eröffnet sich hinter dem Deich ein

Land Selection
EUROPAS SCHÖNSTE FERIENHÖFE

Edith Martens
Groot Plaats/Osterwarf
Deichstr. 31
26506 Norden
Tel.: 0 49 31/86 39
Fax: 0 49 31/8 19 33
www.groot-plaats.de
groot-plaats@t-online.de

Bauernhöfe direkt am Seedeich mit Ackerbaubetrieb

- eine Ferienwohnung behindertengerecht
- gemeinsame Grillabende
- Babysitterdienst
- Kinderblockhaus
- Gartenhaus zum Spielen
- Streicheltiere
- Reiten, Reitplatz
- Kindergeburtstagsfeiern mögl.

zusätzliches Ferienquartier in völliger Abgeschiedenheit.
In den großen hellen und modern eingerichteten Ferienwohnungen lebt man das typisch ostfriesische Flair.
Deiche, Felder und Wiesen laden zu ausgedehnten Spaziergängen in gesunder klarer Luft ein.
Die Kinder tummeln sich auf dem großen Spielplatz oder lassen im Herbstwind die Drachen steigen. Ausgedehnte Fahrradtouren durch die ostfriesische Landschaft machen der ganzen Familie viel Spaß. Die blühende Natur im Frühling mit gelben Rapsfeldern, der goldene Herbst und die Ruhe im Winter mit den erstarrten Gräben und Kanälen – das ist Ostfriesland, dann ist es Zeit für traditionelles Teetrinken oder Bohntje Soop.

Preise ab EUR

Wohneinheit	FeWo	Zimmer
Ü	38-80	
qm	45-90	|//
24 Betten		

Nordsee — Bauernhofcafés, Kulturdenkmäler

Bauernhof-Cafés

☕ Hof Moorblick
Tungerstr. 1 a, OT Aurich-Oldendorf
26629 Großefehn
Tel. 0 49 43/91 20 91
Öffnungszeiten: Di.-Sa. ab 14.30 Uhr
So. ab 10 Uhr oder nach Vereinbarung

☕ Bauernhofcafé und Gast-stätte Ostendorf
Brückstr. 2
26670 Uplengen-Poghausen,
Tel. 0 49 56/12 31
Öffnungszeiten Mai bis Sept. 11 bis 21 Uhr, Okt. bis April 14 bis 18 Uhr,
Dienstag: Ruhetag

☕ Else Wübbena
Achter'd Toorn 12
26844 Jemgum-Hatzum
Tel. 0 49 02/92 29 20
Fax 0 49 02/91 29 21
Öffnungszeiten 11 bis 17 Uhr
Donnerstag geschlossen

☕ Bauernhofcafé unter den Eichen
Tanger Hauptstr. 85
26689 Tange
Tel. 044 99/17 75
Fax 0 44 99/92 63 56
Öffnungszeiten Mai bis Dezember tägl. ab 14 Uhr, außer Montag
Januar bis April Sa. und So. ab 14 Uhr

☕ Landcafé Neumann
Wiefelsteer Str. 12
26160 Bad Zwischenahn,
Tel. 0 44 03/5 96 79,
Fax 0 44 03/93 94 38,
Öffnungszeiten täglich 9.30 bis 18 Uhr,
Mo. u. Do. 14 bis 18 Uhr, im Winter
Mo. bis Do. 14 bis 18 Uhr, Fr., Sa.,
So 9.30 bis 18 Uhr

☕ Bauernhofcafé
Hillert Janßen
Pantinenweg 4
26180 Rastede
Tel. 0 44 02/8 38 70
Fax 0 44 02/59 88 25
Öffnungszeiten täglich 14 bis 18 Uhr, im Sommer
bis 19 Uhr, Montag Ruhetag

☕ Hof-Café Gut Wahnbek
An der Bäke 39
26180 Rastede
Tel. 04 41/3 97 01,
Fax 04 41/39 10 22,
Öffnungszeiten Sonntag ab 14.30 Uhr
und nach Vereinbarung

☕ Morriemer Landcafé
Bardenfleth 39 a
26931 Elsfleth
Tel. 0 44 85/45 26 66,
Fax 0 44 85/46 29 18
Öffnungszeiten Do. bis So. 14 bis 18 Uhr und auf Anfrag

☕ Golf- und Gartencafé Iserloy
Familie Garms
Stedinger Weg 64
27801 Iserloy
Tel. 0 44 33/9 4025
Öffnungszeiten Mai bis Okt.: Die. bis Fr. ab 11 Uhr, Nov. bis Apr: Fr. bis So. 14 bis 18 Uhr und nach Vereinbarung

Kulturdenkmäler

🏰 **Nationalpark Niedersächsisches Wattenmeer**
Ausstellungen, Aquarium,
Tel. 0 44 29/90 47 00

🏰 **Ewigs Meer** (Eversmar)

Freilichtmuseen, Bauerngärten

Freilichtmuseen

Landwirtschaftsmuseum und Dithmarscher Landesmuseum
Jungfernstieg 2–4, 25704 Meldorf,
Tel. 0 48 32/33 80,
Öffnungszeiten: täglich außer montags

Seehundstation Friedrichskoog
Aufzucht und Forschung, An der Seeschleuse 4, 25718 Friedrichskoog,
Tel. 0 48 54/13 72, Fax 0 48 54/92-31,
Öffnungszeiten: März bis Oktober 9 bis 18 Uhr, Nov. bis Februar 10 bis 17.30 Uhr

Multimar Wattforum Tönning
Am Robbenberg, 25832 Tönning,
Tel. 0 48 61/96 20-0,
Fax 0 48 61/96 20-10,
Öffnungszeiten: ganzjährig, 1. Mai bis 30. September 9 bis 19 Uhr, 1. Oktober bis 30. April 10 bis 18 Uhr

Freilichtmuseum am Kiekeberg
Ehestorf, 21224 Rosengarten,
Tel. 0 40/7 90 76 62,
Öffnungszeiten:
1.3. bis 31.10. dienstags bis freitags 9 bis 17 Uhr, samstags u. sonntags 10 bis 18 Uhr,
1.11. bis 28.2. dienstags bis sonntags 10 bis 18 Uhr

Freilichtmuseum „Freisdorfer Brink"
27616 Freisdorf, Tel. 0 47 49/16 98,
Öffnungszeiten: 1. Mai bis 15. Oktober nach Voranmeldung

Husum: Nordfriesisches Museum
Freilichtmuseum Osterfelder Bauernhaus

Schlossmuseum Jever

Historisches Brauereimuseum
Friesisches Brauhaus zu Jever,
26441 Jever, Tel. 04461/1 37 11,
Fax. 0 44 61/1 37 02,
Öffnungszeiten: montags bis freitags 9 bis 12.30 Uhr und 13.30 bis 18 Uhr, samstags 9 bis 13 Uhr (langer Samstag bis 16 Uhr)

Krummhörn – Museum für Landwirtschaft
Campen (nördlich von Emden),
Tel. 0 49 23/14 77

Niedersächsische Milchstraße
13 Milchviehbetriebe im Kreis Stade mit vier Rundtouren
(Internet: www.niedersaechsischemilchstrasse.de)

Bauerngärten

Jadepark
Jaderberg, Tel. 0 44 54/91 13-0

Celler Heidepflanzengarten
Tel. 0514/55 07 14

Französischer Garten
Tel. 0 51 41/9 05 03 40

Heide-Park Soltau
29614 Soltau

Was früher ein Geheimtipp war, hat sich heute dank seiner vielen Vorzüge zu einer beliebten Urlaubsregion entwickelt. Emsland und Lüneburger Heide bestechen durch das Angebot zur naturnahen Erholung. Beschaulichkeit und sanfter Tourismus sind nach wie vor Trumpf. Das bringt schon die landschaftliche Mischung aus Flüssen, Mooren, Wäldern und Heideflächen mit sich.

Am besten erschließt sich die Natur mit ihrer reichen Vogelwelt bei gemütlichen Fahrrad- oder Flusswanderungen. Gelegentlich stößt man dabei auf etliche, sagenumwobene Hünengräber und Totenhügel aus der Stein- und Bronzezeit. Für mehr Abwechslung sorgen viele kleine Badeseen, Tier- und Freizeitparks, Angelkurse und Golfplätze und natürlich Dampferfahrten oder Segeln auf der Ems. Die Ems ist zwar Deutschlands kleinster Strom, hat aber eine lange Schifffahrtstradition.

> „Es ist so still; die Heide liegt
> im warmen Mittagssonnenstrahle,
> ein rosenroter Schimmer fliegt
> um ihre alten Gräbermale;
> die Kräuter blühn, der Heideduft
> steigt in die blaue Sommerluft.
> Kaum zittert durch die Mittagsruh
> Ein Schlag der Dorfuhr,
> der entfernten;
> Dem Alten fällt die Wimper zu,
> er träumt von seinen Honigernten.
> – Kein Klang der aufgeregten Zeit
> Drang noch in diese Einsamkeit."
> Theodor Storm, „Abseits"

Zwischen Mitte August und Ende September ist in der Lüneburger Heide Hochsaison. Dann entfaltet sie sich in ihrer ganzen farbigen

Ems- und Heideland

Pracht: violette Heide, dunkelgrüner Wacholder, weißstämmige Birken und schwarze Flachmoore. Dazwischen gelegentlich die grauen und gehörnten Heidschnucken, die wichtig für den Bestand der Heide sind, denn sie verbeißen die Birkenschößlinge. Zu Fuß oder per Kutsche führt ein Weg durch die Landschaft rund um den Wilseder Berg – auf Sandwegen, vorbei an versteckten Heidjerhöfen und Hünengräbern.

In Walsrode befindet sich der größte und vielleicht schönste Vogelpark der Welt. Über 5000 Vögel aller Kontinente und Klimazonen leben in der 22 Hektar großen Parklandschaft.

Es war das Salz – das weiße Gold, das Lüneburg im Mittelalter großen Reichtum brachte, denn Salz war damals das einzige, in der Natur vorkommende Konservierungsmittel. Heute weiß Lüneburg den Charme des Mittelalters mit den Ansprüchen unserer Zeit zu verbinden. Wunderschöne Backsteinhäuser aus Gotik, Renaissance und Barock und vor allem das Rathaus prägen das prächtige Bild der Stadt. Kopfsteingepflasterte Straßen laden zur geschichtlichen Erkundung und zum gemütlichen Bummeln ein.

Ems- und Heideland

Landferienhof Garbert

**LandSelection-Tipp:
Kunst, Natur und Geschichte
auf den „kunstwegen"**

Wer Erholung und kulturelle Begegnungen gleichermaßen sucht, wer Wasser, eine abwechslungsreiche Landschaft und anregende neue Erfahrungen liebt, der findet mit „kunstwegen" vor allem als Fahrradfahrer im deutsch-niederländischen Vechtetal ein höchst attraktives Kulturangebot.

Über eine Strecke von rund 140 km zwischen Nordhorn und Zwolle zieht sich das Skulpturenprojekt „kunstwegen" entlang der Vechte durch die Grafschaft Bentheim und die Provinz Overijssel.

Von ihrer schönsten Seite zeigt sich die Heidelandschaft der niedersächsischen Grafschaft Bentheim zur Zeit der Heideblüte. Die zahlreichen Wind- und Wassermühlen lassen die Nähe zur holländischen Grenze erkennen.

Ein Netz ausgeschilderter Radwanderwege führt direkt zum Ferienhof Garbert. Selbst kleinere Radler bewältigen diese Strecken durch die flache oder leicht hügelige Landschaft spielend.

Das liebevoll restaurierte Bauernhaus beherbergt geräumige, komfortable Ferienwohnungen und ist von einem parkähnlichen Hofgelände mit bis zu 300 Jahre alten Eichen umgeben. Dort blühen im

Grafschaft Bentheim

Mai zahlreiche Rhododendronbüsche und im Juli können die Gäste beim Nachbarn die Heidelbeeren pflücken.
Nur 500 m entfernt liegt ein idyllischer Badesee. Wer einen ruhigen, erholsamen Urlaub verbringen will, wird sich hier bestimmt wohl fühlen. Allenfalls das Schnattern der Gänse und Hühner stört hier die Stille – und vielleicht das fröhliche Geschrei der Kinder.
In der ausgebauten Spielscheune mit separatem Spielzimmer, Billardtisch, Kicker und gemütlicher Sitzecke haben alle Gäste bei jedem Wetter Spaß und Unterhaltung. Die Kinder können auf der Empore mit Großbausteinen tolle Bauwerke errichten. Hof Garbert ist ein richtiger Kinderbauernhof mit vielen Tieren zum Anfassen.

Land Selection
EUROPAS SCHÖNSTE FERIENHÖFE

Anni und Warse Garbert
Ferienhof Garbert
Am Fertenbach 3
49849 Wilsum
Tel.: 0 59 45/6 78
Fax: 0 59 45/6 70
www.ferienhof.com
garbert@ferienhof.com

- Frühstückscafé mit Buffet,
- Kaffeetafel,
- Kinderbauernhof mit vielen Tieren zum Anfassen
- Traktorfahren mit dem Bauern
- Gastpferdeboxen
- Kutschfahrten
- Kinderfahrzeuge
- Kindergeburtstagsfeiern mögl.
- Kinderbetreuung stundenweise
- Stockbrotbacken am Lagerfeuer
- Gastpferdeboxen
- **Tischlein deck' dich**
- **Ziegenpeterservice**
- Pauschalangebote auf Anfrage
- Ab-Hof-Verkauf von Eiern und Milch

Preise ab EUR

Wohneinheit	FeWo
Ü	55–75
F/P	8
qm	80
7 Wohnungen, 35 Betten	

Ems- und Heideland

Hof am Kolk

**LandSelection-Tipp:
So lebte es sich früher auf dem Land**

Das Museumsdorf Cloppenburg umfasst 15 ha große Gelände mit zahlreichen wieder aufgebauten Gehöften und war das erste Freilichtmuseum Deutschlands. Unterhaltsam, abwechslungsreich und hintergründig wird den Besuchern Geschichte und manches Geschichtchen rund um die 50 Originalgebäude vermittelt. Buttern, Traktoren aus alten Zeiten entdecken oder die Kinderrallye durchs Dorf – hier gibt es immer etwas zu entdecken und zu erleben!

Die Hase, ein Nebenfluss der Ems, hat im Oldenburger Münsterland im Laufe der Jahre ein abwechslungsreiches Landschaftsbild geschaffen: Dies lässt sich auf herrlichen Rad- und Wanderwegen entlang der Altarme in den Niederungen der Hase, zwischen Wiesen und Weiden, Äckern und brachliegenden Flächen, kleinen Bauernwäldchen und großen Forstgebieten erkunden.

Direkt im Urstromtal ist der von erhabenen Eichen umgebene, denkmalgeschützte Hof am Kolk zu finden.

Die Ferienwohnungen haben ihren ganz eigenen Charme: Versetzte Ebenen, romantische Himmelbet-

Land Selection
EUROPAS SCHÖNSTE FERIENHÖFE

Anni und Wilhelm Meyer
Hof am Kolk
Gänhauk 22
49624 Löningen-Angelbeck
Tel.: 0 54 32/47 40
 oder 5 85 25
Fax: 0 54 32/5 85 45
www.hof-am-kolk.de
hofamkolk@web.de

ten, moderne Accessoires und alte Bauernmöbel wurden geschickt kombiniert und verbreiten eine stilvolle Atmosphäre.

Sich Tieren nähern – ein wichtiges Element: Schweine füttern, mit den Ponys ausreiten, die Mutterkuhherde beobachten, mit Katzen schmusen....

Der Aktive findet in der Spielscheune von Ballspielen in der Turnhalle über Billard und Kicker bis zu einem Spielboden für die Kleinen ein großes Angebot. Die Fantasie entfaltet sich im Blaudruckstübchen und beim Speckstein bearbeiten. Für Ruhe und Erholung gibt es schöne Plätze am Kolk und im parkähnlichen Garten. Massagen, Sauna und kulinarische Highlights aus ökologischem Anbau ergänzen rundum erholsame Tage.

- Seminarraum
- Übernachten im Heu
- gemeinsame Moorwanderung oder Fahrradtouren
- Brotbacken
- Kutschfahrten
- einige Streicheltiere
- Billard, Trampolin
- Fahrdienst für ältere Menschen möglich
- im Winter: Schlittschuhlaufen
- **Tischlein deck' dich**

Preise ab EUR

Wohneinheit	FeWo
Ü	35–75
qm	35–80
8 Wohnungen, 32 Betten	

Ems- und Heideland

Schloss Eggermühlen

**LandSelection-Tipp:
Rund um die Uhr**

In der beeindruckenden Schlossanlage von Bad Iburg beherbergt ein Haus am Gografenhof ein ganz besonderes Uhrenmuseum. Da tickt es und klingelt es, den mehr als 700 Uhren zeigen Kindern wie Erwachsenen auf anschauliche Weise einen eindrucksvollen Querschnitt durch die Technikgeschichte der Zeitmessung: von der Autouhr über die Turmuhr mit Außenpendel bis zur größten Taschenuhr der Welt.

In den hügeligen Ausläufern des Wiehengebirges im Osnabrücker Land liegt das aus dem 13. Jahrhundert stammende Rittergut Eggermühlen.
Wie es sich für ein barockes Schloss gehört, steht es inmitten einer riesigen gepflegten Parkanlage und bietet mitsamt seiner Schlosskapelle und den historischen Vorgebäuden eine Fülle kultureller Geheimnisse, die es zu entdecken gilt. Auf und um Schloss Eggermühlen gibt es einfach alles, was das Herz begehrt: viele frei laufende Kleintiere zum Anfassen und Ponys zum Reiten, einen Abenteuerwald zum Verstecken spielen. Spielplatz, Wiesen und Gärten zum Toben, Ball

Land Selection
EUROPAS SCHÖNSTE FERIENHÖFE

Familie Christoph Freiherr von Boeselager
Schloss Eggermühlen
49577 Eggermühlen
Tel.: 0 54 62/74 21 0
Fax: 0 54 62/74 21 10
www.schloss-eggermuehlen.de
SchlossEggermuehlen@t-online.de

Vollbewirtschaftetes Gut mit Ackerbau

- große Schlossanlage mit Park
- Gastpferdeboxen, Reitplatz, Ausrittgelände
- Vermittlung von Malkursen und Kunstgewerbehandwerk
- eigener Bus für Fahrdienste
- Verpflegung möglich
- Angelteich
- Kinderbetreuung mögl.
- viele Streicheltiere
- Kutschfahrten vermittelbar
- Fahrradtourenvorschläge
- im Winter: Schlittschuhlaufen
- **Ziegenpeterservice**
- **Tischlein deck' dich**
- Badesee in 14 km
- Ab-Hof-Verkauf von Milch, Eiern, Marmelade, Honig

spielen und Ausgelassen sein, alle möglichen Spiele für gutes und schlechtes Wetter, ein Schlossteich zum Angeln, schöne Wege zum Wandern und Radfahren und ruhige Plätzchen im Schlosspark zum Ausspannen.

Reitern, die mit dem eigenen Pferd kommen, stehen Gastpferdeboxen zur Verfügung sowie der Reitplatz und das Ausrittgelände.

Wenn es die Zeit erlaubt, nimmt der Hausherr seine Gäste gerne mit auf die Pirsch, um scheue Waldtiere zu beobachten. Auch eine Tour durch Wald und Flur ist lohnenswert. Wenn die Ernte ansteht, kann jeder helfen, solange er Lust hat. Abends sorgt ein zünftiges Lagerfeuer oder ein lebhafter Spieleabend oft genug für den fröhlichen Ausklang eines erlebnisreichen Tages.

Preise ab EUR

Wohneinheit	FeWo	Zimmer
Ü	50–100	70–80
qm	45–100	
Haus	190–250	
qm	160	

57 Betten

Ems- und Heideland

Ferienhof Schmidt

**LandSelection-Tipp:
Einmal Auto fahren wie Papi**

Das KINDERAUTOLAND befindet sich im Erholungsgebiet Alfsee im nördlichen Osnabrücker Land. Hier können Kinder (auch in Begleitung) mit PKW- und LKW-Modellen, die mit echten Benzinmotoren ausgestattet sind, „richtig" fahren. Mit rasanten 12 km/h kann man auf dem mehrere hundert Meter langen Parcours Gas geben und selber lenken. Da leuchten die Augen der Großen bei all den alten Automodellen und das Herz der Kleinen schlägt höher – endlich selbst ans Steuer!

Mischwälder, Berge und heilkräftige Quellen umgeben den Ferienhof Schmidt im Osnabrücker Land. Der historische Teil des Niedersachsenhofes wurde 1757 erbaut. Die freundlichen, mit handbemalten Bauernmöbeln ausgestatteten Ferienwohnungen und Appartements sind im angrenzenden, alten Fachwerkhaus untergebracht. Bis zum nahe gelegenen Waldrand erstreckt sich ein schöner und liebevoll gepflegter Bauerngarten mit unterschiedlichen, gemütlichen Sitzecken, in dem eine Katzenfamilie ihr Unwesen treibt.
Ein großer Teil der Blumenpracht, die hier so üppig gedeiht, wird später getrocknet und zu phantasievol-

Land Selection
EUROPAS SCHÖNSTE FERIENHÖFE

Maria und Martin Schmidt
Ferienhof Schmidt
Tütingen 8
49577 Ankum
Tel.: 0 54 62/16 01
Fax: 0 54 62/94 75
www.ferienhofschmidt.de
info@ferienhofschmidt.de

len Kränzen und Gestecken verarbeitet. Wer Lust hat, kann diese Kunst und den Kartoffeldruck hier in Kursen erlernen.

Ein gutes Buch findet man in der hofeigenen, gut ausgestatteten Bibliothek. Kinder können Reitunterricht nehmen, die zwei Abenteuerspielplätze oder die große Spielscheune mit dem Spiellabyrinth unsicher machen, Kutschfahrten erleben oder die vielen Tiere streicheln. Wer die Gegend per Fahrrad erkunden und zu einer erlebnisreichen Tour aufbrechen möchte, leiht sich einfach einen Drahtesel am Hof.

Für Reiter, die mit ihrem eigenen Pferd kommen, stehen Gastpferdeboxen zur Verfügung. Der Ferienhof Schmidt bietet abwechslungsreiche Ferien bei jedem Wetter.

- Tagungsräume
- Gastpferdeboxen mit Auslauf
- Getränkeservice
- Grill- oder Pizzaabende
- Spiellabyrinth
- Basketball, Volleyball
- 4 Fahrräder zum Ausleihen
- Familienfeiern möglich
- **Ziegenpeterservice**
- **Tischlein deck' dich**
- Ab-Hof-Verkauf von Milch, Eiern, Kartoffeln, Marmelade, Brötchen, Trockenblumensträußen und -kränzen
- Blumenfeld zum Selberschneiden
- außerhalb der Ferien 7 Tage wohnen, 6 Tage bezahlen

Preise ab EUR

Wohneinheit	FeWo	App.
Ü/2-4 P	72-84	
Ü/2 P		44
jede weitere P.	11-15	
qm	30–64	21–24

10 Wohnungen u. App., 30 Betten

Ems- und Heideland

Ferienhof Werner

LandSelection-Tipp: Natur aktiv erleben

Lassen Sie sich entführen in eines der schönsten Gebiete im Nordwesten Deutschlands, in das Erholungsgebiet Thülsfelder Talsperre. Eine weite, schärenartige Seen- und Heidelandschaft, die sich mit ihren seltenen Pflanzen und Tieren rund um die einzige Talsperre Nordwestdeutschlands formt. Wälder und geschützte Moore laden zu Entdeckungstouren ein. Sei es per Rad auf 3000 km ausgeschilderten Radwegen, auf der Naturgolfanlage oder sogar im Kletterwald.

Wer im Frühjahr durch das Oldenburger Münsterland reist, erlebt ein Meer blühender Rhododendren. Inmitten dieser Blütenpracht liegt der Ferienhof Werner. Die historischen Hofgebäude wurden zu geschmackvollen, gemütlichen und komfortablen Ferienwohnungen und Zimmern ausgebaut, die je nach Gruppengröße sehr flexibel miteinander kombiniert werden können. Das Hofgelände beeindruckt durch den 5 Hektar großen, parkähnlichen Garten, dessen Blütenpracht seinesgleichen sucht. Die Kleineren haben unendliche Möglichkeiten für Entdeckungstouren in Tannenlabyrinthen, auf Baumschaukeln und in kleinen Waldabschnitten, die

Land Selection
EUROPAS SCHÖNSTE FERIENHÖFE

Marianne Werner
Ferienhof Werner
Herzog-Erich-Weg 4
49685 Drantum
Tel.: 0 44 73/10 49
Fax: 0 44 73/92 97 11
www.ferienhof-werner.de
mail@ferienhof-werner.de

Ferienhof

Großen genießen die originell angelegten Wellness-Oasen im Park oder liegen faul in einer der Hängematten.
Die Kinder freuen sich auf Ponys, Streicheltiere, zahlreiche Tretfahrzeuge und auf den selbstfahrenden Kindertrecker mit Anhänger, der von den Kindern durch Hof und Park gesteuert werden darf. Austoben können sich die Kleinen auch auf dem Riesentrampolin. An kühleren Tagen verbreitet der Kachelofen in der historischen, mit antikem Mobiliar ausgestatteten, Tenne des Bauernhauses eine wohlige Wärme. Hier gibt es auch das reichhaltige Frühstück mit hausgemachter Marmelade und selbst gebackenem Brot für diejenigen, die sich einmal rundum verwöhnen lassen wollen.

- alle Aktivitäten wie geführtes Reiten oder Trecker fahren inklusive
- großer Spielplatz, Baumschaukel, Hängematten
- Riesentrampolin, Planschbecken • 30 m Seilbahn
- Ponys und Streicheltiere
- Lagerfeuer mit Stockbrotbacken
- Badesee in 7 km Entfernung
- Wildbeobachtung auf dem Hochsitz • 105 qm Bauerndiele (Frühstücksraum), antikes Mobiliar • ideal für Familientreffen und größere Gruppen
- Frühstücksbuffet • Brötchenservice • Gartenführung • Kutschfahrten vermittelbar • geführte Fahrradtouren • **Ziegenpeterservice** • **Tischlein deck dich**
- Boxen-Stopp-Route

Preise ab EUR

Wohneinheit	FeWo	Zimmer
Ü	52-100	20
Ü/F	+ 7,50	27
7 Fewo	30-75 qm	
3 DZ/EZ		15-20 qm
23 Betten		

Ems- und Heideland

Hof Frien

LandSelection-Tipp: Das Mädchen aus dem Moor

Im Großen Uchter Moor wurde im Jahr 2000 ein fragmentierter Leichnam aufgefunden. Untersuchungen zufolge handelte es sich um eine jungen Frau (16 – 20 Jahre alt), die ohne erkennbare Spuren von Gewalteinwirkung ums Leben gekommen ist. Fünf Jahre später wurde in unmittelbarer Nähe der Fundstelle bei Torfarbeiten eine vollständig erhaltene Hand gefunden. Forscher bestimmten das Alter des Mädchens: Sie stammt aus der vorrömischen Eisenzeit um 650 v. Chr.

In der Umgebung des großen Uchter Moores an der Mittelweser liegt der Hof Frien in einem kleinen, gemütlichen Bauerndorf.

Die geschlossene Hofanlage verfügt über einen üppigen Baumbestand, der das niedersächsische Bauernhaus und das neue Gästehaus umgibt.

Die überaus geräumigen Ferienwohnungen erstrecken sich über zwei Etagen; ihre Einrichtung mit massiven Landhausmöbeln vermittelt direkt ein behagliches Gefühl. Überall erkennt man hier viel Geschmack und Liebe zum Detail.

Im Mittelpunkt steht allerdings die große Bauerndiele im Haupthaus, die die Familie samt Terrasse in ein

Karl-Wilhelm
Mayland-Quellhorst
Hof Frien
Höfen 13
31600 Uchte
Tel.: 0 57 63/15 90
Fax: 0 57 63/9 31 72
www.hoffrien.de
info@hoffrien.de

Bauernhof und Bauerncafé

- rustikales Kaminzimmer
- gr. Bauerndiele als Café, am Wochenende auch als Seminarraum geeignet
- Kunst- und Handwerkerausstellung im November
- Kurse für Gruppen: Töpfern, Porzellan-Puppen, Strümpfe stricken, Häkeln
- gemeinsame Wanderungen, Fahrradtouren, Grillabende
- Kindergeburtstagsfeiern mögl.
- Planschbecken
- Kutschfahrten
- Fahrdienst für ältere Menschen
- **Tischlein deck' dich**
- **Ziegenpeterservice**
- Ab-Hof-Verkauf von Spargel, Marmelade, Kartoffeln, Wurst, Hähnchen, Rindfleisch

romantisches Bauerncafé verwandelt hat. Hier demonstriert Frau Mayland-Quellhorst ihre Back- und Kochkunst: die leckeren Kuchen und schmackhafte Torten, die deftigen Kohl und Pinkel-Essen und vor allem die Variationen rund um den Spargel, der im Frühjahr gestochen und erntefrisch serviert wird. Das darf sich kein Feinschmecker entgehen lassen.
Während die Eltern noch das Essen genießen, toben die Kinder schon längst wieder mit Hund Takko oder suchen die Katzen, füttern die Kaninchen oder besuchen das Pony.
Auf gemeinsame Wanderungen dürfen sich alle freuen ebnso wie auf Fahrradtouren und gesellige Grillabende.

Preise ab EUR	
Wohneinheit	**FeWo**
Ü	30–85
qm	95
F, HP + VP	möglich

16 Betten

Ems- und Heideland

Beekenhof

**LandSelection-Tipp:
Die Heidschnucken sind los!**

Auf dem Schäferhof im 8 km entfernten Neuenkirchen begrüßt Sie der „Schnucker" mit seinen Hütehunden. Der Eintrieb der großen Herde erfolgt bei gutem Wetter ab Mitte April bis Ende Oktober gegen 18 Uhr und kann vom Gatter aus beobachtet werden. Ein Gespräch mit dem Schäfer über die Arbeit mit den Heidschnucken, über die Heidepflege oder einfach über das Wetter ist nach getaner Arbeit möglich. Wer Lust hat, kann sich auch mit dem Schäfer verabreden, um einmal einen Tag mitzuwandern.

Obwohl die meisten Gäste zwischen Mitte August und Ende September die Lüneburger Heide besuchen, um dort die ganze farbige Pracht zu bestaunen, ist der Beekenhof – zwischen Walsrode und Soltau gelegen – ein lohnendes Reiseziel rund ums Jahr.

Wiebke und Jan Siemglüss haben aus dem historischen Gutshof einen Ferienhof der besonderen Klasse geschaffen. Die ehemaligen Wirtschaftsgebäude – großzügig zwischen gepflegten Rasenflächen und alten Eichen angeordnet – beherbergen heute geschmackvolle und komfortable Ferienwohnungen- und Häuser im Vier-Sterne-Standard, jede mit eigener Terrasse und viel

Land Selection
EUROPAS SCHÖNSTE FERIENHÖFE

Wiebke und Jan Siemsglüss
Beekenhof
Zur Beeke 6
29699 Bommelsen
Tel.: 0 5197/9 99 50
Fax: 0 51 97/99 95 55
www.bekenhof.de
info@beekenhof.de

- Reithalle, Reitplatz,
- 14-20 Gastpferdeboxen
- Reitunterricht für Anfänger und Fortgeschrittene
- Ponyführen
- Pferdezucht
- Gruppenraum für Seminare auf Anfrage
- Verwöhn-Programm im neuen Wellnesshaus
- Massagen und Ayurveda
- Spielplatz
- Tretfahrzeuge
- Tischtennis, Fuß- und Basketball
- Streicheltiere
- Brötchenservice auf Wunsch

Platz. Hier kann man das tun, was man immer schon tun wollte: Sei es das Verwöhnprogramm mit Sauna, Massagen oder Sonnenbank im Wellnesshaus genießen, Hofgelände und Spielplatz erkunden, die Ruhe der Natur auskosten oder natürlich Reiten!
Der Beekenhof ist ein ein FN-aner kannter Pferdebetrieb: Da gibt es eine moderne, großzügige Reithalle und gepflegte Stallungen, die auch von Gastreitern genutzt werden können. Ein individuelles Reitprogramm für Groß und Klein in freundlicher Atmosphäre lässt alle Pferdefreunde voll auf ihre Kosten kommen. Wer im Mai den Beekenhof besucht, der erlebt sogar das hofeigene „Antik-, Haus- und Gartenfestival.

Preise ab EUR

Wohneinheit	FeWo	Häuser
Ü/2-6 Pers.	59-92	59-92
qm	55-100	55-100

9 Häuser 3 Wohnungen, 40 Betten

Ems- und Heideland

Drewes-Hof

LandSelection-Tipp: Spielzeugmuseum Soltau

Ein Haus voller Kostbarkeiten: Auf 600 Quadratmetern erleben die Besucher eine der besten und vielfältigsten Spielzeugsammlungen der Welt. Ein Haus voller Geschichte(n): Einzigartige Exponate und faszinierende Erzählungen führen Kleine und Große durch Lebens- und Denkwelten aus vier Jahrhunderten. Ein Haus voller Träume: Heben Sie ab ins Reich der Phantasie, machen Sie sich bereit für eine Entdeckungsreise in die Kindheit!

In der Lüneburger Heide liegt – ruhig unter alten Eichen – der Heidehof der Familie Dayen am Stadtrand von Soltau.

In den komfortablen Ferienwohnungen und Ferienhäusern kann sich der Gast wie zu Hause fühlen. Je nach Lust und Laune verbringen Jung und Alt ihren wohlverdienten Urlaub.

Und der beginnt schon morgens mit dem Brötchenservice. Während die Großen ihr Frühstück noch genießen, können die Kinder schon einmal losziehen, auf dem Spielplatz toben und Pferde, Hunde, Katzen, Kaninchen und Heidschnucken mit Streicheleinheiten versorgen. Und wenn Sie mittags im Schatten der

Land Selection
EUROPAS SCHÖNSTE FERIENHÖFE

Hilke und Aloys Dayen
Drewes-Hof
Im Dorfe 6
29614 Soltau-Tetendorf
Tel.: 0 51 91/38 38
Fax: 0 51 91/97 62 93
www.drewes-hof.de
drewes.hof@t-online.de

Ackerbaubetrieb am Stadtrand von Soltau

- Brötchen- und Getränkeservice
- Waschmaschine und Trockner
- 90 qm überdachter Spielraum mit Tischtennisplatte und Grillraum
- Bauern- und Kräutergarten
- Spielplätze für große und kleine Kinder, Spielzimmer
- Wöchentl. Gästeabend
- Trecker mitfahren • Kostenl. geführtes Ponyreiten • Aktivitäten je nach Jahreszeit (z.B. Stockbrot backen) • große Rasenflächen, Fußballwiese
- Rad- und Wanderkarten
- Leihfahrräder und Radgaragen
- **Tischlein deck' dich**
- Ab-Hof-Verkauf von handgemachten Mitbringseln
- 1- und 2-Zimmer-Fewos, davon 1 Rollstuhlgerecht bis 3 Pers., 3-Zimmer-Fewos, davon 3 mit 2 Bädern • je 1 Ferienhaus mit 3 bzw. 2 Schlafzimmern

Bäume faulenzen, werden es die Kleinen vielleicht auch gar nicht merken. Für ungestörte Ballspiele gibt es große Rasenflächen und eine Fußballwiese.
Für einen Familienausflug per Drahtesel gibt es auf dem Hof Leihfahrräder, ausgestattet mit Rad- und Wanderkarten.
Ganz nebenbei kann man bei der Gastgeberin eine ganze Menge über Kräuter und Heilpflanzen lernen, denn Frau Dayen als Kräuterexpertin, weiß über deren Geschichte zu berichten.
Im Bauern- und Kräutergarten sind über 100 Kräuter und Heilpflanzen zu finden, die man bei einer Führung sehen, riechen, schmecken und fühlen kann.
In jeder Wohnung Mappen mit 100 Unternehmungs- und Insidertipps.

Preise ab EUR

Wohneinheit	FeWo
Ü	40–78
qm	35–95
40 Betten	

Ems- und Heideland

Bauernhofcafé Eggershof

**LandSelection-Tipp:
Alle Vögel sind schon da!**

Mehr als 4000 „komische Vögel" aus aller Welt sind im Vogelpark Walsrode zu sehen und zu erleben. Da gibt es eine spektakuläre Flugshow, tägliche Fütterungen von Pinguinen und anderen Vögeln und in der Vogelbabystation kann der frisch geschlüpfte Nachwuchs bewundert werden. Der Vogelpark kann von einem Baumhausdorf in luftiger Höhe auch aus der Vogelperspektive entdeckt werden.

Wenn weiße Birkenstämme die Straßen säumen, zahlreiche Pferde links und rechts grasen, immer wieder urtümliche Findlinge zu sehen sind, dann ist man im Herzen der Lüneburger Heide angekommen.

Gleich hinter dem netten Heidestädtchen Soltau befindet sich der historische Eggershof, der seit mehr als 500 Jahren im Besitz der Familie Eggers ist.

In der ehemaligen Diele des typisch niedersächsischen Fachwerkhofes ist ein ansprechendes Hofcafé entstanden. Das Café ist mit antiken Möbeln gestaltet und hinter dem traditionellen Eichenbüfett locken hausgemachte Kuchenkrea-

Land Selection
EUROPAS SCHÖNSTE FERIENHÖFE

Familie Eggers
Eggershof
Ellingen 15
29614 Soltau
Tel.: 0 51 91/1 42 97
Fax: 0 51 91/1 29 86
www.eggershof.de
info@eggershof.de

Bauernhofcafé und Heu-Hotel

- Übernachten im Heu
- Flitterreisen im Heu
- drei Ponys, ein Fohlen
- Dichterlesungen
- Freitags Barbeque in der Festscheune
- gemeinsame Grillabende nach Absprache
- auf Wunsch Kutschfahrten
- Beachvolleyball
- Fußballfeld im Garten
- viele Streicheltiere
- Kindergeburtstagsfeiern möglich
- Kekse backen im Advent
- **Ziegenpeterservice**
- ab-Hof-Verkauf von Kuchen
- Pauschalangebote

tionen. Hier werden noch überlieferte Rezepte – süß oder herzhaft – täglich mit Herz und Hand verwirklicht. Bei Sonnenschein lässt es sich vortrefflich draußen sitzen. Der Blick auf den von alten Bäumen umgebenen Hof und den parkähnlichen Garten lässt den Sonntagskaffee noch besser schmecken.
Und die Kinder streicheln derweil die unzähligen Kaninchen und Meerschweinchen, entdecken die Ponys oder toben sich auf dem Spielplatz aus.
Für Feierlichkeiten jeglicher Art steht die aufwendig renovierte Fachwerkscheune zur Verfügung – und die Festgesellschaft kann sogar in einem der unterschiedlich großen Heuhotels auf dem Hof nächtigen, sicherlich ein besonderes Erlebnis.

Preise ab EUR

Wohneinheit	FeWo	Zimmer
Ü	44-69	16,50
Ü/F		16,50
HP		23
VP		27
20 Betten		

Ems- und Heideland

Ferienhof Knoop

**LandSelection-Tipp:
„Ein Bahnhof so bunt wie eine phantastische Märchenwelt"**

Machen Sie Station im „Hundertwasser-Bahnhof Uelzen". Er zählt zu den schönsten der Welt. Auf den Führungen erleben Sie das Genie des Wiener Künstlers. Sein Gesamtkunstwerk wirkt in der Stadt und ihren Bürgern weiter. Steigen Sie um in das Reich der Phantasie! Säulen, Terrassen- und Dachbegrünungen, geschwungene Linien und Türme – bei umfangreichen Führungen durch den Bahnhof erhalten die Gedanken Hundertwassers Gestalt.

Auf dem ersten Kneipp-Gesundheitshof im Celler Land können es sich große und kleine Gäste rundherum gut gehen lassen. Der moderne Milchviehbetrieb der Familie Knoop weckt alle Sehnsüchte nach dem Leben auf dem Land. Kälber, Hühner, Kaninchen gibt es zum Streicheln und Kinder reiten auf den Ponys.
Zum Spielen laden eine Schaukel, eine Wippe, die Sandkiste und ein bäuerliches Kinderhaus ein. Ballspiele und Fahrzeuge stehen bereit. Im historischen Gewölbekeller aus dem Jahr 1848 verbringen Genießer einen Teil ihres Champagner-Wochenendes, während die Gesundheitsbewussten am Schnupper-

Kneippen teilnehmen. Für den Kurzurlaub am Wochenende bietet der Vier-Sterne-Hof der Familie Knoop immer wieder neue Attraktionen, sei es das Kultur- oder Erntewochenende, das Kräuterseminar oder das Einmal-Gar-Nichts-Tun-Wochenende.
Terrassen, Kräuterecken mit Ruhebänken und der große Bauerngarten laden zum Erholen ein.
Für kneippsche Anwendungen stehen Arm- und Fußtretbecken zur Verfügung.
Wem das Erlebnis auf dem Bauernhof nicht ausreicht, der findet in der Umgebung vielfältige Freizeitmöglichkeiten – vom Angeln und Golfen bis zum Stadtbesuch von Celle.

Land Selection
EUROPAS SCHÖNSTE FERIENHÖFE

Ingrid und Jürgen Knoop
Ferienhof Knoop
Lachtehäuser Str. 28
29223 Celle-Altenhagen
Tel.: 0 51 41/93 04 00
Fax: 0 51 41/93 04 02
www.ferienhof-knoop.de
info@ferienhof-knoop.de

Ackerbau- und Grünlandbetrieb mit Kühen

- **Kneipp-Gesundheitshof**
- Sauna- und Wellnessbereich
- Wellness-Wochenende ab 20. Oktober bis Mitte März
- Niedersachsenhaus mit hist. Gewölbekeller von 1848
- Waschmaschine und Trockner
- alter Eichenbestand
- Bauern- und Blumengarten
- Kräutergarten
- Frühstück auf Wunsch, Brötchenservice
- gemeinsame Grillabende nach Absprache
- Kinderfahrzeuge
- Ponyreiten, Streichelwiese
- Betriebsbesichtigungen
- **Tischlein deck' dich**
- **Happy Birthday**
- **Ziegenpeterservice**
- ab-Hof-Verkauf von Kräuter-, Körner- und Erbsenkissen, Marmelade und Wurst, Milch kostenlos

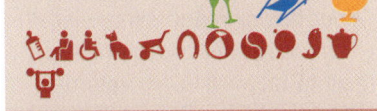

Preise ab Euro

Wohneinheit	FeWo	Zimmer
Ü	50-65	
qm	53-130	
Ü/F		27-30

4 Wohnungen. 14 Betten

Ems- und Heideland

Erdbeer- und Ferienhof Sander

**LandSelection-Tipp:
Manche mögens wild!**

Kommen Sie dem Wisent ins Gehege! Das 90 ha große Wisentgehege Springe bietet heute 100 Wildarten ein artgerechtes Zuhause. Und sorgt so für den Erhalt einer faszinierenden Artenvielfalt: von den urwüchsigen Wisenten und Przewalski-Urwildpferden, den prächtigen Braunbären und den eleganten Fischottern bis hin zu den geheimnisvollen Wölfen. Genießen Sie den 6 km langen Rundwanderweg mit unvergesslichen Momenten für Groß und Klein.

Ausgedehnte Felder und Wälder, weite Blicke zum „Kleinen Deister" oder zum Schulenburger Berg mit dem Schloss Marienburg bestimmen das Calenberger Land. Hier liegt die Ortschaft Gestorf, geprägt von drei historischen Rittergütern und Ackerbaubetrieben. Am Rand des Dorfes bewirtschaftet Familie Sander ihren Erdbeerhof – in der Erntesaison ein wahres Paradies für Erdbeer-Vielesser, die nach Herzenslust Erdbeeren auf den Feldern pflücken können. Vom mediterran anmutenden Ferienhaus mit drei geräumigen Zimmern und zwei Bädern, in Fünf-Sterne-Qualität ausgestattet, gelangt man direkt in den großzügigen Garten. Dieser

Land Selection
EUROPAS SCHÖNSTE FERIENHÖFE

Ute Sander
Erdbeer- und Ferienhof Sander
Suderbruchtrift 10
31832 Springe-Gestorf
Tel.: 0 50 45/96 10 58
Fax: 0 50 45/96 22 06
www.erdbeerhof-sander.de
info@erdbeerhof-sander.de

- neu erbautes Ferienhaus
- ländlich mediterrane Einrichtung, große Terrasse
- Tretfahrzeuge
- gemeinsame Grillabende auf Wunsch
- Spielhügel und -haus • Sandkasten mit Schaukel • Streicheltiere • Kinderbetreuung möglich
- Betriebsführungen
- Abholservice
- Brötchenservice
- Frühstück auf Wunsch
- **Tischlein deck dich**
- Ab-Hof-Verkauf von Erdbeeren, Spargel, Honig, Marmelade, Erdbeersekt, Kartoffeln, Eier (saisonal)

bietet neben einer zum Teil überdachten Terrasse einen unvergleichlichen Panoramablick. Direkt am Hof führen Rad-, Inliner- und Wanderwege vorbei. Tennisplätze sind nebenan und Reitmöglichkeiten im Ort vorhanden. In der näheren Umgebung locken die Rattenfängerstadt Hameln, zahlreiche Freizeit-, Kinder-, Natur- und Wildparks, der Zoo Hannover, Schlösser und Erlebnisbäder.
Wenn abends der Magen knurrt, ist ein Hofladen um die Ecke, um regionale Köstlichkeiten auszuprobieren.
Und wer die Feldhasen am Haus vorbei hoppeln sieht oder Eulen und Greifvögel aus nächster Nähe beobachten kann, der weiß, dass es kaum schönere Ferien gibt.

Preise ab EUR

Wohneinheit	FeHaus	Zimmer
Ü/HS bis 4/P	72	22/P
Ü/NS bis 4/P	56	16/P
Einzelbelegung /DZ/P		24-28

Inkl. Bettwäsche, Handtücher und Endreinigung
Gesamtzahl der Gästebetten: 4

Ems- und Heideland – Bauernhofcafés

Bauernhof-Cafés

☕ **Café „Moorblick"**
Tungerstraße, 26629 Großefehn,
Tel. 0 49 43/91 20 91
Öffnungszeiten: Di. bis Sa. ab 14.30 Uhr, sonntags ab 10 Uhr, Ostfriesischer Tee

☕ **Landcafé Neumann**
Wiefelssteder Straße 12,
26160 Bad Zwischenahn,
Tel. 0 44 03/5 96 79,
Öffnungszeiten: täglich ab 9.30 Uhr, sonntags ab 10 Uhr, Stuten nach Urgroßmutters Rezept

☕ **Bauernhofcafé Janßen**
Pantienweg 6, 26180 Rastede,
Tel. 0 44 02/8 38 70,
Öffnungszeiten: täglich 14 bis 19 Uhr (im Winter bis 18 Uhr, montags Ruhetag)

☕ **„Unter den Eichen"**
Hauptstraße 85, 26689 Apen-Tange,
Tel. 0 44 99/17 75,
Öffnungszeiten: täglich 14 bis 18 Uhr, Schwarzbrot aus eigener Herstellung

☕ **„In't Hürhus"**
Mehringen 19 a, 48488 Emsbüren,
Tel. 0 59 03/24 96,
Öffnungszeiten: Do bis Sa 14 bis 19 Uhr und nach Vereinbarung, Speisekarte in Plattdeutsch

☕ **Meulsteg Hebel**
Hebel 28, 49733 Haren/Ems,
Tel. 0 59 32/24 96,
Öffnungszeiten: 15 bis 22 Uhr,
Do: Ruhetag, Gruppen auf Anmeldung

☕ **Hiebing**
Haus Landegge,
49733 Haren

☕ **Imelda's Stubencafé**
Dalinghausen 112, 49401 Damme,
Tel. 0 54 91/78 10,
Öffnungszeiten: Di u. Mi ab 14 Uhr, Sa u. So ab 14 Uhr u. nach Vereinbarung

☕ **Elbings Backhaus Café**
Vehser Straße 7, 49635 Badbergen,
Tel. 0 54 33/2 79,
Öffnungszeiten: Mi bis So 14 bis 18 Uhr, Gruppen nach Vereinbarung, Backhaus mit altem Backofen

☕ **Hof Uffenbeck**
Borgholzhausener Straße 170,
49326 Melle-Küingdorf,
Tel. 0 54 28/12 47,
Öffnungszeiten: freitags 18 bis 22 Uhr, samstags 14.30 bis 22 Uhr, sonn- u. feiertags 10 bis 22 Uhr, wochentags auf Anmeldung, Frühstücksbüffet

☕ **Sitter Landcafé**
Sitter Weg 3-5, 49593 Ahausen-Sitter,
Tel. 0 54 62/19 01,
Öffnungszeiten: Mi u. Do, Sa u. So 14 bis18 Uhr

☕ **Höfener Bauerncafé**
Höfen 13, 31600 Uchte
Tel. 0 57 63/15 90
Öffnungszeiten: Do bis So 14 bis 18 Uhr und nach Vereinbarung
www.hoffrien.de
info@hoffrien.de

☕ **Bauernhofcafe Eggershof**
Ellingen 15, 29614 Soltau
Tel. 05191/14297
www.eggershof.de
info@eggerhof.de

☕ **Café am Mühlenteich**
Am Mühlenteich 1
49849 Wilsum
Tel. 0 59 45/99 56 56, Museumsmühle auf dem Gelände

Kulturdenkmäler, Freilichtmuseen, Bauerngärten

Kulturdenkmäler

1000-jährige Eiche
Heed-Emstal

Bourtanger Moor
Festung in den Niederlanden

Hünensteine
4 000 Jahre alte germanische Grabanlage, 49577 Eggermühlen

Hahnenmoor
in Renaturierung befindliches Moorgebiet

Großes Uchter Moor

Freilichtmuseen

Mühlen-Agrarmuseum

Museum und Park Kalkriese
Venner Str. 69, 49565 Bramsche,
Tel. 0 54 68/9 20 40,
Fax. 0 54 68/9 20 45

Emsland-Moormuseum
Groß Hesepe, Gestmoor 6, 49744 Geeste, Tel. 05937/18 66,
Öffnungszeiten: täglich außer montags 9 bis 18 Uhr

Museumsdorf Cloppenburg
Niedersächsisches Freilichtmuseum 49661 Cloppenburg, Tel. 04471/25 04, Öffnungszeiten: 1. März bis 31. Okt. werktags 8 bis 18 Uhr, sonn- und feiertags 9 bis 18 Uhr; 1. Nov. bis 28. Februar werktags 8 bis 17 Uhr, sonn- u. feiertags 10 bis 17 Uhr.

Auf 15 Hektar ist hier ein komplettes niederdeutsches Dorf aus dem 16. Jahrhundert aufgebaut, eines der wohl größten deutschen Freilichtmuseen mit Bauernhäusern, Speichern, Windmühlen und Scheunen

Traktoren- und Landmaschinenmuseum
Melle-Buer, Tel. 0 54 27/16 36,
Öffnungszeiten: jeden 1. Sonntag im Monat von 10 bis 16 Uhr

Heimatmühle a. d. Egger
Tel. 0 54 62/7 42 11

Bauerngärten

Museumsdorf Cloppenburg
historische Bauerngärten nach überlieferten Vorbildern,
Tel. 04471/1-52 56

Schloss Altenkamp
Aschendorf-Hümmling

Jagdschloss Clemenswerth
Klostergarten

Ter Apel. Niederlande
Klostergarten

Landhausgarten Brootshof
(privat, mit Anmeldung)

Freie Kunstakademie Maiburg

Schloss Ippenburg Bad Essen

Schlosspark Bückeburg

Zwischen Teutoburger Wald, Niederlande und Ruhrgebiet liegt das Münsterland, eine grüne parkartige Landschaft, die auf besondere Weise zur Erholung einlädt. Hier sind es weder Berge noch Meer oder Seen, die den Urlaubswert ausmachen. Landschaftlich reizvoll und erholsam für die Seele ist gerade die flache Ausdehnung von Wiesen, Feldern und Äckern, von Wäldern, Heideflächen und Mooren. Hinter Windschutzhecken und Baumgruppen lockern behäbige Höfe das Bild auf.

Als dünn besiedeltes Bauernland ist das Münsterland ein Paradies für Radfahrer. Auf 8000 Kilometern bestens ausgeschilderten Haupt- und Nebenwegen, den sogenannten Pättkes, kann die gesamte Region durchradelt werden. Neben der Entdeckung der Natur sind die über 180 Burgen und Wasserschlösser lohnende Etappenziele und für viele der Inbegriff des Münsterlandes.

Wem das Münsterland zu platt ist, der nimmt ein wenig weiter östlich Quartier: von Osnabrück über Bielefeld, Detmold bis hinter Paderborn erstrecken sich die Bergketten des Teutoburger Waldes. Im Süden gehen sie in das Eggegebirge über. Mäßige Steigungen und viele hundert Kilometer gekennzeichneter Wanderwege machen das Gebiet zu einer idealen Wanderlandschaft. Die Wege führen vorbei an spektakulären Landschaftsformationen und Erinnerungen an die römisch-germanische Geschichte.

> „Ich bin ein Westphale, und zwar ein Stockwestfale, nämlich ein Münsterländer – Gott sei Dank! füge ich hinzu..."
> Annette von Droste-Hülshoff

Münsterland / Niederrhein

Zahlreiche Heilquellen und günstige klimatische Bedingungen sind der Grund für die Anhäufung von Kurorten wie Bad Oeynhausen, Bad Salzuflen und Bad Lippspringe.

Der Niederrhein wird begrenzt durch die holländische Grenze im Westen, das Münsterland im Osten, das Emsland im Norden und die Köln-Aachener Bucht im Süden. Eine vielseitige Erholungsregion, voller spannender Kontraste. Ein gut ausgebautes, engmaschiges Radwegenetz von über 3000 km hüben und drüben der deutsch-niederländischen Grenze ermöglicht erholsames und entspanntes Radeln. Zahlreiche grenzüberschreitende Radwegverbindungen verknüpfen das deutsche Wegenetz mit dem niederländischen Knotenpunktsystem. Grenzenloses Radwandervergnügen durch die reizvolle Natur, kulturhistorisch interessante Städte und malerische Dörfer, sportlich oder in gemächlichem Tempo – dieser Traum eines jeden Radwanderers wird wahr am Niederrhein und über die holländische Grenze hinweg bis zur Maas.

Der Niederrhein bietet eine reiche Palette von Freizeitmöglichkeiten der verschiedensten Art: Aktivurlauber erkunden dabei die Region hoch zu Ross, per Pedale oder auf Schusters Rappen. Ein spritziges Vergnügen ist garantiert bei einer Paddeltour auf Niers oder Lippe oder bei einer Schifffahrt auf dem Rhein.

Münsterland und Niederrhein

Ponyhof Georgenbruch

LandSelection-Tipp: Noch mehr Pferde!

Im Westfälischen Pferdemuseum, beheimatet im Allwetterzoo Münster, erfahren Pferdefreunde alles Wissenswerte rund ums Pferd. Neben 1000 qm Ausstellungsfläche gehört zum Museum die Arena Hippomaxx, in der regelmäßig Pferdeshows und andere Veranstaltungen stattfinden. Außerdem lockt der Kinder- und Pferdepark, in dem verschiedene Pferderassen und Poitu-Riesenesel leben. In der Dauerausstellung werden alle Themen rund um Ross und Reiter anschaulich vermittelt.

Welches Kind träumt nicht davon, die Eltern endlich einmal zu Hause zu lassen, die Schule für eine Weile zu vergessen und die Ferien auf dem Pferderücken zu verbringen? Der Ponyhof Georgenbruch im münsterländischen Kreis Warendorf macht's möglich. 90 Ponys und andere Tiere warten hier auf die jungen Gäste zwischen 7 und 14 Jahren.

Für die Dauer seiner Ferien hat jedes Kind ein eigenes Pony, das geritten und gestreichelt, aber auch gefüttert und gepflegt werden will. Jeden Tag gibt es zwei Stunden Reitunterricht in der FN anerkannten Reitschule oder es geht ab durch die Wälder, über Wiesen und

Felder. Zwischendurch werden sogar kleinere Turniere veranstaltet. Für ungefähr sechs Kinder steht jeweils eine Betreuungsperson zur Verfügung.
Auch Sportfreunde kommen auf ihre Kosten. Außerdem gibt es Märchenstunden, Spielenachmittage und tolle Feten, die an Schlechtwettertagen keine Langeweile aufkommen lassen.
Sicher ist auch einmal Zeit für einen Besuch im Abenteuerbad. Mag auch anfangs manchmal Heimweh aufkommen: Am Ende sind die Ferien auf dem Ponyhof Georgenbruch dann doch immer viel zu kurz.

Land Selection
EUROPAS SCHÖNSTE FERIENHÖFE

Micaela und Clemens-August Schulze-Zurmussen
Ponyhof Georgenbruch
Müssingen 25
48351 Everswinkel
Tel.: 0 25 82/12 16
Fax: 0 25 82/90 25 85
www.Ponyhof-Georgenbruch.de
info@Ponyhof-Georgenbruch.de

Ponyhof in Einzellage – nur für Kinder –

- FN anerkannte Reitschule und Ferienbetrieb
- weitläufiges Hofgelände
- Reiterferien für 7- bis 14-jährige Kinder und Jugendliche
- geeignet auch für behinderte Kinder
- Reithalle und -platz je 20 x 40 m Springplatz 55 x 65 m
- Reiterspiele
- kleine Turniere
- 350 qm großer Spielboden über dem Pferdestall
- Märchenstunden
- Wanderungen
- gemeinsame Ausflüge
- Feten (z.B. Silvesterparty)
- Lagerfeuer
- im Winter: Schlittschuhlaufen auf eigenem See
- vegetarische Verpflegung möglich

Preise ab EUR

Wohneinheit	Zimmer
VP Hauptsaison	57
VP Nebensaison	53

2 Reitstunden, 4 Mahlzeiten und Betreuung inkl. (4-6 Bettzi.)
50 Betten

Münsterland und Niederrhe

Ferienhof Bettmann

LandSelection-Tipp:
Theater an der frischen Luft

Die Burgbühne Stromberg unterscheidet sich von allen anderen Freilichtbühnen durch die Einzigartigkeit des Ortes, an dem sie ihre Stücke aufführt: Auf den historischen Stufen der Wallfahrtskirche Heilig Kreuz der Burg Stromberg erleben die Besucher ganzjährig geistliche und weltliche Theater-Inszenierungen sowie zauberhafte Kindertheater. Das besondere ist hierbei sicherlich das breite Mitwirken Ehrenamtlicher sowie das Amateurtheater für alle Altersgruppen.

Das Münsterland ist eine der ältesten Kulturlandschaften Deutschlands. Weite Getreideflächen und bewaldetes Hügelland bestimmen das Bild und prägen die Menschen, die hier leben.
Auf dem Ferienhof Bettmann inmitten der schönen münsterländer Landschaft kommen die Gäste der westfälischen Lebensart auf die Spur.
Die Gästezimmer mit ihren Deckenbalken aus Eichenholz und den schönen alten Möbeln verströmen Wärme und Gemütlichkeit.
Die Küche bietet aus dem großen Gemüsegarten und aus der eigenen Hausschlachtung westfälische Spezialitäten und deftige Haus-

Land Selection
EUROPAS SCHÖNSTE FERIENHÖFE

Familie Bettmann
Ferienhof Bettmann
Beesen Nr. 4
59320 Ennigerloh
Tel.: 0 25 24/21 40
Fax: 0 25 24/46 61
www.Ferienhof-Bettmann.de
Ferienhof.Bettmann@t-online.de

mannskost nach familieneigenen Rezepten. Auch Diätwünsche werden bei Bettmanns gerne erfüllt. Im großen Garten kann man unter Schatten spendenden Bäumen die Ruhe genießen und sich Stallgeruch um die Nase wehen lassen, während die Kinder die großzügige Hof- und Gartenanlage erkunden, Kaninchen füttern, reiten oder mit der Kutsche fahren. Wenn es einen Kindergeburtstag zu feiern gibt, dann ist Familie Bettmann mit tollen Spielideen dabei.
Erwachsene können sich handwerklich betätigen und, neben Stoffdruck, Kränze binden und Kerzen herstellen. Die natürliche Freundlichkeit der Gastgeber sorgt dafür, dass man sich sehr schnell wie zu Hause fühlt.

- großzügige Hof- und Gartenanlage
- Kaminabende
- Stoffdruck, Kränze binden, Kerzen herstellen
- Kinderbetreuung stundenweise möglich
- Kindergeburtstagsfeiern möglich
- viele Tiere zum Anfassen
- Kutschfahrten
- Go-Cart-Rennen
- Bolzplatz • Planschbecken
- Spielzimmer • Büchersammlung
- Radwanderkarte
- Badesee in 17 km

Preise ab EUR

Wohneinheit	Zimmer	qm
ÜF/P	24	15-20
HP/P	29,80	
VP/P	34	
Kinderpreise		

30 Betten

Münsterland und Niederrhein

Rittergut Burg Borgholz

LandSelection-Tipp: Im Märchenland der Brüder Grimm

Das Dornröschenschloss Sababurg, das Märchenschloss der Brüder Grimm, liegt im Herzen des Reinhardswaldes im Weserbergland. Mitte des 19. Jahrhunderts erkannte der Volksmund das Schloss als den Schauplatz, an dem sich die Geschichte vom Dornröschen zugetragen haben musste. Am Fuße des Schlossberges liegt der im 16. Jahrhundert gegründete und älteste deutsche Tierpark, ganz in der Nähe können Besucher das Naturschutzgebiet „Urwald Sababurg" erleben.

Im waldreichen Oberwälder Land im Osten Westfalens liegt das Hofgut Burg Borgholz.
Die Atmosphäre ist von der alten Burganlage geprägt, in der sich auch die großzügigen Drei-Sterne-Ferienwohnungen befinden.
In der weitläufigen, geschlossenen Anlage können sich Kinder gefahrlos austoben und den Geheimnissen der Ritter nachgehen. Die Eltern finden hier jederzeit ein ruhiges Plätzchen unter alten Kastanien. Wie es sich für eine Ritterburg gehört, leben am Hof außer einer Vielzahl von Streicheltieren natürlich auch Pferde und Ponys. Reitunterricht gibt's in der Reithalle oder auf dem Platz. Für Könner

Land Selection
EUROPAS SCHÖNSTE FERIENHÖFE

Margret und Heinrich Möltgen
Rittergut Burg Borgholz
34434 Borgentreich/
Borgholz
Tel.: 0 56 45/2 13
Fax: 0 56 45/2 48
www.Burg-Borgholz.de
info@Burg-Borgholz.de

Rittergut in Einzellage mit Ackerbau, Wald und Pferden

- Reitunterricht
- Geländeritte
- Gastpferdeboxen
- Hippotherapie
- Praxis für Physiotherapie
- Wildbeobachtung
- Spielscheune
- Planschbecken
- Streicheltiere
- **Ziegenpeterservice**
- **Tischlein deck' dich**
- Ab-Hof-Verkauf von Himbeeren, Erdbeeren und Spargel

werden längere Geländeritte angeboten. Und wer möchte, erfährt etwas über Hippotherapie. Ritterliche Tugenden wie Sportlichkeit und Fairness lassen sich auf den angrenzenden Tennisplätzen erproben.
Bei schönem Wetter kann man Rehwild, Füchse und Waschbären in den zum Hofgut gehörenden Wäldern beobachten oder das nahe gelegene mittelalterliche Städtchen Warburg besichtigen. Dank der interessanten Museen der Gegend, der großen Spielscheune für Kinder, der Sauna im Keller der Burg und der hauseigenen Praxis für Physiotherapie mag manchem Urlauber auch der eine oder andere Regentag nicht ganz ungelegen kommen.

Preise ab EUR

Wohneinheit	FeWo
Ü	35–59
qm	60–110

36 Betten

Münsterland und Niederrhein

Ponyhof Schleithoff

LandSelection-Tipp:
Das Zuhause einer berühmten Dichterin

Eingebettet in die malerische Landschaft des Münsterlandes liegt die Wasserburg Hülshoff. Eine weit über 500 jährige Familientradition gab ihr das urmünsterische Gepräge und Aussehen.

Den Besucher erwartet eine typisch westfälische Wasserburg, die als Oberhof „Zum Hülshoff" bereits im 11. Jahrhundert urkundlich erwähnt wurde. Die große deutsche Dichterin Annette von Droste-Hülshoff wurde hier auf Burg Hülshoff 1797 geboren.

Der Gutshof der Familie Schulze-Schleithoff liegt inmitten von weitläufigen Rasenflächen, umgeben von mächtigen Bäumen und Rhododendronbüschen. Seine Ursprünge reichen bis ins 12. Jahrhundert hinein.

Im traditionsreichen Gutshaus finden rund 60 Ferienkinder aus Nah und Fern ein Ferienzuhause mit Familienanschluss.

Das Haus hat Platz für alle – für die Gastgeber, die Gastkinder und im angrenzenden Stall sogar für einen Teil der Ponys.

Die Familie und einige Helferinnen sind rund um die Uhr für die Kinder da und haben ein Ohr für kleine Sorgen und große Wünsche.

Land Selection
EUROPAS SCHÖNSTE FERIENHÖFE

Familie Schulze Schleithoff
Ponyhof Schleithoff
Herkentrup 4
48329 Havixbeck
Tel.: 0 25 07/12 27
Fax: 0 25 07/43 29
www.ponyhof.de
info@ponyhof.de

Ponyhof

Zweimal am Tag finden Reitstunden statt. Dazwischen gibt es allerhand zu tun und zu erleben. 70 Ponys und 20 Pferde müssen täglich versorgt werden.

Falls sich die Eltern doch noch nicht so richtig von ihren Sprösslingen trennen mögen, können sie es sich auf dem dazugehörenden Gehöft in der Nähe gut gehen lassen.

Die historischen Mauern wurden zu komfortablen und geschmackvollen Ferienwohnungen ausgebaut, mit eigener Sauna, Kamin und Terrasse und einem weiten Blick über die Felder in Richtung Ponyhof.

- komfortable Ferienwohnungen in ruhiger Lage auf separatem Hof mit Sauna und Kamin
- historische Gebäude
- alter Baumbestand
- Kinderponyreitschule mit qualifizierter Ausbildung
- 70 Ponys, 20 Pferde
- kindgerechte Einrichtung
- kindgerechte, ausgewogene Küche
- Kinderbetreuung mit Vollpension, 2 Reitstunden, Animation und Nachtwache 58,- EUR/Tag
- Transfer zum Bahnhof und Flughafen
- Fußballplatz • Basketball
- Boot • Schaukel
- Streicheltiere
- Spielplatz
- gut ausgebautes und beschildertes Fahrradwegenetz

Preise ab EUR		
Wohneinheit	FeWo	Zimmer
Ü		68 - 78
qm		70 - 90
VP/Kinder		54 - 58
qm		12 - 40
3 Ferienwohnungen, 12 Zimmer. 60 Betten		

Münsterland und Niederrhein

Poenenhof

LandSelection-Tipp: Eine Stadt mit „X"......

kann nur Xanten heißen! Die Römerstadt wurde erstmalig 5500 vor Chr. erwähnt, Die Römer gründeten im 1. Jhdt. n.Chr. die Stadt Colonia Ulpia Traiana. Die Abkürzung lautet CUT. Die CUT war nach der Siedlung im heutigen Köln die größte römische Stadt in Niedergermanien. Im 2. Jahrhundert lebten hier 10.000 bis 15.000 Menschen. Heute kann man die Geschichte Xantens am besten auf der „Fußstapfen-Tour" entdecken, die weit mehr als nur Relikte römischer Zeit zu bieten hat.

Wenn man das pulsierende Leben des Ruhrgebiets hinter sich lässt und der Blick weit wird, dann ist man am Niederrhein angekommen. Es ist das Eckchen Deutschlands, wo historische Orte wie Xanten liegen.

Nahe der kleinen Stadt Uedem hat Familie Derksen ein Paradies aus ihrem Bauernhof gemacht. In den ehemaligen Wirtschaftsgebäuden sind gemütliche, modern eingerichtete Ferienwohnungen entstanden. Es gibt einen rustikalen Aufenthaltsraum, in dem je nach Wunsch auch ein herzhaftes Frühstück angeboten wird.

Zum Faulenzen bleibt auf dem Poenenhof eigentlich kaum Zeit,

denn es gibt wahrlich genug zu erleben und zu entdecken: Zum Beispiel kann im Stall bei den Milchkühen oder bei der Bestellung der Äcker mit dem Traktor geholfen werden.
Ganz in der Nähe des Abenteuerspielplatzes haben Ponys, Ziegen und Hasen ihr Zuhause.
Wer sich einmal richtig austoben möchte, der kommt in der angrenzenden Erlebnisscheune zwischen Strohballen, Schaukeln und Trampolin voll auf seine Kosten.
Die Ferientage klingen oft in gemütlicher Runde am Grill aus oder mit einer urigen Übernachtung im Heu – in Vorfreude auf die Erlebnisse des kommenden Tages.

Land Selection
EUROPAS SCHÖNSTE FERIENHÖFE

Günter Derksen
Poenenhof
Kirsel 111
47589 Uedem
Tel.: 0 28 25/67 29
Fax: 0 28 25/1 01 81
www.poenenhof.de
poenenhof@t-online.de

- modern eingerichtete Ferienwohnungen
- großer Aufenthaltsraum mit Fernsehecke
- Verpflegung für Gruppen ab 12 Personen • Abholservice vom Bahnhof • Betriebsführungen auf Wunsch • Kindergeburtstagsfeiern möglich • Spielplatz
- Kicker • überdachtes Kletterhaus • Ballsportplatz • Tischtennis • Streicheltiere
- **Ziegenpeterservice**
- **Heuherberge, mit 3 Rosen ausgezeichnet**
- ab-Hof-Verkauf von Milch und Eiern

Preise ab EUR

Wohneinheit	FeWo	qm
Ü 2 Pers.	42-46	50-80
Frühstück	+ 7	
HP	+ 15	

Pauschalangebote

6 Wohnungen, 32 Betten

109

Münsterland – Bauernhofcafés

Bauernhof-Cafés

☕ **Bauerncafé Dieckmann**
Isendorf 49, 48282 Emsdetten,
Tel. 0 25 72/76 92,
Öffnungszeiten: täglich ab 15 Uhr,
sonntags ab 10.30 Uhr, Ruhetag Mo/Di
(im Jan./Febr. geschlossen)

☕ **Holtkamp's Deele**
Bocketaler Straße 158,
49479 Ibbenbüren, Tel. 0 54 51/8 88 11
Öffnungszeiten: täglich 14.30 bis 20 Uhr,
Sa. 14 bis 20 Uhr, So. 10 bis 20 Uhr,
Ruhetag Montag/Freitag (23.12. bis
21.1. geschlossen)

☕ **Café Haus-Waldfrieden**
Tannenweg 30,
49525 Lengerich, Tel. 0 54 84/2 68,
Öffnungszeiten: täglich mit Voranmeldung, Samstag 14.30 bis 18.30 und
Sonntag 14 bis 18.30 Uhr

☕ **Dillman's Speichercafé**
Kirchbauerschaft 18, 48356 Nordwalde, Tel. 0 25 73/6 45, Öffnungszeiten:
täglich 14 bis 18 Uhr, Sa/So 10 bis 18
Uhr, Ruhetag Mo/Di, Hofladen

☕ **Bauernkunststube
Haus Veltrup**
Uhlandstraße 19, 48565 Steinfurt,
Tel. 0 25 51/54 30,
Öffnungszeiten: täglich ganztägig
(Mo/Di Ruhetag), Dichterlesungen

☕ **Bauernhof-Café Laurenz**
Am Fürstenbusch 20, 48599 Gronau,
Tel. 0 25 62/31 00, Fax. 0 25 62/9 72 64,
Öffnungszeiten 14 bis 19 Uhr, jeden
Sonntag Frühstück von 10 bis 12 Uhr,
Hofladen

☕ **Mia's Backhaus**
Büren 20, 48712 Gescher,
Tel. 0 25 42/15 08,
Öffnungszeiten: täglich 10 bis 19 Uhr
(Montag Ruhetag), Pfannkuchen,
rustikale Büffets, Hofladen

☕ **Bauernhofcafé Tacke**
Bökenholt 1, 46359 Heiden,
Tel. 0 28 67/85 07,
Öffnungszeiten: täglich 14 bis
18.30 Uhr, Sa/So 11 bis 18.30 Uhr
(Ruhetag Montag)

☕ **Vennekenhof**
Vennekenweg 29, 46348 Raesfeld,
Tel. 0 28 65/4 47,
Öffnungszeiten: 14 bis 19.30 Uhr,
Sa/So 11 bis 19.30 Uhr (Januar geschlossen), Hofladen

☕ **Café – Gute Stube**
Fischediek 123, 46342 Velen,
Tel. 0 28 63/9 28 90, Öffnungszeiten:
täglich 14 bis 21 Uhr, Sa 11 bis 21
und So 10 bis 21 Uhr, Hofladen

☕ **Nostalgie-Café**
Große Hellmann, Brock 7,
48308 Bösensell, Tel. 0 25 36/54 11 40,
Fax 0 25 36/34 11 41,
Öffnungszeiten: samstags, sonn- und
feiertags 15 bis 18 Uhr

☕ **Bauernhofcafé
Barenbrügge-Richter**
Hegerort 48, 45721 Rosendahl-
Holtwick, Tel. 0 25 66/16 39,
Öffnungszeiten: täglich 14 bis 19 Uhr,
Sa/So 10 bis 19 Uhr (Ruhetag Donnerstag), Kindergeburtstage auf dem Bauernhof

☕ **Bauernhofcafé Schulze-Relau**
Heidegrund 81, 48159 Münster,
Tel. 02 51/21 37 33,
Öffnungszeiten: täglich 13.30 bis
18 Uhr (Mo/Di Ruhetag), Biergarten

Kulturdenkmäler, Freilichtmuseen, Bauerngärten

Kulturdenkmäler

Naturschutzgebiet
Lehr- und Erlebnispfad Emsdettener Venn, 48282 Emsdetten,
Tel. 0 25 72/9 30 70 oder 8 82 14

Vogelpark Metelener Heide
48629 Metelen, Tel. 0 25 56/89 22

**Wildpferdegehege
im Merfelder Bruch**
(rund 300 Wildpferde im Bestand),
48249 Dülmen, Tel. 0 25 94/96 30
oder 0 28 61/93 92 52, Öffnungszeiten:
1. März bis 1. November an Wochenenden und Feiertagen 10 bis 18 Uhr

Freilichtmuseen

Freilichtmuseen
Falkenhofmuseum, 48431 Rheine,
Tel. 0 59 71/92 06-0,
Fax 0 59 71/92 06-14

**Mühlenhof-Freilichtmusem
Münster-Aasee**
Sentruper Höhe, Münster,
Tel. 02 51/8 20 74,
Öffnungszeiten: 15.3. bis 30.11.
täglich 9 bis 17 Uhr, 1.12. bis 14.3.
werktags 13.30 bis 16.30 Uhr,
sonn- u. feiertags 11 bis 16.30 Uhr

Hamalandmuseum Vreden

**Torfmuseum/Kutschenwagen
und Westfälisch-Niederländisches
Imkermuseum**
48712 Gescher, Tel. 0 25 42/9 80 11

Traktorenmuseum in Westerkappeln Lotter Str. 20, Westerkappeln,
Tel. 0 54 04/17 85, Öffnungszeiten: Mai
bis September, 14 bis 19 Uhr, samstags, sonn- und feiertags 9 bis 12 und
14 bis 19 Uhr

Westfälisches Freilichtmuseum
Detmold (80 ha Freigelände),
Tel. 0 52 31/70 61,
Öffnungszeiten:1.4 bis 31.10. täglich
außer montags 9 bis 18 Uhr

Archäologisches Freilichtmuseum Oerlinghausen, Tel. 0 52 02/22 21

Weser-Renaissance-Museum
Lemgo, Tel. 0 52 61/9 45 01

**Westfälische Mühlenstraße
im Kreis Minden-Lübbecke**
Minden, Tel. 05 71/80 71

**Traktoren- und historische
Landmaschinen-Sammlung
„Grönegau-Buer"**
Melle-Buer (bei Osnabrück),
Tel. 0 54 27/16 36

Bauerngärten

**Kreislehrgarten Steinfurt –
Mustergarten zeitgemäßer
Gartenbaukultur**
48565 Steinfurt, Tel. 0 25 51/13 83

Botanischer Garten
49479 Ibbenbüren,
Tel. 0 54 31/50 04 67

Westfälisches Freilichtmuseum
Detmold, u. a. Garten des Gräftenhofes
Tel. 0 52 31/70 61
Der Bauerngarten war in früherer Zeit
zuallererst ein „Versorgergarten", diese
Funktion war lebenswichtig.

111

Bewaldete Berge und idyllische Täler, gewundene Flüsse, große Stauseen und schwarzweiße Fachwerkdörfer sind einige der wichtigsten Attribute des Sauerlandes. Die vielfältigen Freizeit- und Erholungsmöglichkeiten zu jeder Jahreszeit haben das Mittelgebirge zwischen Ruhrgebiet und Hessischem Bergland zu einer beliebten Ferienregion gemacht.

Die ganze Schönheit des Sauerlandes lässt sich am besten beim Wandern genießen. Durch unberührte Wälder oder über saftige Wiesen führt der Weg – auf Berge, die weite Aussichten ermöglichen und durch urige Ortschaften, die zur gemütlichen Einkehr einladen. Für anspruchsvolle Wanderer wurde der neue Rothaarsteig konzipiert. Auf 154 Kilometer Länge bietet dieser Höhenwanderweg Natur pur, zahlreiche Aussichtspunkte, Informations- und Erlebnisstationen, originelle Ruhe- und Vesperplätze.

Im Winter steht das Hochsauerland ganz im Zeichen des Wintersports. Gute Bedingungen für Langlauf, Ski alpin und Rodeln locken Winterurlauber in das größte Wintersportgebiet nördlich des Mains. Der Kahle Asten (841 Meter) bei Winterberg zählt zu

> Anmutig Thal,
> du immergruener Hain
> Mein Herz begruesst euch wieder auf das Beste,
> Entfaltet mir die schwergehangnen Aeste,
> Nehmt freundlich mich in eure Schatten ein
> Erquickt von euren Hoehn am Tag der Lieb und Lust
> Mit frischer Luft und Balsam in der Brust.
>
> Johann Wolfgang von Goethe

Vom Sauerland nach Thüringen

den schneereichsten Gebieten Deutschlands. Wanderer und Ski-Langläufer zieht es zum Langenberg, dem mit 843 Metern höchsten Berg Westfalens.

Der besondere Reiz des Thüringer Waldes liegt in den schroffen Gegensätzen zwischen Bergen bis knapp 1000 Meter Höhe und tiefen Flusstälern mit steilen Hängen. Ausgedehnte Wälder lassen erahnen, wie waldreich Deutschland einst war. Über die Kämme des Thüringer Waldes verläuft einer der schönsten Wanderwege Deutschlands, der 168 Kilometer lange Rennsteig.

Im Winter können die herrlichen Ausblicke auch auf Skiern genossen werden. Niedrige Temperaturen und hohe Niederschläge machen die Höhenlagen über 500 Meter zu sicheren Wintersportgebieten.

Von Alters her zog der Thüringer Wald Sänger und Dichter in seinen Bann, allen voran Johann Wolfgang von Goethe. In Ilmenau startet der 18 Kilometer lange Wanderweg „Auf Goethes Spuren", der eine Vorstellung von der Faszination vermittelt, die Goethe einst empfand. Höhepunkt für Freunde der schönen Künste ist Weimar, die „Stadt der deutschen Klassik". Hier wird auf Schritt und Tritt an Goethe und Schiller erinnert.

Vom Sauerland nach

Zur Hasenkammer

Ausflugsziele in der näheren Umgebung

Kultur
- Edertalsperre
- Dreggestobben
- Museen • Glasbläserei

Sportliche Aktivitäten
- Wintersport • Nordic-Walking
- Wandern am Rothaarsteig
- Bergwanderpark Sauerland
- Bike Arena Hochsauerland

Vergnügen
- Freizeitpark Fort Fun
- Märchenpark
- Freilichtbühne
- Hochseilgarten • Attahöhle
- Sommerrodelbahn
- Karl-May-Festspiele Elspe
- Familienerlebnisbad

Der Ferienhof „Zur Hasenkammer" liegt selbst fürs Sauerland ungewöhnlich:
Eingebettet ins Land der tausend Berge, Natur pur, doch zentral und abwechslungsreich.
Der vollbewirtschaftete Bauernhof mit vielen Tieren bietet allen Gästen Urlaub zum Verlieben.
Die Kühe, Kälber, Hühner, Kaninchen, Meerschweinchen, Katzen, Schafe, Schweine sowie die Ponys Zinie und Vicki und die Hofhündin Lissie laden zum Streicheln ein.
Im nahen Wald gibt es Naturwanderwege – auch für die Kleinen.
Die im Forellenteich gefangenen Fische werden abends am Lagerfeuer gegrillt.

Thüringen

Land Selection
EUROPAS SCHÖNSTE FERIENHÖFE

Familie Schmidt
Zur Hasenkammer
Hasenkammer 4
59964 Medebach
Tel.: 0 29 82/83 02
Fax: 0 29 82/2 15
www.ferienhof-
hasenkammer.de
info@ferienhof-
hasenkammer.de

Im Scheunengiebel zieht alljährlich ein Falkenpärchen seine Jungen groß und der Rote Milan zieht majestätisch seine Kreise über dem Hof.
Für alle, denen die Angebote auf dem Hof nicht ausreichen, gibt es in der näheren Umgebung unzählige Attraktionen u.a. die schönste deutsche Panoramastraße: die Hochsauerland-Höhenstraße. Wer vor dem Fenster äsende Rehe und hoppelnde Hasen beobachtet, hat eine Vorstellung, was „6-Sterne-Urlaub" auf dem „beliebtesten Ferienhof 2001, 2002 und 2004" bedeutet.

- weitläufiges Hofgelände
- Sauerland-Card • geführte Wanderungen mit Brotzeit
- Walderlebnistour • Naturwege
- Sinnesweg mit Barfußpfad
- Camping • Bauernabende
- Freizeitraum • Bauernhofquiz
- stundenweise Babysitten mögl.
- auf Wunsch Frühstück Trampeltrecker und Kettcars • im Winter: Schlittenverleih, Langlauf, einfache Abfahrten am Hof
- Schneewanderungen • **Ziegenpeterservice** • **Tischlein deck' dich** • täglich Brötchen, Eier und Milch fürs Frühstück • Ab-Hof-Verkauf von Honig

Preise ab EUR

Wohneinheit	FeWo
Ü	50–95
qm	35–100

6 Wohnungen, 24 Betten

Vom Sauerland nach

Landhotel Schneider

**LandSelection-Tipp:
„Hört Ihr Leut und lasst Euch sagen…"**

dieses Lied der Nachtwächter tönt einmal pro Woche durch die malerische Altstadt von Bad Wildungen. Dann beginnt „Volker vom Weinberg zu Altwildungen" im historischen Kostüm den stimmungsvollen Altstadtrundgang und zeigt dabei Stadtmauer, Kirchplatz und Rondell, den Wehrturm „Roter Hahn", Waisen- und Hainaer Hof, Rebstockhaus und vieles andere mehr. Bei dem Rundgang gibt es fundierte Erläuterungen über das Altstadt-Leben in früheren Zeiten.

Im Norden Hessens, dem, einzigartigen Ferienland zwischen Weser, Diemel und Fulda, liegt der Naturpark Habichtswald. In dieser Idylle lädt das 3-Sterne Landhotel Ferienhof Schneider kleine und große Besucher herzlich ein.

Der fränkische Fachwerkhof mit schönen Komfort-Gästezimmern bietet erholsame Familien- und Reiterferien an. Entspannung und Genuss inklusive. Hierfür stehen Liegewiese, Sauna und Solarien zur Verfügung. Auf die frische, regionale Küche darf man sich jeden Tag freuen.

Für den Reitunterricht sowie für die Ausbildung der über 30 Pferde und Ponys stehen eine moderne Reithal-

Thüringen

Land Selection
EUROPAS SCHÖNSTE FERIENHÖFE

Hans-Walter Schneider
Landhotel Schneider
Kirschhäuserstraße 7
34311 Naumburg-
 Heimarshausen
Tel.: 0 56 22/91 51 12
Fax: 0 56 22/91 51 13
www.Landhotel-Schneider.de
info@landhotel-schneider.de

Landhotel in idyllischer Ortsrandlage

- Reiten (Pferde und Ponys)
- Reithalle und -platz
- Reitstall FN, Ausbildung von Pferd und Reiter
- Pferdeboxen teilweise mit Paddock
- Planwagenfahrten
- Aufenthaltsräume
- Grillabende
- Wanderungen mit Vesper im Wald
- Küchenmeisterbetrieb
- regionale und internationale Küche, Wildgerichte, eigene Hausschlachtung
- Aktivwochen und -wochenenden • Hotelbus für Fahrdienste
- Billard • Spielscheune
- Tagungsräume bis 40 Personen, Tagungstechnik
- Pauschalangebote

le und ein qualifizierter Reitlehrer (Trainer B FN) für Sie bereit. Freuen Sie sich auf ausgiebige Geländeritte.
Wer dem Pferdesport nicht nachgehen möchte, den lädt der Habichtswald zu abenteuerlichen Mountainbike-Touren, Spaziergängen und Kutschfahrten ein. Wie wäre es mit einem Tennis-Match? Oder Sie lassen sich auf der Sonnenterrasse, im Restaurant oder in der Bar verwöhnen.
Am Abend kann beim gemütlichen Grillen mit anschließendem Billard entspannt werden. Auf dem Ferienhof Schneider ist für jeden noch so ausgefallenen Geschmack etwas dabei.

Preise ab EUR

Wohneinheit	Zimmer
Ü/F/P	30-35
qm	20-26
HP	+ 10

30 Zimmer, 60 Betten

Vom Sauerland nach

Gut Waldhof

LandSelection-Tipp:
Im Reich der urigen Buchen

Im Norden des Naturraumes Kellerwald, unmittelbar am Rande des Edersees, hat sich ein über 5000 ha großes Naturerbe von internationalem Rang bewahrt. Die so genannten „Ederhöhen" mit ihrem markanten Wechselspiel von Bergen und Schluchten tragen einen der letzten großen und naturnahen Rotbuchenwälder Westeuropas. Der Edersee gilt nicht nur als eines der beliebtesten Urlaubsziele in Hessen, die vielen Attraktionen rund um den See lassen einen Ausflug zu einem unvergesslichen Erlebnis werden.

Im Naumburger Land, in der Nähe des kleinen Örtchens Elbenberg, liegt in traumhafter Alleinlage das idyllische Gut Waldhof.
Die Familie Becker hat sich ganz dem ökologischen Landbau verschrieben. Viele Tiere leben auf dem Hof, darunter eine Mutterkuhherde, Pferde, Ponys, Ziegen, Hunde, Katzen, Hühner, Gänse, Hasen, ein Wildschwein und Rudi, das Hausschwein. Sie alle freuen sich besonders auf die kleinen Besucher. Zwei der fünf Ferienwohnungen befinden sich im einstigen Forsthaus. Die anderen drei sind ehemalige Gesindewohnungen im Kuhstall. Alle Wohnungen wurden baubiologisch renoviert, unter Verwendung von

Thüringen

Lehm- und Holzmaterialien. Eine mit vier Sternen ausgezeichnete, komfortable Ausstattung mit antiken Bauernmöbeln und einer liebevollen Dekoration bieten ein besonderes Wohnambiente.
Die weitläufige idyllische Hofanlage lädt zum Verweilen und Entdecken ein. Eine Hofbesichtigung lohnt sich allemal.
Aber auch Spaziergänge durch Wiesen und Felder, im angrenzenden Wald oder auf dem hofeigenen Erlebnispfad sorgen für gute Laune bei Groß und Klein.
Auf dem kleinen Teich steht den Besuchern ein Boot zur Verfügung, mit dem es sich genüsslich übers Wasser rudern lässt.

Land Selection
EUROPAS SCHÖNSTE FERIENHÖFE

Familie Becker
Gut Waldhof
34311 Naumburg
Tel.: **0 56 25/17 33**
Fax: 0 56 25/92 19 18
www.gut-waldhof.net
info@gut-waldhof.net

- Bio-Bauernhof in Einzellage
- baubiologisch renovierte Wohnungen
- Kleiner Teich mit Boot
- Kinderspielzimmer
- Kinderfahrzeuge
- Spielplatz
- Gastpferdeboxen
- Ponyreiten
- Hofbesichtigungen
- Umfangreiche Kleinkindausstattung
- Hofeigener Naturerlebnispfad
- Kuren im Ort möglich
- Ab-Hof-Verkauf von Bio-Gemüse der Saison, Eiern

Preise ab EUR	
Wohneinheit	**FeWo**
Ü	49-99
qm	48-100

5 Wohnungen, 21 Betten

Vom Sauerland nach

Ponyhof Zilling

**LandSelection-Tipp:
Kultur und Natur im grünen
Herzen Deutschlands**

Ob Goethe, Schiller, Luther oder Bach – die kulturhistorischen Städte Eisenach, Gotha und Weimar sind voller Spuren berühmter Dichter, Denker und Komponisten! Wer den Blick von oben liebt, der klettert auf die Wartburg oder auf den Baumkronenpfad im Nationalpark Hainich: in luftiger Höhe spaziert man durch die Wipfel der uralten Bäume – mit Sicherheit ein besonderes Highlight eines Thüringen-Urlaubs!

Einmal den Stress und die Hektik des Alltags hinter sich und die Seele baumeln lassen: Wenn die Großen den Spuren Luthers auf die Wartburg folgen, können die Kleinen auf den Ponys und Pferden der Familie Zilling so richtig ausspannen.
Was ist schöner als ein ausgedehnter Ausritt in den Nationalpark Hainich, eine Planwagen- oder Kutschfahrt mit neuen Freunden oder mal ein Spaziergang mit Lamas und Ziegen?
Für die Allerkleinsten gibt es viele liebe Streicheltiere auf dem Ponyhof und in der Nacht verbreiten die Fledermäuse eine geheimnisvolle Stimmung.
Familiär und rustikal geht es auf

Thüringen

Land Selection
EUROPAS SCHÖNSTE FERIENHÖFE

Gudrun Zilling
Ponyhof Zilling
Weisse Gasse 7
99947 Behringen
Tel.: 0 3 62 54/ 00 39
Fax: 0 3 62 54/8 13 55
www.pension-ponyhof.de
info@pension-ponyhof.de

Grünlandbetrieb mit Pferden, Ponys, Kühen, Kälbern, Lamas und Schafen

- FN-Ferienbetrieb
- Reiten
- geführte Kutsch- und Planwagenfahrten
- Reitferien f. Kinder ohne Eltern
- Gewölbekeller in der Scheune
- Jagdmöglichkeit a.A.
- Betriebsführungen
- wöchentlicher Grillabend
- viele Streicheltiere
- Kinderfahrzeuge
- **Ziegenpeterservice**
- **Happy Birthday**
- **Tischlein deck' dich**
- Ab-Hof-Verkauf von Thüringer Produkten

dem Hof zu, reichhaltig ist das Angebot für Babys und Kinder, aber auch für Erwachsene: Vom Kräutersammeln bis zu geführten Radtouren oder Wanderungen durch den Nationalpark – für jeden ist etwas dabei.

Wenn die Schulferien zu Ende gehen, dann kommen auf dem Hof die Erwachsenen so richtig auf ihre Kosten: Für Ruhe und Erholung sorgen die aufgeschlossenen und engagierten Gastgeber. Sie laden ihre Gäste auch gerne in den Gewölbekeller und in die Scheune zu zünftigen Festen ein.

Preise ab EUR	
Wohneinheit	FeWo
Ü	45
Ü/F	25
18 Betten	

Vom Sauerland nach Thüringen

Bauernhof-Cafés

☕ Haus Blumengarten
Horn Bad Meinberg-Leopoldstal,
Tel. 0 52 34/31 86

☕ Bauernburg-Café
Brinkstraße 29, 32839 Steinheim-Ottenhausen, Tel. 0 52 33/64 29,
Öffnungszeiten: täglich nur nach Voranmeldung, Sa 14.30 bis 18 Uhr,
So 10 bis 13 u. 14.30 bis 18 Uhr,
Gartencafé/Biergarten, Hofladen, Kunstgewerbe

☕ Maria Steinrücker
59939 Bruchhausen

☕ Gabrechter Kaffee-Deele
Gabrechten 5, 59505 Bad Sassendorf,
Tel. 0 29 21/85 02, Öffnungszeiten:
täglich 15 bis 18 Uhr, Sa/So 14 bis
19 Uhr, (Mo bis Mi Ruhetag), Kunstgewerbe

☕ Landhotel „Zur Kummerwie"
Heppen 22, 59505 Bad Sassendorf,
Tel. 0 29 21/8 02 40, Öffnungszeiten:
täglich ab 14.30 Uhr, Fr/Sa/So ab
14 Uhr (Ruhetag Donnerstag, außer
feiertags), Gartencafé/Biergarten,
Westfälische Wurstspezialitäten

☕ „Kaffeestube" Blume-Serkshof
Sauerstraße 19, 59505 Bad Sassendorf-Lohne, Tel. 0 29 21/5 13 40,
Öffnungszeiten: täglich 15 bis 18 Uhr,
Sa 10 bis 13 Uhr u. 15 bis 18 Uhr
(geschlossen 24.12. bis 15.1.), Kindergeburtstage, Hofladen, Kunstgewerbe,
Hofführungen für Gruppen und Schulklassen

☕ Land-Café Gut Humbrechting
Humbrechting 1, 59519 Lippetal,
Tel. 0 29 23/14 75, Öffnungszeiten:
täglich 14.30 bis 19 Uhr, Sa/So 11 bis
23 Uhr (Ruhetag Montag), Gartencafé,
Biergarten, Kunstgewerbe/Kochbücher

Landgasthof „Zum Leissetal"
Ebbinghof 5, 57392 Schmallenberg,
Tel. 0 29 72/97 55-0, an jedem Donnerstag ist „Waffeltag", Öffnungszeiten:
täglich 10 bis 18 Uhr, (Ruhetag Montag), Treckerkutschfahrten, Grillabende,
Wanderungen

☕ Bauernhofcafé Bals
An der Haar 14,
59929 Brilon-Altenbüren,
Tel. 0 29 61/26 32, Öffnungszeiten:
ganztägig, Planwagenfahrten

☕ Landgasthof „Limberg's Hof"
Sieperting Nr. 24,
59889 Eslohe-Sieperting,
Tel. 0 29 73/63 27, Öffnungszeiten:
täglich ab 12 Uhr, Sa/So ab 10.30 Uhr
(Mittwoch Ruhetag), Forellen- und
Wildgerichte, Fahrradverleih und Planwagenfahrten

☕ Café „Gut Habbecke"
Habbecke Str. 17, 59889 Eslohe-Wenholthausen, Tel. 0 29 73/14 36,
Öffnungszeiten: täglich ganztägig,
Kindergeburtstage und Ausritte zu
Pferde

☕ Wirtshaus „Alte Kastanie"
Obermielinghausen 1,
59872 Meschede, Tel. 02 91/5 08 34,
Öffnungszeiten: Do bis Sa ab 15 Uhr,
So ab 12 Uhr, Ruhetag Mo bis Mi,
(November geschlossen), Lehmofenbrot,
Fahrradverleih, Planwagenfahrten und
Reiten

Bauernhof-Cafés

☕ Café Pingel
Hagenerstraße 75, 59846 Sundern-Hagen, Tel. 0 23 93/8 00, Öffnungszeiten: täglich 10 bis 24 Uhr, (Ruhetag Dienstag), Forellenteich, Picknicktouren, Planwagenfahrten

☕ Haus Kremer
Erflinghausen 1, 59872 Meschede, Tel. 02 91/5 31 30, Öffnungszeiten: täglich 11 bis 24 Uhr (Ruhetag Montag), Wurstspezialitäten, Kindergeburtstage, Angeln, Hofführung

☕ Landgasthof „Zur Alten Deele"
59872 Meschede-Vellinghausen, Tel. 02 91/5 02 53, Öffnungszeiten: täglich ab 11 Uhr (Ruhetag Donnerstag), Planwagenfahrten, Reiten, Angeln

☕ Landgasthof-Café Vollmer-König
Hochstraße 1, 57392 Schmallenberg-Holthausen, Tel. 0 29 74/3 21, Öffnungszeiten: täglich 9 bis 19 Uhr, (vom 1.9. bis 19.2. geschlossen), Ponyreiten, Schwimmbad

☕ Landhaus Schulte-Göbel
Selkentrop 14, 57392 Schmallenberg-Selkentrop, Tel. 0 29 72/67 50, Öffnungszeiten: täglich 10 bis 13 Uhr u. 15 bis 18 Uhr, Sa/So 10 bis 13 Uhr u. 15 bis 18 Uhr (Mittwoch Ruhetag, geschlossen vom 1. November bis 27. März), Fahrradverleih, Planwagenfahrten, Reiten

☕ Gasthof zur Post
Heelefelderstr. 10, 59846 Sundern-Hellefeld, Tel. 02934/4 23, Öffnungszeiten: täglich ganztägig (Dienstag Ruhetag)

☕ Café Krämer
Hof Klingelbach, 57319 Bad Berleburg, Tel. 0 27 51/73 58, Öffnungszeiten: täglich 14.30 bis 24 Uhr, Sa/So 14 bis 24 Uhr (Freitag Ruhetag). Gartencafé/Biergarten, Planwagenfahrten

☕ Gasthaus „Schalsbach"
Im Schalsbach 3, 57319 Bad Berleburg-Diedenshausen, Tel. 0 27 50/2 43, Öffnungszeiten: täglich 10 bis 23 Uhr, Sa/So 10 bis 23 Uhr (Dienstag Ruhetag), Gartencafé/Biergarten, Hofführung, Honig aus eigener Imkerei

☕ „Schmelzhütte"
57319 Bad Berleburg-Girkhausen, Tel. 0 27 58/2 77, Öffnungszeiten: täglich 9 bis 22 Uhr (Ruhetag Montag), Gartencafé/Biergarten, Wildspezialitäten, Kindergeburtstage auf dem Bauernhof, Verpflegung für Wandergruppen

Vom Sauerland nach Thüringen

Kulturdenkmäler

Warsteiner Waldlehrpfad mit Wildpark, Waldspielplatz und Warsteiner Bilsteinhöhlen, 59581 Warstein, Dieplohstraße 1, Tel. 0 29 02/8 10, Öffnungszeiten: 1.4. bis 30.11. täglich 9 bis 17 Uhr, 1.12. bis 31.3. werktags 10 bis 12 Uhr u. 14 bis 16 Uhr, sonn- u. feiertags 9 bis 16 Uhr

Rothaarsteig „Der Weg der Sinne" von Brilon bis Dillenburg, 59917 Brilon, Tel. 0 29 61/94 35 35 oder 0 29 61/94 32 29

Atta-Höhle Attendorn („Königin der Tropfsteinhöhlen") 57425 Attendorn, Tel. 0 27 22/93 75-0 (9 37 11 für Reservierungen), Öffnungszeiten: Mai bis September 9.30 bis 16.30 Uhr täglich, März, April, Oktober 10 bis 16 Uhr, November bis Februar 10.30 bis 15.30 Uhr

Naturschutzzentrum Hochsauerlandkreis St. Vitus-Schützenstraße 1, 57392 Schmallenberg. Bödefeld, Tel. 0 28 77/15 24, Exkursionen Land- und Forstwirtschaft

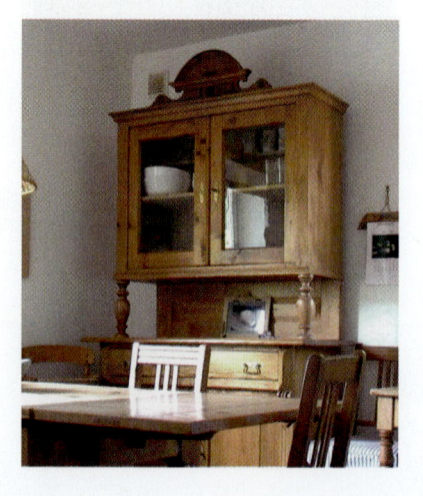

Wildpark Frankenberg-Eder 35066 Frankenberg, Tel. 0 64 51/50 50, Öffnungszeiten: ganzjährig (Gruppenführungen möglich), täglich Greifvogelschau (außer montags)

Wild- und Freizeitpark Willingen Am Ettelsberg, Tel. 0 56 32/6 91 98, Öffnungszeiten: in den Sommermonaten täglich 9 bis 18 Uhr

Hochheide Niedersfeld 59955 Winterberg

Bruchhauser Steine 59939 Olsberg-Bruchhausen, Tel.: 0 29 62/97 67-0, Öffnungszeiten: 9 bis 18 Uhr täglich

Freilichtmuseen

Heimatstübchen Bergbaugeschichtliche Führungen, 59939 Wulmeringhausen

Museum Korbach Kirchplatz 2, 34497 Korbach, Tel. 0 56 31/5 32 89. Öffnungszeiten: dienstags bis samstags 10.30 bis 12.30 Uhr und 14 bis 17 Uhr, sonn- u. feiertags 10.30 bis 17 Uhr, 1. November bis 31. März jeweils bis 16 Uhr und nach Vereinbarung

Westfälisches Freilichtmuseum, technische Kulturdenkmäler, Mäckingerbach, Hagen-Selbecke, Tel. 0 23 71/7 00 40, Öffnungszeiten: 1.4. bis 31.10. dienstags bis sonntags

Kulturdenkmäler, Freilichtmuseen, Bauerngärten

und an allen Feiertagen 9 bis 18 Uhr

🏠 **Sauerland-Museum**
Alter Markt 24-26, 59821 Arnsberg,
Tel. 0 29 31/40 9β, Öffnungszeiten:
dienstags bis freitags 10 bis 17 Uhr,
samstags 14 bis 17 Uhr, sonntags
10 bis 18 Uhr, montags geschlossen

🏠 **Willinger Brauhaus** in den
Kampen 2, 34508 Willingen,
Tel. 0 56 32/98 87-0, Brauerei-
besichtigung wochentags ab 10.30 Uhr
(Einzelpersonen und Gruppen), kein
Ruhetag

🏠 **Glasmacherstuben/Glas-
bläserei Willingen** Zur Hoppecke 9,
34508 Willingen,
Tel. 0 56 32/98 55-15, Öffnungszeiten:
April bis Oktober montags bis freitags
10 bis 12.30 Uhr u. 14 bis 18 Uhr,
samstags/sonntags 10 bis 12.30 Uhr u.
14 bis 16 Uhr, November bis März
10 bis 12.30 Uhr u. 14 bis 17 Uhr,
samstags/sonntags 10 bis 12.30 Uhr u.
14 bis 16 Uhr

🏠 **Erlebnismuseum Bödefeld**
St. Vitus-Schützenstraße 1,
57392 Schmallenberg-Bödefeld,
Tel. 0 29 77/9 39 08 10,
Öffnungszeiten: montags bis freitags
9 bis 16.30 Uhr, samstags/sonntags
10 bis 17 Uhr

🏠 **Sauerland Antik** alter Bauernhof
mit Antiquitäten und Kunstgewerbe,
Herblinghauser Straße 14,
59832 Sundern, Tel. 0 29 34/6 74,
Öffnungszeiten: mittwochs bis freitags
14 bis 19 Uhr, samstags/sonntags nach
Vereinbarung

🏠 **Degge- und Heimatstube
Düdinghausen** Tel. 0 56 32/51 16

Bauerngärten

🌿 **Rosengarten** (200 Rosensorten)
Fr. Hederich, 59939 Assinhausen

🌿 **Kräutergarten**
59939 Wulmeringhausen

125

Der Rhein ist der mit Abstand wasserreichste Strom Europas und gehört zu den meist befahrenen Wasserstraßen der Erde. Seit der Romantik ziehen seine reizvollen Uferlandschaften Reisende aus aller Herren Länder an. Zwischen Bingen und Bonn schlängelt sich der malerische Fluss durch die mittelrheinische Postkartenlandschaft bestehend aus Burgen, Weinbergen und sagenumwobenen Städtchen. Wer kennt sie nicht, die Rheinnixe Lorely, berühmt geworden durch Heinrich Heines Gedichtzeile „Ich weiß nicht, was soll es bedeuten"?

Rechtsrheinisch, südwestlich des Dreiländerecks Rheinland-Pfalz – Hessen – Nordrhein-Westfalen, erhebt sich der Westerwald bis zu mehr als 650m über den Meeresspiegel und lädt zu erholsamen Wanderausflügen durch waldreiches Gelände ein. Knapp die Hälfte des Westerwaldes besteht aus Wald und trotz seiner relativ geringen Höhe herrscht ein angenehmes Reizklima. Typisch für diese Region ist zudem der traditionelle Abbau von Schiefer, Ton oder Basalt. Zahlreiche Töpfereien findet man in den Orten, noch heute wird in der

Westerwaldlied

Heute wollen wir marschier'n
Einen neuen Marsch probier'n
In dem schönen Westerwald
Ja da pfeift der Wind so kalt.

Oh, Du schöner Westerwald
Über Deine Höhen pfeift der Wind so kalt
Jedoch der kleinste Sonnenschein
Dringt tief ins Herz hinein

Mittelrhein und Westerwald

„Kannenbäckerstadt" Höhr-Grenzhausen hochwertiges Steinzeug produziert.

Die Westerwälder werden im Volksmund oft liebevoll als „Basaltköpp" bezeichnet, da sie als dickköpfig gelten – andererseits stehen sie für unverfälschten Charakter und herzliche Offenheit.

Im Süden wird die Region durch das romantische Tal der Lahn begrenzt. An dem gewundenen Flusslauf verteilen sich sehenswerte Orte, Burgruinen und Schlösser. Die schönsten Schlösser stehen auf Basaltkegeln in Hachenburg, Westerburg und Montabaur.

Höhepunkt einer jeden Lahnreise bildet der Besuch Limburgs. Neben der Altstadt mit vielen schönen Fachwerkbauten und dem Lahngrafenschloss steht der Limburger Dom im Mittelpunkt des Interesses. Vor oder nach dessen Besichtigung bietet sich von der alten Lahnbrücke ein schöner Blick auf den vollendeten romanischen Bau aus dem 13. Jahrhundert.

Mittelrhein und Westerwald

Hofgut Alt Schwartenberg

LandSelection-Tipp: Deutschlands einzige Kristallhöhle

.... wurde vor 30 Jahren in Kubach entdeckt. Sie beeindruckt durch ihre immense Höhe von 30 Metern und ist umgeben von 350 Millionen Jahre altem Kalkstein, geschmückt mit unzähligen Kristallen und Perltropfsteinen. Das Kubacher Höhlensystem entstand während der Eiszeit und konnte bisher nur zu einem kleinen Teil freigelegt werden. Im Freilicht-Steinemuseum können Besucher Gesteinsarten aus verschiedenen Epochen der Erdgeschichte betrachten.

Burgruinen, Wälder und Bauernland prägen die Landschaft um das hessische Städtchen Limburg. Oberhalb des Raubschlosses von Neuelkerhausen liegt der Geflügelhof Alt Schwartenberg.
Nach alten Überlieferungen hat schon der Schinderhannes hier Unterschlupf gefunden. Von hier aus ging er dann auf seine Raubzüge. Von der Terrasse des Hofes kann man den fantastischen Blick ins Lahntal genießen. Lehr- und erlebnisreich zugleich schlängelt sich der Leinpfad an der Lahn entlang und lädt zu Fuß- und Radtouren ein. Das kleine Dörfchen Gräfeneck ist sehenswert wegen seiner zwei Kirchen.

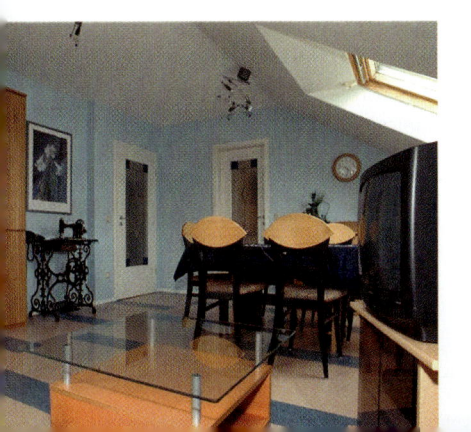

Land Selection
EUROPAS SCHÖNSTE FERIENHÖFE

Lucia und Gunther Thomé
Hofgut Alt Schwartenberg
35796 Weinbach Gräveneck
Tel.: 0 64 71/48 42
Fax: 0 64 71/49 04 35
www.gefluegelhof-thome.de
info@gefluegelhof-thome.de

Zweimal im Jahr löst Trubel die Ruhe und Beschaulichkeit ab: Bei der traditionellen Kirmes und beim Ballonfestival in Weilburg. Auf dem Hofgut dreht sich alles um Geflügel: Hühner, Gänse, Puten, Enten und Wachteln können von Kindern gestreichelt werden.
Die Ferienwohnungen haben eine gehobene Ausstattung und eine schöne Terrasse, die zur Erholung zur Verfügung steht.

- alter Baumbestand
- Raubschlossbesichtigungen
- Hofbesichtigungen auf Anfrage
- Kreative Kurse: Socken stricken, Teddybären nähen
- Ziegenpeterservice
- Tischlein deck' dich
- Ab-Hof-Verkauf von Eiern, Frischgeflügel und Nudeln

Preise ab EUR

Wohneinheit	FeWo
Ü	38-48
Kinder bis 6 J. frei	
qm	76-86
6 Betten	

Mittelrhein und Westerwald

Hof Hardthöhe

**LandSelection-Tipp:
Auf Entdeckertour
im UNESCO-Welterbetal**

Die Umgebung des Ferienhofes Hardthöhe ist voll berühmter Geschichte: sei es die weltberühmte Loreley am Rhein, die Marksburg in Braubach, das Deutsche Eck und die Festung Ehrenbreitstein in Koblenz und natürlich all die malerischen Burgen und Schlösser entlang des Rheintals. Und zur Erholung genießen Sie reizvolle Wanderungen am Rheinsteig und Rheinburgen-Wanderweg.

Reb- und Waldhänge, Burgen und historische Stadtkerne aus mittelalterlicher Zeit kennzeichnen die einmalige Landschaft des Mittelrheins. Im Herzen der Unesco-Welterbe-Kulturlandschaft liegt der Ferienhof Hardthöhe.

Seine Gäste wohnen in urgemütlichen, komfortablen Blockhäusern, die nur wenige Schritte vom vollbewirtschafteten Bauern- und Reiterhof entfernt sind. Wer möchte, darf gerne auf dem Hof mitarbeiten. Zahlreiche Sehenswürdigkeiten locken die Gäste in die Umgebung. Aber immer wieder wird man auf den Hof gezogen, um bei dem abwechslungsreichen Programm und den Unternehmungen dabei zu sein,

Land Selection
EUROPAS SCHÖNSTE FERIENHÖFE

Rita Lanius-Heck
Hof Hardthöhe
55430 Oberwesel
Tel.: 0 67 44/72 71
Fax: 0 67 44/74 20
www.ferienhof-hardthoehe.de
info@ferienhof-hardthoehe.de

die die Gastgeberin mit viel Freude vorbereitet. Kutschfahrten, Reitschule (FN), Reithalle, Ausritte, geführte Wanderungen und Jagdmöglichkeiten im eigenen Revier. Für Reiter, die mit ihrem eigenen Pferd kommen, stehen Gastpferdeboxen zur Verfügung.

Zu den Angeboten zählen auch eine Beautyfarm mit Solarium, Sauna und Massage. Im Hofcafé lässt es sich bei einem Gläschen Wein vom eigenen Familienweingut gemütlich klönen.

Auf dem Hof, wo einem das romantische Tal der Loreley zu Füßen liegt und der Panoramablick auf der mittelalterlichen Schönburg ruht, werden aus Gästen nicht selten Freunde.

- Reitschule FN
  Reithalle, Gastpferdeboxen, Kutschfahrten, Ausritte
- großer Bauernhof
- Hofcafé und Hofladen
- Mutterkuhherde • viele Streicheltiere
- Kinderspielscheune – Animation für Kinder
- geführte Wanderungen • Picknick und Grillen mit Panoramablick • Jagdmöglichkeit im eigenen Revier
- Weinprobe im Familienweingut
- Beautyfarm, Solarium, Sauna Massage,
- Tagungsraum
- Frühstücksbuffet auf Wunsch
- wer möchte – Mitarbeit auf dem Hof

Preise ab EUR

Wohneinheit	Häuser	Fewo
Ü	40–81	40–81
qm	65–75	60–85
40 Betten		

Mittelrhein und Westerwald

Gutshaus Rückerhof

LandSelection-Tipp:
Ein Museum zum Mitmachen

Im Keramikmuseum Westerwald findet man alles, was aus Keramik herstellbar ist – Tassen und Teller sowie künstlerische Keramik. Und wer mit einem Museumsbesuch langweilige Erklärungen, schlechte Luft und schwere Beine verbindet, wird hier eines besseren belehrt. Hier werden Kinder und Jugendliche mit altersgerechten Führungen, attraktiven Mitmachprogrammen und vielfältigen Kreativ-Workshops in die Welt der historischen und zeitgenössischen Keramik eingeführt.

Im südlichen Westerwald, auf der Höhe des romantischen Lahntals liegt der Rückerhof im Naturpark Nassau.
300 Jahre Geschichte aus kurtrierischer Zeit machen das besondere Ambiente des Hofes aus.
Wer Romantik sucht, sollte nach Zimmern und Ferienwohnungen direkt im alten Gutshaus fragen: Ob Sie im „Schwalbennest" oder in der „Erbsenschote" wohnen, die Fachwerkhäuser mit Alkoven- und Bauernbetten, antiken Öfen oder offenem Kamin schaffen eine unvergleichliche Atmosphäre, die es an Komfort nicht fehlen lässt.
Wer es besonders gemütlich liebt, begibt sich in den Wintergarten

oder genießt im Gutsgarten hausgebackenen Kuchen.
Man kann beim Füttern oder der Tierpflege helfen, Brot aus dem Steinbackofen ziehen, Kräuter kennen lernen, eines der 20 Pferde reiten und „Nordic-Walken" lernen. Selbst Kutschfahrkurse werden angeboten.
Eine besonders rustikale Stimmung verleihen der Dämmerschoppen und die Bauernmahle in der Gutsherren-Diele. Wer es hier schafft, sich zu langweilen, muss ein Genie sein! Das Gutshaus Rückerhof wurde ausgezeichnet im Bundeswettbewerb „Ferienhof des Jahres" und im Landeswettbewerb als „originellster Landgasthof in Rheinland-Pfalz".

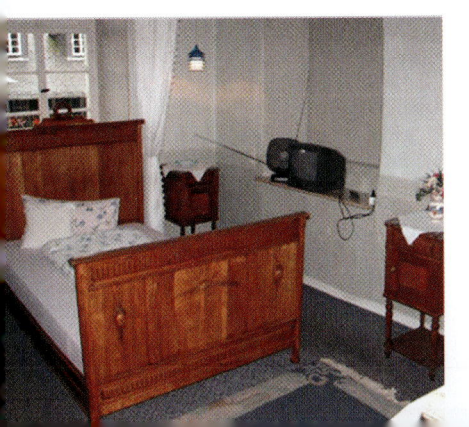

Land Selection
EUROPAS SCHÖNSTE FERIENHÖFE

Familie Rücker
Gutshaus Rückerhof
Tiergarten 2
56412 Welschneudorf
Tel.: 0 26 08/2 08 oder 3 77
(Montag bis Freitag
9.00 bis 17.00 Uhr)
Fax: 0 26 08/14 88
www.rueckerhof.de
info@rueckerhof.de

Landdomäne mit Reitpferden

- Dämmerschoppen und Bauernmahle in der Gutsherren-Diele
- Wanderritte mit Führung, etwa 20 Pferde, Reithalle, Reitunterricht, Ausritte, Gastpferdeboxen, Kutschfahrkurse
- Kreativ-Nachmittage: Töpfern, Brotbacken, Heutiere basteln, Malkurse
- Kutschfahrten
- Jungbauernmahle für Kinder
- Naturspielplatz
- **Nordic-Walkingkurse**
- **spezielle Wanderwochen**
- Tagungsräume
- Loipen
- Badesee in 10 km
- Thermalbad 8 km

Preise ab EUR		
Wohneinheit	**FeWo/Haus**	**Zimmer**
Ü	31-115	22-56
qm	28-95	28-50
20 Wohnungen, 60 Betten		

133

Mittelrhein/Westerwald – Bauernhof-Ca

Bauernhof-Cafés

☕ **Bauernstube Sonnenhof** 64385 Reichelsheim, Tel. 0 61 64/15 14

☕ **Älteste Odenwälder Lebkuchenbäckerei „Delp & Baumann" mit Landwirtschaft** 64385 Reichelsheim, Tel. 0 61 64/23 13

Kulturdenkmäler

Deutsche Greifenwarte Burg Guttenberg 74855 Neckarmühlbach, Tel. 0 62 66/3 88, Öffnungszeiten: April bis Oktober 9 bis 18 Uhr, März bis Nov. 12 bis 17 Uhr, Flugvorführungen mit Seeadlern, Großgeiern und Uhus

Felsenmeer nördlich von 64686 Reichenbach/Odenwald (Straße von Reichenbach über Beedenkirchen nach Balkhausen)

Grube Messel – Schaufenster der Erdgeschichte im Ölschiefer, Besichtigungen auf Anfrage, 64409 Messel, Fossilien- und Heimatmuseum, Tel. 0 61 51/16-57 03

Geoökologischer Lehrpfad Gau-Algesheim (7,5 km lang), Infos: Geologisches Landesamt Rheinland-Pfalz, Tel. 0 61 31/92 54-3 06 oder Touristikzentrale 0 67 25/31 51, Führungen nach Absprache

Mittelrheinische Landschaft mit Burgen und Schlössern wird 2003 ins Weltkulturgut aufgenommen

Tropfsteinhöhle in Wiehl

Freilichtmuseen

Hohenloher Freilandmuseum 74523 Schwäbisch-Hall/Wackershofen, Tel. 07 91/7 27 74, Öffnungszeiten: Juni bis September täglich außer montags 9 bis 18 Uhr, April/Mai und Oktober täglich außer montags 10 bis 17.30 Uhr

Odenwälder Bauernhaus Museumsstraße, 74731 Walldürn-Buchen, Tel. 0 62 81/27 80

Odenwälder Freilandmuseum Einblicke in die frühere Lebens- und Arbeitswelt auf dem Lande, Weiherstraße 12, 74731 Walldürn-Gottersdorf, Tel. 0 62 86/3 20, Öffnungszeiten: 1. April bis 31. Oktober, Mai bis September 10 bis 18 Uhr, April und Oktober 10 bis 17 Uhr

Schwäbisches Bauern- und Technikmuseum 73569 Eschach-Seibertshofen, Tel. 0 79 75/3 60, Öffnungszeiten: täglich 9 bis 18 Uhr, auch an Sonn- und Feiertagen

Kulturdenkmäler, Freilichtmuseen, Bauerngärten

🏠 **Historisches Museum der Pfalz mit Weinmuseum**
Große Pfaffengasse 7, 67346 Speyer, Tel. 0 67 32/71 31, Öffnungszeiten: täglich 9 bis 12 Uhr u. 14 bis 17 Uhr

🏠 **Tabakmuseum (im Rathaus)**
64653 Lorsch, Tel. 0 62 51/50 41, Öffnungszeiten: Mai bis September, montags bis freitags 9 bis 12.30 Uhr, 13.30 bis 16 Uhr, samstags 10.30 bis 12.30 Uhr, sonntags 10.30 bis 12.30 Uhr u. 13.30 bis 16 Uhr, Oktober bis April montags bis donnerstags 9 bis 12 Uhr u. 14 bis 16 Uhr, freitags 9 bis 12 Uhr; sonst nach Vereinbarung

🏠 **Deutsches Landwirtschaftsmuseum Hohenheim** Garbenstraße 9a u. Filderhauptstraße 179, 70599 Stuttgart, Tel. 07 11/4 59-21 46, Fax: 07 11/4 59-34 04, Öffnungszeiten: dienstags/freitags 10 bis 13 Uhr u. 14 bis 17 Uhr, sonn- u. feiertags 10 bis 17 Uhr; Führungen außerhalb der Öffnungszeiten auch nach Vereinbarung möglich

🏠 **Sensen- und Heimatmuseum**
Berliner Straße 31, 77855 Achern/Baden, Tel. 0 78 41/43 88, Öffnungszeiten: sonntags (außer feiertags) 14 bis 18 Uhr

🏠 **Schwarzwälder Freilichtmuseum** Vogtsbauernhof,
77793 Gutach, Tel. 0 78 31/93 56-0, Fax 0 78 31/93 56-29, Öffnungszeiten: 1.4. bis 1.11. täglich 8.30 bis 18 Uhr

🏠 **Bergisches Freilichtmuseum für Ökologie und bäuerlich-handwerkliche Kultur**
Lindlar

🏠 **Haus Dahl**
ältestes oberbergisches Bauernhaus (1586) Marienheide bei Gummersbach

Bauerngärten

🌼 **Englischer Garten** Jagdschloss Eulbach (an der B 47 Michelstadt und Amorbach), Öffnungszeiten täglich 9 bis 17 Uhr

Schon lange zieht die Region links des Rheins und an der Mosel Jahr für Jahr Urlauber und Tagesausflügler in ihren Bann. Vergleichsweise jung ist die Entdeckung der von diesen Flüssen eingerahmten Eifel als Urlaubs- und Naherholungsgebiet. Ihre besondere, vulkanisch geprägte Landschaft, eine Vielzahl hübscher Fachwerkstädtchen sowie die wachsende Zahl attraktiver touristischer Einrichtungen haben dafür gesorgt, dass die Eifel längst kein Geheimtipp mehr ist. Ihren ruhigen und natürlichen Charakter konnte sie sich aber bis heute bewahren. Am besten erschließt er sich bei ausgedehnten Wanderungen, vorbei an mittelalterlichen Burgen und Burgruinen. Radfahrer stoßen immer wieder auf sportliche Herausforderungen und im Winter können die weiß bedeckten Wiesen beschaulich per Langlauf-Ski überquert werden.

Eine große Anziehungskraft übt das Mittelgebirge am Westrand Deutschlands auf Naturfreunde und Hobbygeologen aus. Auf geologischen Lehrpfaden und in vielen Museen offenbart sich die Millionen Jahre alte Entstehungsgeschichte erloschener Vulkankegel, bizarrer Landschaftsformationen und dunkler Höhlen. Als Hinterlassenschaft gewaltiger Gasexplosionen in der Steinzeit sind über 60 geheimnisvolle Maare entstanden. Die kreisrunden, mit Wasser gefüllten Krater, bieten heute nicht nur stimmungsvolle Landschaftsbilder, sondern laden teilweise auch zum Baden und Wassersport ein. Das größte Maar ist der Laacher See. Hier erhebt sich das beeindruckende

> **In dem ernsten Eifellande galt die Sitte alt und gut, dass man am Familientische stets den selt'nen Fremdling lud.**
> Alter Küchenspruch

Mosel und Eifel

Kloster Maria Laach, ein Hauptwerk romanischer Architektur.

Ein beinahe mediterranes Klima ist der Grund für das hervorragende Gedeihen des Rieslings an den Hängen der Mosel. So ziehen sich von der oberen Mosel bis hinunter nach Koblenz Rebflächen und zugehörige Weinorte – eingerahmt von der lieblichen Landschaft rund um den sich in Mäandern schlängelnden Fluss. Der Weinliebhaber hat die Wahl zwischen Weinwanderwegen und -lehrpfaden oder gemütlichen Weinproben in so bekannten Winzerorten wie Bernkastel-Kues, Traben-Trabach, Zell, Beilstein und Cochem.

Es ist aber nicht nur der Wein, der diese Orte berühmt gemacht hat. Überall locken reizvolle Fachwerkbauten, verschlungene Gassen und Relikte aus der Zeit der Römer. Und natürlich etliche Burgen oder Burgruinen, die lebhaft an die bewegte Geschichte dieser umkämpften Region erinnern. Prunkstück ist die Burg Eltz im Tal des Eltzbaches. Da sie nie zerstört wurde, gehört sie zu den besterhaltenen Burgen des Mittelalters und gibt einen bemerkenswerten Eindruck vom Leben vergangener Zeiten.

Mit dem Schiff oder der Bahn lassen sich Rhein und Mosel am erholsamsten bereisen. An der ruhigen, in zehn Stufen gestauten Mosel, bieten sich neben einem Wanderurlaub auch Kanu-Touren an. Den vielleicht besten Eindruck vom Rhein verschafft die Wanderung auf dem Rheinhöhenweg.

Mosel und Eifel

Weingut Staffelter Hof

Ausflugsziele in der näheren Umgebung

Kultur
- Römische Altstadt Trier (Porta Nigra, Dom) • Mittelalterliche Weinstadt Bernkastel (Cusanus Museum, Vinothek) • Internationales Edelsteinmuseum in Idar-Oberstein • Burg Eltz • Keltenmuseum im Hunsrück

Sportliche Aktivitäten
- Wandern durch die Weinberge
- Rad fahren • Nordic Walking

Vergnügen
- Moselausflugsdampfer
- Wohlfühl-Entspannungsmassge
- Ausflug an die Eifelmaare (Vulkanseen)
- Weinprobe

Anno 862 schenkte Kaiser Lothar II die Ländereien um Kröv an der Mosel der reichsfreien Abtei Stavelot, von der sich auch der Name des Weinguts Staffelter Hof ableitet. Seit dem Mittelalter genießen die Riesling-Weine, die hier aus mildem Klima und uralter Winzertradition hervorgehen, besten Ruf.

Im liebevoll restaurierten Gewölbekeller des Staffelter Hofs kann man sie bei einem Imbiss mit Spezialitäten von der Mosel probieren und dabei manches über die Arbeit an den Steilhängen und die Geheimnisse der Weinherstellung erfahren. Der Hof aus dem 16. Jahrhundert beherbergt Ferienwohnungen und Gästezimmer, die mit klassischem

Land Selection
EUROPAS SCHÖNSTE FERIENHÖFE

Gundi, Gerd Jan Matth. Klein
Weingut Staffelter Hof
Robert-Schuman-Str. 208
54536 Kröv
Tel.: 0 65 41/37 08
Fax: 0 65 41/39 33
www.staffelter-hof.de
info@staffelter-hof.de

Komfort ausgestattet sind. Sonnige Balkone und Terrassen geben den Blick auf parkähnliche Gartenanlagen frei, Oleanderbüsche und Lorbeersträucher lugen zwischen den Mauern hervor, und der Duft der Kräuter aus dem Bauerngarten liegt in der Luft. Historische Städte in der Umgebung, Rad- und Wanderwege durch die anmutige Landschaft und die zahlreichen Dorf- und Winzerfeste bieten genügend Abwechslung, aber ob man die überhaupt braucht, ist angesichts des einzigartigen Flairs auf dem Staffelter Hof schon fraglich.

- Hofeigenes Weingut, Brennerei und Sektmanufaktur
- Kulinarische Weinprobe
- Führung durch den Weinbaulehrpfad
- Große Terrasse für Grillabende
- Ruhige Lage am Weinberg
- Spielwiese für Kinder
- Gemütlicher Gewölbekeller
- Ab-Hof-Verkauf von Wein, Sekt, Likören, Weinessig, Traubenkernöl

Preise ab EUR

Wohneinheit	FeWo	Zimmer
Ü/2P	42–59	47-54
qm	32-60	20
12 Betten		

Mosel und Eifel

Lautersheimer Gutshof

LandSelection-Tipp: Keltendorf am Donnersberg

In Steinbach, einem kleinen Ort am Fuße des Donnersberges – der höchste Berg der Pfalz – wurde im Frühjahr 2004 das Keltendorf eröffnet. Bei der Anlage handelt es sich nicht um ein Museum im klassischen Sinne, sondern um das Modell einer keltischen Siedlung aus der 2. Hälfte des 1. Jh. v. Chr. Hier dürfen die Besucher auch selbst „Hand anlegen", d.h. Informationen zur Geschichte gehören ebenso zur Führung wie das Erlernen keltischer Handwerkstechniken, z.B. Sipnnen und Feuer machen.

Im blumengeschmückten Innenhof des Lautersheimer Gutshofs herrscht buntes Treiben: Die Vorbereitungen für ein Lagerfeuer sind in vollem Gange, Hofhund Bessy wartet Schwanz wedelnd darauf, zu einem Spaziergang eingeladen zu werden, zwei Gästekinder versuchen den manchmal störrischen Ziegenbock von der Stelle zu bewegen und ein Pony lässt geduldig erste Reitübungen über sich ergehen. Auf die Gäste warten über 20 Pferde und Ponys, eine Reithalle und ein Reitplatz, und im Pferdestall gibt's immer was zu tun. Wer sich fit halten möchte, nimmt an geführten Nordic-Walking Touren teil.

Land Selection
EUROPAS SCHÖNSTE FERIENHÖFE

**Waltraud und Albert Bauer
Lautersheimer Gutshof
Göllheimer Str. 8
67308 Lautersheim
Tel.: 0 63 51/13 28 60**
Fax: 0 63 51/13 28 83
www.lautersheimergutshof.de
lautersheimergutshof@t-online.de

Der über 300 Jahre alte Hof am Ortsrand von Lautersheim beherbergt gemütliche, modern eingerichtete Appartements nicht nur für Selbstversorger: Im großen Aufenthaltsraum unterm Kreuzgewölbe gibt es auf Wunsch morgens Frühstück und abends ein Büffet mit Vollwert- und vegetarischer Küche sowie regionalen Köstlichkeiten, zu denen auch ein Pfälzer Wein nicht fehlt.
Per Kutsche kann die nächste Umgebung erkundet werden.
Auch die Schlösser und Burgen entlang der Weinstraße oder historische Städte wie Worms, Mainz oder Speyer sind lohnenswerte Ausflugsziele.

- Pfälzer Spezialitäten, Vollwert- und vegetarische Küche mögl.
- wöchentlicher Gästetag mit verschiedenen Angeboten
- Reiterferien f. Mächen von 9 - 16 J., 6 Tage VP (So-Sa) 285,- EUR
- Gruppenschlafraum bis 12 P.
- Nordic-Walking-Kurse
- geführte Nordic-Walking-Touren 30.05.-01.06.2008 und 03.10.-05.10.2008
- Kutschfahrten
- Kinderfahrzeuge, gr. Garten mit Liegewiese
- Streicheltiere
- **Ziegenpeterservice**

Preise ab EUR

Wohneinheit	FeWo
Ü	43,50–72
qm	35–55

6 Wohnungen, 30 Betten

Mosel und Eifel

Gestüt Pfauenhof

LandSelection-Tipp:
Auf den Spuren einer feurigen Vergangenheit

Vulkaneifel – das Land der erloschenen Vulkane mit Kraterseen, „Maare" genannt, urigen Wäldern und Wildblumenwiesen. Der Geheimtipp sollte eigentlich geheim bleiben! Denn unser Hausberg, der „Hummerich" ist ein erst 10.000 Jahre alter Vulkan. Man kann ihn besteigen und findet auf der Kuppe noch eine Hälfte der Kraterwand. Nach der Wanderung kann man in einem der wunderschönen Maare baden. Ein Erlebnis der besonderen Art, das gibt es nur in der Vulkaneifel.

Der Pfauenhof liegt am Rande eines kleinen Dorfes in einem Wiesental von Wald umgeben. Egon und Dorle Kessler haben sich ihren Traum vom Landleben verwirklicht und lassen die Gäste gerne teilhaben an der Liebe zur Natur und der Freude an den vielen Tieren. Hier werden seit 30 Jahren edle Vollblutpferde gezüchtet.

Für Kinder, die hier besonders willkommen sind, wartet eine ganze Menagerie von Tieren: 40 Pferde, Stuten mit Fohlen, ein Deckhengst, liebe Welshponys, das Eselchen „Grisella", zwei Dalmatiner, Katzen, Hühner und natürlich die Pfauen. Man fühlt sich sofort wohl in den gemütlichen und mit viel Atmosphä-

Land Selection
EUROPAS SCHÖNSTE FERIENHÖFE

Egon und Dorle Kessler
Gestüt Pfauenhof
Mühlenweg 2 – 4
54552 Utzerath
Tel.: 0 26 76/6 03
        oder   17 71
Fax: 0 26 76/95 15 18
www.ferien-gestuet-pfauenhof.de
gestuet-pfauenhof@freenet.de

re eingerichteten Wohnungen, die einen herrlichen Ausblick auf die idyllische Landschaft bescheren und auf das gepflegte Gestütsgelände mit seiner bunten Blumenpracht.
Im Dorf liegt das 400 Jahre alte Fachwerkhaus für Romantiker.
Der Pfauenhof ist ein Traum für Kinder, denn das Glück der Erde liegt doch auf dem Rücken der Pferde.
Fahrten mit dem Unimog, großes Lagerfeuer, Stockbrot backen am Bach, Ponywanderungen mit Picknick oder einfach dem Roten Milan zuschauen, denn auf dem Pfauenhof ist die Welt noch in Ordnung!

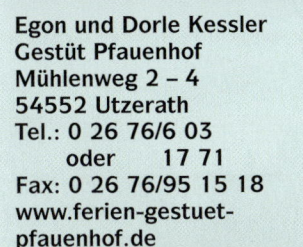

- Reiterferien für Mädchen ohne elterliche Begleitung, kleine Gruppe
- alle Wohnungen mit Terrasse oder Balkon, Liegewiese
- Gastpferdeboxen, Ausritte, Reitunterricht
- wöchentliche Ponywanderungen mit Kaffee und Kuchen, Grillabende mit großem Lagerfeuer, (Stockbrot u. Rotwein gratis)
- geführte Wanderungen
- Eifelliteratur • Streicheltiere
- **Tischlein deck' dich**
- **Ziegenpeterservice**
- Ermäßigung in Vor- u. Nachsaison

Preise ab EUR	
Wohneinheit	**FeWo**
Ü	33-66
qm	50-120
7 Wohnungen, 32 Betten	

Mosel und Eifel

Hubertushof

LandSelection-Tipp: Die Affen rasen durch den Wald

Im Wild- und Erlebnispark Daun können Tierfreunde spektakuläre Aussichten auf zahlreiche Wildtiere genießen, besonders beliebt ist die Affenschlucht mit den exotischen Berberaffen. Ein riesiger Abenteuerspielplatz mit Kletterburg und Piratenschiff eignet sich für einen aufregenden Zwischenstopp für die kleinen Besucher. In nur 100 m Entfernung befindet sich zudem eine 800 m lange Sommerrodelbahn, die sich durch die urige Landschaft der Vulkaneifel schlängelt.

Eine richtige kleine Farm mit Kühen, Kleinpferden, Hühnern, Gänsen und Katzen ist der Hubertushof in Schönbach, nahe Daun in der wunderschönen Vulkaneifel. Fernab der Straße liegen die elf Ferienhäuser, die für Familien mit Kindern wie geschaffen sind.

Wer Lust und Laune hat, kann gerne bei der Heuernte oder beim Füttern der Tiere helfen. Die kleinen Gäste dürfen auf dem großen Traktor mitfahren, einen Ponyspaziergang machen oder auf dem weitläufigen Hofgelände nach Herzenslust herumtoben. Für gesellige Abende steht ein eigener Grillplatz mit Schwenktisch zur Verfügung und im „Vulkanstüble" werden

Land Selection
EUROPAS SCHÖNSTE FERIENHÖFE

Irene u. Siegfried Schneiders
Hubertushof
54552 Schönbach
Tel.: 0 26 76/2 92
Fax: 0 26 76/10 30
www.hubertushof-schoenbach.de
kontakt@hubertushof-schoenbach.de

Kaffee, Kuchen und abends ein guter Wein zur Stärkung serviert. Wenn das Wetter mal nicht mitspielt, laden die zahlreichen Museen, malerischen Kirchen und Kunsthandwerksbetriebe zu Besichtigungen ein.

Man kann aber auch einfach mal „daheim" bleiben und sich die Zeit in gemeinsamer Runde mit lustigen Gesellschaftsspielen und Bastelarbeiten vertreiben. Natürlich gehört es zu einem Urlaub in der Vulkaneifel, die Naturschönheiten dieser einzigartigen Landschaft mit ihren Maaren, Höhlen, Steinbrüchen und Wildparks zu Fuß oder mit dem Fahrrad zu erkunden, um alle Facetten dieses erlebnisreichen Gebietes kennen zu lernen.

- Gästestübchen: an 4 Tagen pro Woche mit Bewirtung
- Ausritte, Gastpferdeboxen
- geführte Wanderungen • Fahrradtourenvorschläge • Grillabend • Streicheltiere • im Winter: Loipe in 5 km, Lift in 10 km • **Ziegenpeterservice**
- **Tischlein deck' dich**
- Ermäßigung in Vor- und Nachsaison • Endreinigung
- Energie nach Verbrauch
- Ab-Hof-Verkauf von Wurst, Marmelade, Honig, Eiern, Nudeln, Säften, Fruchtweinen und Grillware

Preise ab EUR

Wohneinheit	FeWo	f. 2-6 P
Ü	39–76	
qm	52–95	

11 Häuser, 52 Betten

Mosel und Eifel

Mayischhof

**LanddSelection-Tipp:
Komm, wir
fahren in den Zoo!**

Eingebettet in die Wald- und Berglandschaft der Eifel, nur 8 km vom Mayischhof entfernt, ist der Eifelzoo. Ein wunderschönes Gelände, bepflanzt mit seltenen, auch tropischen Bäumen, bietet den Besuchern einzigartige Anblicke und faszinierende Augenblicke: Wenn die Löwen brüllen ist das Urgefühl der Wildnis zu hautnah zu spüren. Darüberhinaus zeigt ein Minidorf mit über 30 Bauten eine Eifellandschaft im Kleinformat.

Tiefe Wälder, karge Basaltkuppen, stille Waldseen aber auch Burgen und Schlösser prägen die Landschaft zwischen Bitburg und Prüm, die zum Wandern wie geschaffen ist.

Ein historisches Schmuckstück der Südeifel ist der Mayischhof. Die ehemalige Vogtei aus dem 12. Jahrhundert liegt auf einer kleinen Anhöhe am Dorfrand, beschützt von einer alten Chorturmkapelle, einer Bernersennenhündin und einer Großfamilie von Katzen. Seit zwanzig Generationen wird der Hof von Familie Hermes bewirtschaftet. So verwundert es nicht, dass Tradition hier aus jedem Detail atmet: Das Kopfsteinpflaster des Innenhofes,

Land Selection
EUROPAS SCHÖNSTE FERIENHÖFE

Familie Hermes
Mayischhof
Kapellenweg 4
54649 Lauperath
Tel.: 0 65 54/93 50 93
Fax: 0 65 54/90 06 68
www.mayischhof.de
info@mayischhof.de

Vollbewirtschafteter Bauernhof am Ortsrand mit Milchkühen, Schweinen u. Geflügel

- der Bauerngarten, ein bedeutendes Kulturgut
- Wanderreitstation „Eifel zu Pferd"
- gemütliche Bauernstube
- Aktivnachmittage mit Brotbacken, Marmelade herstellen, Ährengestecke oder Ginsterschlaufen anfertigen
- Grillabende
- Kinderspielhaus
- **Ziegenpeterservice**
- **Tischlein deck' dich**
- Loipen im Skigebiet „Schwarzer Mann", Nähe Prüm, 20–28 km
- Ab-Hof-Verkauf von Likören, Marmeladen und Ährengestecken

die efeuumrankten Sitzecken, der Bauerngarten, die uralten Bauernmöbel und die kleinen Exponate bäuerlichen Kunsthandwerks in allen Räumen machen das einzigartige Ambiente des Mayischhofes aus, der auch zu den Wanderreitstationen „Eifel zu Pferd" gehört. Wer hier ein Weilchen bei der Arbeit zuschaut oder mitmacht, wer durch den eigenen Bauerngarten, die Natur und Kultur der Umgebung streift, wer sich abends zum Plausch in der historischen Bauernstube einfindet, der wird sehen, dass hier eine Tradition besonders groß geschrieben wird: die Gastfreundschaft.

Preise ab EUR	
Wohneinheit	**FeWo**
Ü/2 Pers.	50-55
weitere Pers.	7
qm	70
3 Wohnungen, 12 Betten	

Mosel und Eifel – Bauernhof-Cafés

Bauernhof-Cafés

☕ Heck
Im Langenfeld, 54608 Grosslangenfeld,
Tel. 0 65 56/7 10

☕ Familie Habscheid
Echternacher Straße 4, 54310 Ralingen
Wintersdorf, Tel. 0 65 85/3 66

☕ Kuchers Landhotel
Karl-Kaufmann-Straße 2,
54552 Darscheid/Vulkaneifel,
Tel. 0 65 92/6 29

☕ Bauernhofcafé Weidtmann
Illbeckweg 40, 40882 Ratingen,
Tel. 0 21 02/5 03 91,
Öffnungszeiten: wochentags 14 bis
19 Uhr, sonn- und feiertags 11 bis
19 Uhr, Biergarten

☕ Bauernhofcafé Binnenheide
Binnenheide 19, 47629 Kevelaer-
Winnekendonk, Tel. 0 23 82/22 79,
Öffnungszeiten: dienstags bis freitags
14 bis 19 Uhr, Sa/So 12 bis 19 Uhr

☕ Bauernhofcafé Krauthaus Heesenhof
47495 Rheinberg, Tel. 0 28 43/31 00,
Öffnungszeiten: wochentags 13 bis
19 Uhr, sonn- und feiertags 11 bis
19 Uhr, Biergarten

☕ „et Achterhues"
Schottheider Str. 1a, 47559 Kranen-
burg-Fraselt, Tel. 0 28 26/77 37,
Öffnungszeiten: dienstags bis freitags
14 bis 19 Uhr, Sa/So 12 bis 19 Uhr

☕ Oyscher Hof
Oyweg 115, 47546 Kalkar
Tel. 0 28 24/24 76,
Öffnungszeiten: 1. Mai bis 30. Sept.
samstags 13 bis 18 Uhr und sonn- bzw.
feiertags 11 bis 18 Uhr

☕ Bauernhofcafé Ziegelhof
Am Ziegelhof 4, 41569 Rommers-
kirchen, Tel. 0 21 83/65 66,
Öffnungszeiten: Di bis Fr. 14.30
bis 20 Uhr, sonn- u. feiertags 10 bis
18 Uhr, kinderfreundliches Haflinger-
gestüt

☕ Toni's Bauerncafé
Tetendonk 127, 47929 Gefrath,
Tel. 0 21 58/25 88,
Öffnungszeiten: montags bis freitags
14 bis 21 Uhr, samstags u. sonntags
9 bis 21 Uhr, niederrheinische Kaffeetafel

> „…und donnerstags ist Bauerntag."
> Landwirtschaft und Geologie sind in der
> Eifel besonders miteinander verknüpft.
> Viele Bauern- und Ferienhöfe bieten
> informative wie erlebnisreiche Exkursio-
> nen und belegen, wie Landschaft und
> Landwirtschaft zusammenhängen – an
> jedem Donnerstag.

Kulturdenkmäler, Freilichtmuseen

Café im Gärtchen
Spicker 45, 47533 Kleve-Keeken,
Tel. 0 28 21/3 06 38,
Öffnungszeiten: Sommerzeit wochentags 14 bis 18 Uhr, sonn- u. feiertags 10 bis 18 Uhr (donnerstags Ruhetag), Winterzeit freitags und samstags 14 bis 18 Uhr, sonn- und feiertags 10 bis 18 Uhr (Januar geschlossen)

Naturpark Südeifel mit Teufelsschlucht
54685 Irrel, Tel. 0 65 26/93 10 13

Gaytal Park
54675 Körperich, Tel. 0 65 66/9 69 30

Naturpark Hohes Venn-Eifel
Tel. 0 65 51/98 58 55

Kulturdenkmäler

Naturschutzgebiet „Die Düffel" Kranenburg (niederländische Grenze)

Bonnersberg mit Keltenwall und Keltenrundwanderweg

Erzbergwerk Imsbach

Maare-Vilhausee

Burg Eltz

Wacholderschutzgebiet Bleckhause
seltene Tiere und Pflanzen

Mürmes, Ellscheid, Flachmoor, Biotop

Freilichtmuseen

Rheinisches Freilichtmuseum Kommern
Auf dem Kahlenbusch, Mechernich-Kommern, Tel. 0 24 43/50 51
Öffnungszeiten: 1.4. bis 31.10. täglich 9 bis 18 Uhr, 1.11. bis 31.3. täglich 10 bis 16 Uhr

Historische Wassermühle
Bahnhofstraße 16, 54587 Birgel,
Tel. 0 65 97/92 82-0, Mühlensteinbrot Schalmuseum

Eifel Vulkanmuseum Daun
Leopoldstraße 9, 54550 Daun,
Tel. 0 65 92/98 53 53
u.a. Simulation eines Vulkanausbruchs

Heimatmuseum Manderscheid
Darstellung bäuerlich-historischen Lebens, Kurfürstenstraße,
54531 Manderscheid,
Tel. 0 65 72/92 15 49

Mosel und Eifel – Freilichtmuseen

in Manderscheid ebenfalls
zu besichtigen:

🏠 **Maarmuseum**
Tel. 0 65 72/92 03 10

🏠 **Steinkiste**
Sammlung wertvoller Gesteine und Fossilien

🏠 **Bauernhofmuseum Hellbach**
Tel. 0 65 69/29 67

🏠 **Eisenmuseum Jünkerath**
Römerwall 12, 54584 Jünkerath,
Tel. 0 65 97/14 82, ganzjährig Führungen nach Voranmeldung

🏠 **Freilichtmuseum Roscheider Hof** 54329 Konz, Tel. 0 65 01/40 28, Öffnungszeiten: März bis November, montags bis samstags 9 bis 17 Uhr, sonntags 10 bis 17 Uhr

🏠 **Deutsches Weinbaumuseum**
Wormser Straße 49, 55276 Oppenheim, Tel. 0 61 33/25 44, Öffnungszeiten: 1.4. bis 31.10. täglich außer montags 13 bis 17 Uhr, in den Wintermonaten geschlossen

🏠 **Freilichtmuseum Bad Sobernheim** 55566 Bad Sobernheim,
Tel. 0 67 51/38 40, Fax 0 67 51/12 07, Öffnungszeiten: 1.4. bis 31.10. täglich außer montags 9 bis 18 Uhr, vom 1.11. bis 31.3. ist das Gelände für Besichtigungen frei

🏠 **Fischereimuseum „Haus der Fischerei"** 54331 Oberbillig-Trier,
Tel. 0 65 02/99 40 60

🏠 **Der GaytalPark im Umwelt-Erlebnis-Zentrum** (Thema: Böden und Landschaft), Bitburger Straße 1, 54675 Körperich, Tel. 0 65 66/96 93-0, Öffnungszeiten: 9.4. bis 31.10. dienstags bis sonntags 10 bis 18 Uhr, in den Wintermonaten ab 1. Nov. nur sonntags 10 bis 17 Uhr, Führungen jeden Sonntag 15 bis 17 Uhr, in den Wintermonaten 14 bis 16 Uhr

🏠 **Heimwebereimuseum Schalkenmehren**
Mehrener Straße 5,
54552 Schalkenmehren,
Tel. 0 65 92/40 85 oder 98 11 60

🏠 **Naturkundemuseum Gerolstein**
Hauptstraße 42, 54568 Gerolstein,
Tel. 0 65 91/52 35

🏠 **Schneidemühle**

🏠 **Mausefallen-Museum Neroth**
Alte Schule/Mühlenweg, 54570 Neroth,
Tel. 0 65 91/35 44

🏠 **Bauernmuseum Simmerath**
Ausstellung „Tiere unserer Heimat"

🏠 **Hofmuseum W. Fischels**
54673 Hellbach-Windhausen

Bauerngärten

Agrarhistorische Geräte-sammlung Emmelshausen
Rhein-Moselstraße 9, 56281 Emmelshausen, Tel. 0 67 47/66 68,
Öffnungszeiten nach Vereinbarung

Landwirtschafts- und Heimatmusuem Karben
Rathausplatz 1, 61184 Karben,
Tel. 0 60 39/4 81-15,
Öffnungszeiten nach Vereinbarung

Mühlenhof mit römischer Kelteranlage
Andreasstraße 12, 54518 Altrich
Rheingauer Museum für Geschichte des Weines
Rheinstraße 2, 65385 Rüdesheim,
Tel. 0 67 22/23 48,
Öffnungszeiten: Mitte März bis Anfang November täglich 9 bis 12 u. 13.30 bis 16.30 Uhr, ab Pfingsten bis Mitte September bis 17.30 Uhr

Niederrheinpark Plantaria
47624 Kevelaer-Twisteden,
Tel. 0 28 32/9 32 70,
Öffnungszeiten: täglich 10 bis 18 Uhr

Burggärtnerei Christian Lenz
55413 Niederheimbach

Geo-Route
Vilhausmeer

Landwirtschaftlicher Lehrpfad
bei Schönecken

Waldlehrpfad Tettenbusch
Prüm

Waldlehrpfad Lieser-Kuser-Plateau 54518 Altrich

Besonders haften gebliebene Urlaubserinnerungen:

„Vielleicht war es die Nacht im Stroh oder doch die Geburt eines Kälbchens."

„Ich sitze in Ihrem Bauerngarten zwischen lila Astern, lodernden blauen Pflaumen und grünen Stangenbohnen."

„Kapelle, Scheune und Wohnhaus – eine kleine Welt für sich."

Im Süden dieser Region liegt die abwechslungsreiche Schwäbische Alb, im Norden der Naturpark Frankenwald. Dazwischen befinden sich das Weinparadies im Maintal, das liebliche Taubertal und das berühmte Altmühltal.

Auf der Schwäbischen Alb erstreckte sich vor über 140 Millionen Jahren das riesige Jurameer. Als sich das Meer zurückzog, formte sich eine der reizvollsten und abwechslungsreichsten Landschaften Deutschlands: Kalksteinfelsen und Hochebenen wechseln sich mit tiefen Tälern und hübschen Ortschaften ab. Hobbyforscher stoßen dort immer wieder auf Muscheln und Schnecken aus dem Jurameer.

Am nordöstlichen Ende der Alb entstand das Ries, ein 25 Kilometer breiter „Krater". Funde aus allen Epochen sind hier zu besichtigen.

Im Süden der Fränkischen Alb gräbt sich die Altmühl tief durch das Gebirge. Mit 3000 km² Fläche ist der Naturpark Altmühltal die ausgedehnteste Schutzzone Deutschlands, die man ambesten mit dem Kanu, zu Fuß oder mit dem Rad erkundet. Dabei sorgen Mauerreste der Römer, mittelalterliche Burgens sowie

> **Wanderfahrt**
> Wohlauf die Luft geht frisch und rein,
> wer lange sitzt muß rosten;
> den allerschönsten Sonnenschein läßt uns der Himmel kosten.
> Jetzt reicht mir Stab und Ordenskleid der fahrenden Scholaren,
> ich will zu guter Sommerzeit ins Land der Franken fahren!
> Viktor von Scheffel

Schwäbische Alb / Franken

prachtvolle Schlösser und Kirchen aus Barock und Rokoko für Abwechslung.

Im Fränkischen Seenland um Gunzenhausen wurden weite Strecken der Altmühl in eine Seenlandschaft verwandelt. Manche dieser Seen sind für Wassersportler und Badelustige geöffnet. Die Vogelinsel inmitten des Altmühlsees steht dagegen unter Naturschutz, sie hat sich zu einem wertvollen Brut- und Rastplatz entwickelt hat.

Das Taubertal ist vor allem durch Rothenburg ob der Tauber bekannt. An der Kreuzung von Burgen- und Romantischer Straße, am Steilrand der Tauber liegt der Inbegriff einer romantischen, mittelalterlichen Stadt: Stadtmauer, Türme, engen Gasse und Giebelhäuser locken unzählige Touristen in die Stadt.

Das Maindreieck um Würzburg steht ganz im Zeichen des Weinbaus. Hier wachsen auf Grund der besonderen klimatischen Bedingungen hervorragende Weine, u.a. den typischen „Bocksbeutel". Daneben gilt es auch kunst- und kulturhistorischen Reichtum zu entdecken.

Zwischen Thüringer Wald und Fichtelgebirge befindet sich der Frankenwald. Lange Zeit zogen hier die Touristenströme vorbei. So konnte die Region ihre Ursprünglichkeit bis heute erhalten: tiefe unberührte Täler, Einzelhöfe auf weiten Hochebenen, grüne Waldhügel und von dort Ausblicke in die Weite des Obermaingebietes.

Von der Schwäbischen Alb

Landhotel Schwarzes Ross

LandSelection-Tipp: Schweben wie im Toten Meer

In der Frankentherme Bad Windsheim erleben die Besucher ganzjährig Bayerns einzigen warmen Salzsee: Baden bei 22 bis 26 °C Wassertemperatur in vollgesättigter Sole, Salzgehalt 26,9 % – ein Erlebnis wie am Toten Meer! Darüber hinaus bringt der Salzsee das einmalige Vergnügen, schwerelos im Wasser zu schweben, weil der Auftrieb der Sole enorm ist. Die Therme ist ein Eldorado für Wellness-Liebhaber und Wasserratten, ein Muss für alle, die dort Urlaub machen.

Eine anmutige Landschaft erstreckt sich zwischen dem Taubertal und dem Naturpark Frankenhöhe. In einer kleinen Gemeinde unweit der berühmten mittelalterlichen Stadt Rothenburg ob der Tauber liegt der 200 Jahre alte Fachwerkhof Schwarzes Ross.

Die besondere Architektur und die stilvolle Einrichtung schaffen eine heitere, gemütliche Atmosphäre in den Ferienwohnungen „Morgensonne" und „Abendsonne", in der historischen Zehntscheune und „Romantik" im Haupthaus.

Außerdem stehen sieben komfortable Gästezimmer mit Gutsherrnfrühstück zur Verfügung. Drei weitere Ferienwohnungen beherbergt der

nach Franken

Land Selection
EUROPAS SCHÖNSTE FERIENHÖFE

Christa u. Helmut Beck
Landhotel Schwarzes Roß
Am Dorfplatz 1
91628 Steinsfeld
Tel.: 0 98 61/9 49 10
Fax: 0 98 61/94 91 40
www.zehntscheune.info
info@zehntscheune.info

Landhotel und Bauernhof

Bauernhof im Nachbarort, wo auch die Gäste aus dem „Schwarzen Roß" herzlich willkommen sind. Hier lassen sich frühmorgens manchmal Rehe beobachten. Außerdem kann man sich einmal selbst als Landwirt versuchen. Soll man sich nun auf dem Feld oder im Stall betätigen, im großen Garten in der Sonne faulenzen, sich die Wildparks oder die historischen Städte und Museen der Umgebung anschauen? Vielleicht möchte man sich auch eher im Spielraum bei Kicker und Billard vergnügen? Oder eine geführte Forstwanderung machen?
Hier mag nur die Qual der Wahl die Urlaubsfreude trüben!

- Tagungs- und Seminarraum bis 80 Personen
- Tiere zum Anfassen
- Familienfeiern bis 100 Personen
- Theater, Kabarett und Musik
- selbst produzierte Lebensmittel
- Spielraum
- Billard
- Kicker
- Traktorfahrten
- Wanderungen mit dem Oberförster
- Transfer nach Rothenburg ob der Tauber
- **Tischlein deck' dich**
- **Ziegenpeterservice**
- Waldbad 4 km, Freibad 6 km
- Ab-Hof-Verkauf von Säften und Schnaps

Preise ab EUR

Wohneinheit	FeWo	Zimmer
Ü	20-60	50-70
qm	16-70	20-50

14 Wohnungen, 7 Zimmer, 41 Betten

Von der Schwäbischen Alb

Reiterhof Trunk

**LandSelection-Tipp:
Hier heulen nur die Wölfe!**

Der Wildpark Bad Mergentheim ist Europas artenreichster Heimattierpark, der sich auf ca. 250.000 qm „Tiere erleben und nicht nur sehen" zum Motto gesetzt hat. Zahlreiche Wildtiere leben in einem naturidentischen Revier mit all seinen geographischen und pflanzlichen Besonderheiten – darunter auch das größte freilebende Wolfsrudel in Europa.. Ein 2 km langer Rundweg führt durch das reizvolle Gelände, bei den Vorführungen werden umfassende Informationen über Wild- und Haustiere geboten.

Das liebliche Taubertal macht seinem Namen alle Ehre: Der Blick über das weite, waldreiche Land lässt uns aufatmen und zur Ruhe kommen.

In unmittelbarer Waldnähe, umgeben von Wiesen und Weiden, kann man in der schönsten Zeit des Jahres erholsame Urlaubstage auf Trunks Ferien- Reiter- und Stutenmilchhof verbringen.

Hier erwartet den Gast ein geräumiger Bauernhof, wo jedes Tier noch seinen Namen hat und die Weiden von Chemie verschont bleiben, wo Kinder besonders gern gesehen sind und Gastfreundschaft noch persönliche Zuwendung bedeutet. Das Angebot ist so vielfältig, dass

nach Franken

Land Selection
EUROPAS SCHÖNSTE FERIENHÖFE

Familie Trunk
Reiter-, Ferien- und Stutenmilchhof
Reckerstal 14
97999 Igersheim
Tel.: 0 79 31/82 90
(8 bis 14 und 16 bis 21 Uhr)
Fax: 0 79 31/5 24 72
www.ferienhof-trunk.de
alexander@ferienhof-trunk.de

für jeden etwas dabei ist: Zum Beispiel unbeschwert auf Warmblütern, Haflingern und Ponys durchs Gelände reiten. Wer noch keine Erfahrung im Reiten hat, kann die Möglichkeit wahrnehmen, dies in der eigenen Reitschule auf dem Hof zu lernen.

Wie wäre es mit einer Wanderung durch die geheimnisvolle Stille der Eichenwälder? Oder mit einer kunsthistorischen Entdeckungsreise? Einem Abend in geselliger Runde? Oder mit Stutenmilchkuren und Yogakursen? Auf dem Ferienhof von Familie Trunk wird man rundum verwöhnt.

Die insgesamt 12 Wohnungen sind mit 3 und 4 Sternen klassifiziert. Qualität und Erholung werden hier ganz groß geschrieben.

- Frühstücksraum, Aufenthaltsräume und Bastelraum • Reitkurse für Anfänger und Fortgeschrittene bis Klasse L, Reithalle u. -platz, Geländeritte • FN-Reitschule • Verkaufspferde aus eigener Zucht • Hackschnitzel-Heizung • Tischtennis • Abenteuer-Spielplatz • Turnierbillard, Tischfußball • Nachtwanderungen • Bücherverleih • Kinderbetreuung mögl. • Schwimmteich
- **Tischlein deck' dich** • **Ziegenpeterservice** • Badesee in 5 km • Skigebiet in der Nähe
- Ab-Hof-Verkauf von Stutenmilchkuren

Preise ab EUR

Wohneinheit	FeWo
Ü	36–81
qm	37–90

12 Wohnungen, 52 Betten

157

Von der Schwäbischen Alb

Die Schenkenau

**LandSelection-Tipp:
Barocke Raumwunder am Obermain**

Die Region am Obermain ist voller Schätze für Kunst- und Kulturliebhaber. Orte wie Kloster Banz oder die Basilika Vierzehnheiligen sind Zeugnisse weltberühmter Barockarchitektur. Städte wie Coburg oder Bamberg sind einmalig in ihrem historischen Stadtbild und ihrer Altstadtatmosphäre. Allen gemein ist die reizvolle Lage in den lieblichen Hügeln Frankens.

„Ich will zur schönen Sommerzeit ins Land der Franken fahren!" – mit dem Frankenlied könnten Ferien auf der Schenkenau beschrieben sein: Kleine Straßen, Felder mit „echten" Feldrändern aus Korn- und Mohnblumen, hier und da ein Dorf mit einem herrschaftlichen Schloss, dazwischen größere und kleinere Flüsse – man ist im Herzen Frankens angekommen.
Nur noch über die schmale Brücke, die gleichzeitig die Grenze zwischen Ober- und Unterfranken beschreibt und schon ist man auf der von der Itz umflossenen ehemaligen Burg Schenkenau gelandet.
In den alten Wirtschaftsgebäuden sowie im Schloss selbst wurden

nach Franken

Land Selection
EUROPAS SCHÖNSTE FERIENHÖFE

Alexander Treiber
Die Schenkenau
Schenkenau 1 + 2
96274 Itzgrund
Tel.: 0 95 33/80 23 u. 24
Fax: 0 95 33/7 31
www.die-schenkenau.de
info@die-schenkenau.de

gemütliche Ferienwohnungen eingerichtet.
Die alten Gemäuer vermitteln viel Atmosphäre und Behaglichkeit. Im Innenhof des Schlosses ist ein liebevoll angelegter Rosengarten mit südlichem Flair entstanden.
Die Kinder finden unendlich viele Ecken zum Entdecken: da gibt es eigene Gewässer, weite Wiesen mit hoppelnden Hasen, Störchen und einige Streicheltiere.
Für die ganze Familie gibt es geführte Wanderungen und wer möchte, kann beim Angeln entspannen.
Zum Relaxen lädt auch die große Liegewiese ein. Die Tischtennisplatte fordert zum Match heraus. Ferien auf einem echten Schloss sind schon etwas ganz Besonderes!

- Historische Schlossanlage mit Rosenhof aus dem 13. Jahrhundert auf einer kleinen Flussinsel
- rustikaler Gewölbekeller
- Frühstück möglich
- Lese- und Fernsehzimmer
- Große Spiel- und Liegewiese
- geführte Wanderungen
- Betriebsführungen auf Wunsch
- Streicheltiere
- Spielplatz und Spielzimmer
- Transfer zum Bahnhof
- Angeln
- Tischtennis

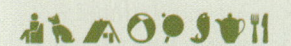

Preise ab EUR

Wohneinheit	FeWo	Zimmer
Ü/F/Pers. ab	39	29
qm	40-100	

3 Wohnungen, 1 Suite, 2 Zimmer, 20 Betten

Von der Schwäbischen Alb

Steffahof

LandSelection-Tipp:
Per Floß auf dem Fluss

Ein Stückchen Vergangenheit in die Gegenwart holen – dem hat sich die Touristenflößerei in Wallenfels verschrieben. Von Mitte Mai bis Mitte September kann man die 5 km lange Strecke auf der Wilden Rodach per Floß zurücklegen. Ein spritzig-nasses Vergnügen... und mit viel Spaß verbunden!

Zu empfehlen ist auch ein Besuch der FAUST-Festspiele in Kronach – große Klassiker der Weltliteratur werden hier für jedermann dargestellt.

Kennen Sie den Frankenwald? Nein? – Dann haben Sie bisher etwas verpasst! Denn die Landschaft ist die Harmonie von Gegensätzen: Sanfte, weite Höhen und enge Täler, wilde Gewässer und stille Seen, dichte Nadelwälder und gesunde Wiesen mit Jahrhunderte alten Laubbäumen.

Dies alles können Sie auf dem Steffahof, der sich seit 150 Jahren im Familienbesitz befindet, kennen lernen. Der Hof wird heute bewirtschaftet mit Mutterkühen, Kälbern, Hühnern, Hahn, Pferd, Katzen und einer lieben Schäferhündin.

Die Ferienwohnungen wurden auf den Grundmauern des alten Bauernhauses errichtet. Es wurde dabei

nach Franken

Land Selection
EUROPAS SCHÖNSTE FERIENHÖFE

Sieglinde und Reinhold Greser
Steffahof
Grümpel 4
96352 Wilhelmsthal
Tel.: 0 92 60/94 17
Fax: 0 92 60/94 19
www.steffahof.de
steffahof@t-online.de

Einzelhof

- **Anerkannter Kneipp-Gesundheitshof**
- Sauna und Kneippanwendungen unter kompetenter Anleitung
- Brötchenservice
- Tischlein deck dich-Service am Morgen
- Kaffee mit selbst gebackenem Kuchen und Torten
- Aufenthaltsraum mit Specksteinofen für gemütliche, warme Abende
- Freizeitraum mit Tischtennis, Kicker, Brettspielen
- Telefon und DSL-Verbindung in jeder Wohnung
- Spielplatz und Streicheltiere
- Ab-Hof-Verkauf von Honig, Schnaps, Wurst und Fleisch aus eigener Herstellung
- je nach Jahreszeit: gemeinsame Grillabende und Wanderungen, Schlitten fahren

viel Holz verarbeitet und in jeder Wohnung befinden sich hochwertige Fernseher und Küchengeräte. Der Blick von den Balkonen und der Terrasse entlockt selbst Ortsansässigen ein bewunderndes „Oh ist das schön".
Die Geschichtsträchtigkeit der Umgebung wird durch zahlreiche Burgen belegt: z.B. Schloss Callenberg und die Veste Coburg. Zum Träumen lädt die Eremitage in Bayreuth ein und wenn man sich gruseln will, dann gibt es in Bamberg Gespensterführungen und auf Burg Lauenstein wandelt noch heute die „Weiße Frau". Für Sportbegeisterte gibt es ein Netz von Wanderwegen und Mountainbike-Strecken. Entspannen kann man nach all den Erlebnissen bei Spaziergängen oder im Liegestuhl auf dem Hof.

Preise ab EUR

Wohneinheit	FeWo	App.
Ü	40-60	25-30
qm	80-100	30

3 Wohnungen, 1 Appartement, 15 Betten

Schwäbische Alb/Franken –

Kulturdenkmäler

Vogelinsel Altmühlsee Führungen im größten Vogelrückzugsgebiet von Bayern, Tel. 0 98 31/48 20

Naturpark Altmühltal
Wanderwege, Langenaltheim,
Tel. 09145/83 30-0

Tropfsteinhöhle Schulerloch
oberhalb von Oberau, 93343 Essing,
Tel. 0 94 41/32 77, Öffnungszeiten:
April bis Oktober 10 bis 16 Uhr, halbstündlich Führungen

Wandern rund um den Rothsee
(11 beschriebene Wanderwege),
91152 Roth, Tel. 0 91 71/8 13 2

Naturdenkmal Demlinger Steinbruch Großmehring,
Tel. 0 84 07/42 94-0

Wald- und Pilzwanderungen
91710 Gunzenhausen,
Tel. 0 98 31/5 08 31

Höhlenwandern in Franken
„Das Geißloch" bei Muggendorf (gilt als schönste Höhle Deutschlands),
Tel. 0 91 96/1 94 33

Erlebnispfad Hopfen und Bier
84048 Mainburg, Tel. 0 87 51/70 40

Die Bocksbeutelstraße
Rund um Würzburg führen alle fünf Routen der „Bocksbeutelstraße" zu auserlesenen Weinlagen und Spitzen-Weingütern.

Freilichtmuseen

Hallertauer Hopfen- und Heimatmuseum Geisenfeld
Rathaus Straße 11, 85290 Geisenfeld,
Tel. 0 84 52/98 24

Hopfenmuseum Siggenwiler
88069 Tettnang

Bauernhofmuseum Riedenburg
Echendorf 11, 93339 Riedenburg, Tel. 0 94 42/20 57, Fax 0 94 42/34 64,
Öffnungszeiten: täglich

Technik-Museum Kratzmühle
Markt Kinding, 85125 Kinding,
Tel. 0 84 61/96 82, Fax 0 84 61/83 18,
Öffnungszeiten: April bis Oktober samstags, sonntags u. feiertags 10 bis 18 Uhr, freitags 14 bis 18 Uhr, mittwochs 16 bis 20 Uhr, November bis März samstags, sonn- u. feiertags 13 bis 17 Uhr, für Gruppen auch außerhalb der Öffnungszeiten nach Vereinbarung

Rieser Bauernmuseum
Klosterhof 8, 86747 Maihingen,
Tel. 0 90 87/7 78, Öffnungszeiten: Mitte März bis Mitte November 13 bis 17 Uhr (montags u. freitags geschlossen), Juli-September 10 bis 17 Uhr (montags geschlossen)

Schwäbisches Bauern- und Technik-Museum Seifertshofen
73569 Eschach-Seifertshofen,
Tel. 0 79 75/3 60, Öffnungszeiten:
täglich 10 bis 17 Uhr, auch sonn- und feiertags

Kulturdenkmäler, Freilichtmuseen, Bauerngärten

🏠 **Fränkisches Freilandmuseum** Eisweiherweg 1, 91438 Bad Windsheim, Tel. 0 98 41/66 80-0, Fax: 0 98 41/66 80 99, Öffnungszeiten: Mitte März bis 3. Advent täglich außer montags von 9 bis 18 Uhr; an Feiertagen sowie im Juni, Juli und August auch montags geöffnet (ab Mitte Oktober verkürzte Öffnungszeiten)

🏠 **Gerätemuseum des Coburger Landes** Alte Schäferei 2, 96482 Ahorn, Tel. 0 95 61/13 04, Fax 0 95 61/13 64, Öffnungszeiten: April bis Oktober täglich außer montags 14 bis 17 Uhr, Gruppen nach Vereinbarung

🏠 **Museum für bäuerliche Arbeitsgeräte in Bayreuth (Oberfranken)** Adolf-Wächter-Str. 17, 95447 Bayreuth, Tel. 09 21/6 83 25, Öffnungszeiten: 1.5. bis 31.10. samstags und sonntags 14 bis 17 Uhr

🏠 **Bauernmuseum Frensdorf** (Landkreis Bamberg), 96158 Frensdorf, Tel. 09 51/2 91 01, Öffnungszeiten: 1.4. bis 1.11. mittwochs bis freitags 9 bis 17 Uhr, samstags u. sonntags 10 bis 17 Uhr

🏠 **Oberfränkisches Bauernhofmuseum** 95239 Zell-Kleinlosnitz, Tel. 0 92 51/35 25, Öffnungszeiten: dienstags bis freitags 13 bis 16 Uhr, samstags, sonn- u. feiertags 13 bis 17 Uhr oder nach Vereinbarung

🏠 **Fränkisches Bauern- und Handwerkermuseum** 97346 Iphofen-Mönchsondheim, Tel. 0 93 26/3 67, Öffnungszeiten: 1.3. bis 15.12. dienstags bis samstags 13 bis 18 Uhr, sonn- u. feiertags 11 bis 18 Uhr

🏠 **Oberpfälzer Freilandmuseum** Oberviechtacher Straße 20, 92507 Nabburg (Neusath-Perschen), Tel. 0 94 33/68 84, Öffnungszeiten: von April bis Oktober täglich außer montags 9 bis 18 Uhr

🏠 **Fränkisches Brauereimuseum** Michaelsberg 10, 96049 Bamberg, Tel. 09 51/5 30 16

🏠 **Fränkisches Freilandmuseum Fladungen** Bahnhofstraße 19, 97650 Fladungen, Tel. 0 97 78/91-2 30

Bauerngärten

🌼 **Biotopgarten, Naturpark Altmühltal** 85072 Eichstätt, Tel. 0 84 21/98 76-0, Öffnungszeiten: April bis Ende Oktober montags bis samstags 9 bis 17 Uhr, sonn- u. feiertags 10 bis 17 Uhr

🌼 **Kräuterwanderungen,** Verkehrsamt Breitenbrunn, Tel. 0 94 95/2 66

Bierstraße in Franken

Das Frankenland mit seinen 300 Brauereien ist die weltweit einzigartige Bierlandschaft. Da darf eine Wanderung bzw. Fahrt entlang der „fränkischen Bierstraße" nicht fehlen, die in Gößweinstein beginnt, über Bayreuth mit Brauereimuseum führt und in Trebgast (vorerst) endet.

Der äußerste Südwesten Deutschlands ist ein Urlaubsgebiet wie aus dem Bilderbuch. Postkartenlandschaften mit Bergen und Seen sowie grenzenlose Freizeitmöglichkeiten üben eine magische Anziehung auf Urlauber aus nördlicheren Breiten aus. Die einzelnen Regionen unterscheiden sich nicht nur im Bewusstsein und Dialekt der Einheimischen voneinander, sondern deutlich in ihrem Charakter.

Es ist diese Postkartenidylle, diese Mischung aus romantischen Tälern und stattlichen Höhen, aus rauschenden Bächen und hübschem Fachwerk, die den Schwarzwald weltbekannt gemacht hat. Wohl kaum eine andere deutsche Ferienregion eröffnet den Menschen mehr Möglichkeiten, aus dem Einerlei des Alltags auszubrechen. Es scheint, als würde hier – zwischen Wäldern, Bergen, Tälern, Seen und Flüssen - ein inneres Wohlgefühl entstehen wie nirgends sonst auf der Welt . Dazu kommt die ausgezeichnete badische Küche und der badische Wein sowie ein unerschöpfliches Potenzial für diverse Freizeitaktivitäten. Dank seiner abwechslungsreichen Landschaft aus Bergen bis über 1400 Meter Höhe, Tälern, Flüssen und Seen ist der Schwarzwald beliebt bei Wanderern, Mountainbikern und Kletterern sowie Gleitschirm-, Drachen- und Segelfliegern. Im Sommer kommen außerdem Wasser-, im Winter Wintersportler auf ihre Kosten.

Groß, schön und international präsentiert sich der Bodensee vor einer prächtigen Alpenkulisse. Die Schiffe der weißen Flotte verbin-

> „Wir haben hier doch ein Götterleben geführt"
> Annette von Droste-Hülshoff
> (aus einem Brief
> an Levian Schücking, 1842)

Bodensee und Schwarzwald

den schnell und unkompliziert Deutschland, Österreich und die Schweiz, die sich seine Ufer teilen. Acht volle Tage dauert es, die 263 Kilometer Uferlinie abzuwandern. Etwas schneller gelingt dies mit dem Rad. Dabei wechseln sich geschichtsträchtige Städte und zauberhafte Ortschaften ab, bieten sich immer wieder großartige Ausblicke auf den See und die Hochgebirgslandschaft. Die romantischste Stimmung dann auf, wenn der Föhn das Licht in den Fenstern über dem See spiegelt - dann rücken Österreicher und Schweizer noch ein Stück näher an den See heran.

Ruhig und der Natur noch näher geht es im Bodensee-Hinterland zu. So führt zum Beispiel eine Rundreise durch Linzgau, Hegau und Bodanrück zu markanten Aussichtspunkten, gemütlichen Ortschaften und wertvollen Naturschutzgebieten. Ein wenig Pause vom Trubel am See verschaffen auch Ausflüge in die hügelreiche Region Oberschwabens, die sich oberhalb von Friedrichshafen erstreckt. Flüsse, Seen und Moore, außerdem Klöster, Barockkirchen und nicht zu vergessen stattliche Landgasthöfe mit bekannt guter schwäbischer Küche sorgen für Erholung und Abwechslung.

Zwischen Bodensee und

Schwarzfelder Hof

**LandSelection-Tipp:
Hat nicht jeder einmal mit den kleinen Bausteinchen gespielt?**

In Günzburg hat man einen ganzen Park daraus errichtet: Das LEGOLAND® Deutschland wurde aus mehr als 50 Millionen bunter Steinchen gebaut und ist der unbestrittene Publikumsmagnet der ganzen Region. Hier findet man zahlreiche Attraktionen für Groß und Klein, unzählige Möglichkeiten zum aktiven Spielen und Lernen, für Spaß und Spannung. Nur 10 km vom Schwarzfelder Hof entfernt, also ein Muss für jeden Familienurlaub!

Bayerisch Schwaben heißt die Region im Westen Bayerns, bekannt durch Städte wie Augsburg, Günzburg oder das baden-württembergische Ulm auf der anderen Seite der Donau. Am Rande des Naturschutzgebietes Donaumoos, zwischen den Orten Leipheim und Riedheim, befindet sich der Schwarzfelder Hof inmitten von Feldern und ausgestattet mit einem hofeigenen Badesee. Hier liegen die behaglichen und mit 4-Sterne-Komfort ausgestatteten Ferienwohnungen, alle mit Terrasse oder Balkon.
Außerdem gehört zum Hof ein gepflegter Campingplatz sowie ein idyllisches Heuhotel – für jeden Geschmack ist etwas vorhanden!

Schwarzwald

Land Selection
EUROPAS SCHÖNSTE FERIENHÖFE

Walter Mannes
Schwarzfelder Hof
Schwarzfelder Weg 1 - 3
89340 Leipheim-Riedheim
Tel.: 0 82 21/7 26 28
Fax: 0 82 21/7 11 34
www.schwarzfelder-hof.de
info@schwarzfelder-hof.de

Einzelhof mit Mutterkühen

Der Hof ist mit 5 Bärchen ausgezeichnet und ein Paradies für Familien und Gäste, die einen selbstverständlichen Rundum-Service genießen wollen. Hier können Kinder unter fachkundiger Anleitung der Gastgeber die Ziegen, Schafe, Hasen, Katzen streicheln und versorgen, Ponys reiten oder bei der Mutterkuhherde mithelfen. Der ehemalige Heuboden ist zu einem wahren Spielparadies für Kinder umfunktioniert worden, inklusive Seilbahn und Abenteuer-Spielburg aus Holz. Die besten Ausflugstipps werden beim abendlichen Grillen am Seeufer ausgetauscht – sei es die geführte Wanderung im Donaumoos, Radtouren entlang der Donau, die Besichtigung kulturhistorischer Städte und deren Sehenswürdigkeiten und, und, und…

- 4-Sterne-Ferienwohnungen
- hofeigener See mit Piratenpfad
- große Spielscheune, Heuspiel-Scheune, Spielplatz
- Fahrräder, Tretfahrzeuge
- Streichelzoo
- kostenloses Ponyreiten
- Übernachten im Heu
- gemeinsame Grillabende
- geführte Wanderungen
- Babysitterservice am Hof
- externe Tagesmütter gegen Entgelt
- **Happy Birthday**
- **Ziegenpeterservice**
- Ab-Hof-Verkauf von selbst erzeugten Produkten
- Legoland in 10 km

Preise ab EUR

Wohneinheit	FeWo
Ü	54-79
Ü/F	+ 7,20
F/Ki. 5-14 J	+ 5,10
F/Ki. 2-4 J	+ 2

4 Wohnungen, 16 Betten

Zwischen Bodensee und

Hanselehof

LandSelection-Tipp: Auf den Spuren von Müller-Thurgau & Co

Über verschlungene Nebenstraßen durchstreift der Besucher per Auto, Fahrrad oder in Wanderschuhen auf der Badischen Weinstraße die Vorberge des Schwarzwaldes. Hier wachsen Rebsorten wie Blauer Spätburgunder, Müller-Thurgau, Grauburgunder oder Riesling. Die bodenständige Gastronomie weiß diesen Reichtum zu nutzen und empfiehlt auf ihren Speisekarten zu jeder Jahreszeit frisch zubereitete Gerichte, aus heimischen Erzeugnissen.

Im „Landschaftspark Hanselehof-Schwarzenbruch" steht frei das Hofgebäude mit dem Haus Landeck und die Hofkapelle mit einem zauberhaften Bauerngarten. Eine traditionelle Bergbauern-Kulturlandschaft, gepflegt und abwechslungsreich. Hier können Groß und Klein es sich gut gehen lassen. Von diesen Höhen aus sieht man in die unberührte Landschaft und nimmt ihre Schönheiten immer wieder wahr.

Auf dem Hanselehof ist es schön zu jeder Jahreszeit. Lassen Sie sich verwöhnen aus der guten Badischen Hofküche von Familie Schmid, in der zum großen Teil mit eigenen Produkten gekocht

Schwarzwald

Land Selection
EUROPAS SCHÖNSTE FERIENHÖFE

Hermann Schmid
Hanselehof · Schapbach
77709 Oberwolfach-Walke
Tel.: 0 78 39/2 30
Fax: 0 78 39/13 10
www.hanselehof.de
Hanselehof@t-online.de

- Wanderungen mit dem Hausherrn, Wissenswertes über Wald und Flur mit Quiz, Rücktransport mit „Unimog-Heu-Shuttle"
- Grillabende an der Hasenackerhütte mit Lagerfeuer
- Unsere beliebte „Hofhockede" in der Scheune unterm großen Walmdach mit Badischen Spezialitäten aus der Hofküche
- Hofführungen mit Schnaps- oder Weinprobe im „Alten Mostkeller"
- Unsere Tiere: Mütterkühe mit Kälbern, Schweine, Pferd, Gans und Ziege, Katzen groß und klein, sowie unsere Hundedame Kyra
- Stockbrotbacken im Kreis des Feuerscheins und Rückkehr im Fackellicht
- Eigene Jagd und Brennerei, Bauernstube mit Kachelofen
- Kinderspielplatz, Strohburg Diaabende, Infomappe
- Liegewiese, Mountainbikeverleih, weitläufiges und gepflegtes Hofareal abseits vom Verkehr

Pauschalangebote/Frühbucherrabatt siehe Internet

Inklusiv-Preise ab EUR

Wohneinheit	FeWo	Zimmer
Ü	41-87	
Ü/F	+ 9,30	25-28
HP	+ 19,50	34-37
Ü/Ferienhaus	25-38	

9 Ferienwhg. · 1 Ferienhäuschen · 8 Gästezimmer

wird. Die Gastgeber sorgen auch für ein umfangreiches Wochenprogramm. Hierzu gehören Wanderungen, Hofführungen mit Wein- oder Schnapsproben im „Alten Mostkeller", Stockbrotbacken und vieles mehr.

Auf die Kinder freuen sich viele Tiere, ganz besonders Hundedame Kyra. Wer die nähere Umgebung per Rad erkunden möchte, kann sich auf dem Hof ein Mountainbike ausleihen. Weitere Ausflüge führen zur Dorotheenhütte nach Wolfach, zu den Vogtsbauernhöfen nach Gutach, zum Panoramabad nach Freudenstadt, in den Europapark Rust, nach Freiburg, Straßburg, Basel, Triberg oder an den Bodensee zur Blumeninsel Mainau.

Zwischen Bodensee und

Gutshof Käppeler

LandSelection-Tipp: Im Tal der Mönche

Die reizvolle Wanderroute entlang der Donauschleifen trägt den Namen „Tal der Mönche" und beschreibt den Streckenabschnitt vom mittelalterlichen Städtchen Fridingen flußabwärts Richtung Sigmaringen. Herzstück sind die denkmalgeschützten klösterlichen Anlagen wie das imposante Kloster Beuron. Schmückender Rahmen sind Ritterburgen und Fürstenschlösser wie die Burg Kallenberg, Schloß Bronnen oder Burg Wildenstein. Ein wahres Highlight für alle, die Interesse an Kultur und Natur haben!

Steile, kalkweiße Felswände, Mischwälder und Wiesen kennzeichnen die Gegend am südlichen Rand der Schwäbischen Alb.
Hier am Donaudurchbruch, der zu den landschaftlich reizvollsten Gegenden Süddeutschlands zählt, liegt der Gutshof Käppeler inmitten eines romantischen Tals. Die noch junge Donau bildet die natürliche Hofgrenze des historischen Anwesens und umgibt den Hof von drei Seiten. Aus dem 13. Jahrhundert stammt die gutseigene Basilika, die gegenüber der gleichaltrigen, mächtigen Scheune liegt. Diese wurde behutsam umgebaut und beherbergt heute gemütliche Ferienwohnungen, Sauna und Solarium,

Schwarzwald

Land Selection
EUROPAS SCHÖNSTE FERIENHÖFE

Ernst und Susanne Käppeler
Gutshof Käppeler
Hofstr. 22
88631 Beuron-Thiergarten
Tel.: 0 75 70/95 19 10
Fax: 0 75 70/6 78
www.gutshof-kaeppeler.de
info@gutshof-kaeppeler.de

Gutshof

- historischer Gutshof in Allein–lage
- kleinste Basilika Europas
- Restaurant mit regionalen Spezialitäten und Angusfleisch vom Hof
- Donaustrand mit Liegewiese und Weidenbeschattung
- Grillhütte mit Lehmbackofen
- Spielplätze mit Baumhaus, Kaninchenstreichelgehege
- Programm Kind und Pferd
- Familienwanderung, Kindernachmittag • Strohburg
- **Tischlein deck dich**
- **Ziegenpeterservice**
- Ab-Hof-Verkauf von Rindfleisch und Wurst vom Angus-Rind, Marmelade, Apfelsaft, regionale Produkte, Kunstgewerbe

schöne Gemeinschaftsräume sowie ein Restaurant. Die Feriengäste können hier nach Herzenslust ins Landleben eintauchen und – wo möglich – auch mithelfen: da gibt es eine Mutterkuhherde auf der Weide, Pferde, die geritten werden können sowie verschiedene Streicheltiere.

Man kann Wiesen und Wälder erkunden, am Donaustrand schwimmen oder das Baumhaus erobern. Der Hof bietet Familienwanderungen an und speziell für die kleinen Gäste lustige Kindernachmittage. Wenn abends die selbst gemachten Dennetle (schw. Flammkuchen) aus dem Lehmofen geholt werden und alle ums Lagerfeuer sitzen, dann kann man sich gut vorstellen, dass hier die Ferien zu jeder Jahreszeit schön sind.

Preise ab EUR

Wohneinheit	FeWo	Zimmer
Ü/4 Pers.	37-89	58
qm	15-71	
Ü/F	+ 7	+ 7
HP	+ 17	+ 17
VP	+ 22	+ 22

15 Wohnungen, 56 Betten

Zwischen Bodensee und

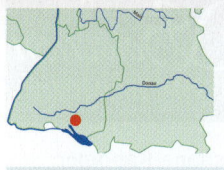

Gerbehof

LandSelection-Tipp: Fundgrube für kleine und große Ritter

Ihre markante Ansicht hoch über dem Bodensee macht die Meersburg zu einem bekannten Wahrzeichen der Region. Der zur Burg gehörende Rittershop ist eine wahre Fundgrube für „Ritterfans": Schwerter, Zinn- und Ritterfiguren für Kinder und ganze Rüstungen finden sich im Museumsladen. Und natürlich jede Menge Literatur über die Ritterzeit. Kinderholzschwerter und Schilde werden auf Wunsch sogar mit dem Namen des kleinen Ritters beschriftet.

In der Ferne ragen dunkel die Bergketten der Alpen auf, aber das anmutige Hügelland rund um den Bodensee verwandelt sich im Frühjahr in ein leuchtendes Blütenmeer. Nahe der Ortschaft Ailingen liegt am Waldrand der Gerbehof, umgeben von Wiesen und Obstplantagen. Besonders Familien mit Kindern finden hier alles, was zu einem Bauernhofurlaub gehört: Wo morgens der Hahn kräht und im Stall schon die Frühstückseier liegen, wo Enten ihre Runden auf dem Teich drehen, Ponys sich auf kleine Reiter freuen und Hasen, Katzen und Hunde auf Streicheleinheiten warten, bleibt kaum Zeit, auch noch den Spielplatz und die vielen Spiel-

hwarzwald

Land Selection
EUROPAS SCHÖNSTE FERIENHÖFE

Ursula Wagner
Pension Gerbehof
88048 Friedrichshafen-
   Ailingen
Tel.: 0 75 41/5 00 20
Fax: 0 75 41/50 02 50
www.gerbehof.de
info@gerbehof.de

Bauernhof in Einzellage

- Wintergarten
- Gastpferdeboxen und -koppeln, Sandplatz mit Flutlicht, Reithalle
- Reitstunden u. Westernreitkurse auf Anfrage, Ponyreiten u. Kutschfahrten
- Oldie-Traktorfahrten
- Luftgewehrschießen
- gemeinsames Basteln und Spielen
- Abenteuerspielplatz, viele Tretfahrzeuge
- Spaghettiessen für Kinder
- Babysitten mögl., Kinderservice
- **Ziegenpeterservice**
- **Tischlein deck' dich**
- Vermietung der Zimmer von Februar bis November, Ferienwohnungen ganzjährig
- Ab-Hof-Verkauf von Wurst, Fleisch, Eiern, Äpfeln, Apfelsaft, Most und Schnaps
- 2006 Eröffnung des Kleinen Landhotels

sachen zu erobern. Kleinen und großen Gästen werden Grillfeste, gesellige Abende am Kamin, Reitstunden (auch Westernreiten) und Kutschfahrten geboten.
Der Bodensee mit seinem Naturbadestrand liegt ganz in der Nähe und lässt sich nicht nur auf Wanderwegen umrunden, sondern auch bei Bootsfahrten oder – aus der Vogelperspektive – bei einer abenteuerlichen Ballonfahrt.
Das Zuhause von Käpt'n Blaubär im nahe gelegenen Freizeitpark, historische Städte wie Lindau oder Konstanz und die Blumeninsel Mainau bieten Ausflugsziele in Hülle und Fülle. Möchten die Eltern die Gegend mal ohne ihre Sprösslinge erkunden, können diese auch mal unter der Obhut der liebevollen Gastgeber auf dem Hof bleiben.

Preise ab EUR

Wohneinheit	FeWo	Zimmer
Ü	65-80	
qm	55-80	
Ü/EZ/F		60
Ü/DZ/F		110
10 Betten		

Zwischen Bodensee und

Gutshof Badhütten

**LandSelection-Tipp:
Drei Länder aus der Vogelperspektive sehen!**

Der Pfänder (1064m) nahe Bregenz, dessen Gipfel mit einer Panorama-Gondel bequem erreichbar ist, bietet einen unvergleichlichen Rundblick über den gesamten Bodensee und 240 Alpengipfel Österreichs, Deutschlands und der Schweiz. In der dazugehörigen Adlerwarte gibt es eine spektakuläre Greifvogel-Flugschau und der Alpenwildpark lädt zu vielerlei Erkundungen ein. Der Pfänder ist außerdem ein Paradies für Mountainbiker und Wanderer!

Die Bodenseegegend ist mit den hübschen Orten und dem atemberaubenden Blick über den See zu den Alpen von der Natur besonders reich beschenkt.
Nur fünf Minuten vom nördlichen Seeufer entfernt, aber weit genug, um vom Trubel nichts mitzubekommen, liegt der Gutshof Badhütten. Ein kleines verkehrsfreies Tal, durch das ein idyllischer Fluss fließt, in dem geangelt werden kann, Obstgärten, Hopfenfelder, Wiesen und ein hofeigenes Erlebnisschwimmbad geben den Rahmen für eine ganz besondere Ferienidylle.
Den Mittelpunkt des denkmalgeschützten Ensembles bildet das

Schwarzwald

Land Selection
EUROPAS SCHÖNSTE FERIENHÖFE

Martha Köhn-Späth
Gutshof Badhütten
Badhütten 1
88069 Tettnang
Tel.: 0 75 43/9 63 30
Fax: 0 75 43/96 33 15
www.gutshof-camping.de
gutshof.camping@t-online.de

Biolandbetrieb mit Pferdehaltung

Gutsgasthaus mit seinem Biergarten. Hier wird eine feine, traditionelle Küche mit handgemachten Zutaten geboten.
Ein neu gebautes Gästehaus beherbergt komfortable Ferienwohnungen, die keine Wünsche offen lassen.
Man kann sich im Gutsgasthaus voll verpflegen lassen oder die Zutaten für die Mahlzeiten im gutseigenen Laden erwerben. Wahrscheinlich werden hier alle Ferien zu kurz sein, um die vielfältigen Möglichkeiten auszuprobieren: Reiten, Wandern, Rad fahren, Schwimmen, Faulenzen, den Spielplatz erkunden, die vielen Tiere streicheln, im Fluss angeln…

- historisches Gutsgasthaus, abseits der Straße
- Frühstücksraum im Gewölbe
- feine, traditionelle Küche
- 10 Quarter Horses
- Reithalle
- Reitunterricht
- Ponyreiten
- Kinderkino
- tropisches Erlebnisbad mit breiter Wasserrutsche
- Streicheltiere
- Massagen und Fußpflege
- in der Hauptsaison kommt 3-mal pro Woche der Artz
- **Tischlein-deck-dich**
- Hof-Supermarkt
- selbstgezogene Pflanzen
- selbstgemachte Nudeln

Preise ab EUR

Wohneinheit	**FeWo**
Ü	50-120
qm	38-85
Frühstücksbufett	10
HP	a la Carte

8 Wohnungen, 33 Betten

Bodensee – Bauernhof-Cafés

Bauernhof-Cafés

Hauber
Im Rain 15, 88079 Kressborn-Betznau,
Tel. 0 75 43/89 39, Fax 0 75 43/5 05 264

Kulturdenkmäler

Pfunger Ried
Wilhelmsdorf, Riedlehrpfad mit Naturschutzzentren

Wutachschlucht
(Naturschutzgebiet)

Wasserfälle bei Triberg

Schluchsee
größter Schwarzwaldsee

Hofgut Schleinsee
Kressbronner Hinterland (Bodenseenähe)

Freilichtmuseen

Kaiserstühler Weinbaumuseum
79235 Vogtsburg-Achkarren,
Tel. 0 76 62/8 12 43,
Öffnungszeiten: Sonntag vor Ostern bis 1. November, Di. bis Fr. 14 bis 17 Uhr, Sa/So 11 bis 17 Uhr

Rolands Historische Bulldog- und Traktorensammlung
Alphof, 79780 Stühlingen,
Tel. 0 77 44/51 93,
Öffnungszeiten: ständig geöffnet

Sammlung Lochmühle
78253 Eigeltingen, Tel. 0 77 74/70 86,
Öffnungszeiten: täglich

Freilichtmuseum Neuhausen ob Eck (opp Egg)
78579 Neuhausen ob Eck,
Tel. 0 74 67/13 91,
Öffnungszeiten: 1.4. bis 31.10. täglich außer montags 9 bis 18 Uhr

Bauernhaus-Museum
Fischergasse 29, 88364 Wolfegg,
Tel. 0 75 27/63 00,
Öffnungszeiten: 1.4. bis 1.11. täglich außer montags 10 bis 12 und 14 bis 17 Uhr, sonntags 10 bis 17 Uhr, 15.6. bis 15.9. täglich 10 bis 18 Uhr

Kreisfreilichtmuseum Kürnbach
Griesweg 30, 88427 Bad Schussenried,
Tel. 0 75 83/24 48,
Öffnungszeiten: Mai bis September werktags 9 bis 18 Uhr, sonn- u. feiertags 11 bis 18 Uhr, März, April,

Kulturdenkmäler, Freilichtmuseen, Bauerngärten

Oktober u. November 10 bis 17 Uhr, sonn- und feiertags 11 bis 17 Uhr. Montags außer an Feiertagen Ruhetag

🏠 Schwäbisches Bauernhofmuseum
Illerbeuren, Museumstraße 8, 87758 Kronburg, Tel. 0 83 94/14 55, Öffnungszeiten: 1.3. bis 31.3. von 10 bis 16 Uhr, 1.4. bis 15.10. von 9 bis 18 Uhr, 16. 10. bis 30. 11. von 10 bis 16 Uhr, 1.12. bis 6.1. (nur Sonderausstellung) von 13 bis 17 Uhr, 7.1. bis 28.2. sowie montags geschlossen (außer an Feiertagen)

🏠 Rupertiwinkler Bauernhofmuseum
Hof 1, 83417 Kirchanschöring, Tel. 0 86 85/4 69, Öffnungszeiten: 15. Mai bis 30. September Samstag und Sonntag 11 bis 17 Uhr, Juli/August zusätzlich mittwochs 12 bis 16 Uhr

🏠 Freilichtmuseum Massing
Steinbüchl 5, 84323 Massing, Tel. 0 87 24/96 03-0, Fax O 87 24/96 03-66

🏠 Bauernhausstraße im Bodenseekreis
Pestalozzistraße 5, 88677 Markdorf, Tel. 0 75 44/81 36, Start von Friedrichshafen oder Überlingen

🏠 Schwarzwälder Milchstraße
Aktion von 28 Milchviehbetrieben in Zusammenarbeit mit dem Landfrauenverband Südbaden und dem Naturpark Südschwarzwald, Tel. 07 61/2 71 33-28

🏠 Haupt- und Landgestüt Marbach
72532 Gomadingen-Marbach (Reutlingen), Tel. 0 73 85/9 69 50, Hengstparaden im September/Oktober, ältestes staatliches Gestüt Deutschlands

Bauerngärten

🍀 Die Blumeninsel Mainau
im Bodensee gilt als der meistbesuchte öffentliche Garten Deutschlands. 78465 Insel Mainau, Tel. 0 75 31/30 30, Öffnungszeiten: täglich 9 bis 18 Uhr

Vergleichsweise spät entdeckte der Tourismus die Vorzüge des östlichen Teil Bayerns. Entsprechend ruhig und ursprünglich zeigen sich der Bayerische Wald und unterbayerische Hügelland im Süden. Hier lassen sich bayerische Lebensart, Natur, Kunst und Kultur fernab von Massentourismus genießen.

Beiderseits der bayerisch-tschechischen Grenze verläuft das größte Waldgebiet Mitteleuropas. Der Bayerische Wald ist sein Kernstück, eine beeindruckende Waldlandschaft mit mächtigen Tannen, Buchen und Fichten, die im südlichen Teil ihren Urwaldcharakter erhalten hat. Uralte Baumriesen, steile Felshänge und mächtige Granitblöcke, ursprüngliche Flusstäler und abgeschiedene Bergseen machen den Reiz dieser Landschaft aus. Dazu gesellen sich Tierarten wie Fischotter, Luchs und Auerhahn.

Das raue Klima dieser Gegend sorgt im Winter für eine hohe und lang anhaltende Schneedecke. Dann werden die abwechslungsreichen Wanderrouten und Lehrpfade durch weitläufige Skirouten ergänzt und der Wintersport-Tourismus blüht auf. Besonders am Großen Arber, dem mit 1457 Meter höchsten Berg des Bayerischen Waldes, zu seinen Füßen Große Arbersee.

> Gott mit dir, du Land der Bayern,
> deutsche Erde, Vaterland!
> Über deinen weiten Gauen
> ruhe seine Segenshand!
> Er behüte deine Fluren,
> schirme deiner Städte Bau
> Und erhalte dir die Farben
> Seines Himmels, weiß und blau!
>
> Bayernhymne

Bayrischer Wald / Oberbayern

Eine natürliche Grenze bildet im Südwesten die Donau, die gelegentlich – wie beim Donaubruch zwischen Weltenburg und Kehlheim – ihre ganze Kraft zeigt: Dort ist eine spektakuläre Flusslandschaft entstanden.

Südlich der Donau ist in weiten Teilen Bauernland und Hopfengebiet. In ländlichen Kirchdörfern hat die Brauchtumspflege einen hohen Stellenwert. Über das ganze Jahr verteilt finden daher traditionelle Feste statt.

Das Werdenfelser Land zwischen Murnau und Garmisch-Partenkirchen gehört zu den schönsten Ecken Oberbayerns. Und die Alpen sind nah: Eine Fahrt mit der Zahnradbahn auf die Zugspitze ist für viele die Krönung ihres Urlaubs.

Eine weitere Bilderbuchlandschaft blüht rund um den Chiemsee. Am Chiemsee selbst herrscht dank der ausgezeichneten Wassersportmöglichkeiten und der berühmten Inseln Herrenchiemsee und Fraueninsel ein großer Besucherandrang. Außerhalb der Hauptsaison entfaltet sich der idyllische Charme der Fraueninsel dann in ungestörter Pracht. Im Chiemgau geht es ruhiger und ursprünglicher zu: Urige Bauerndörfer und große Einzelhöfe bestimmen wie zu alten Zeiten das Bild. Urlaub auf dem Bauernhof hat hier eine lange Tradition.

Lebendig blieb in Oberbayern auch altes Brauchtum, wie beispielsweise die „Stumme Prozession" in Vilgertshofen, die Leonhardifahrt in Bad Tölz oder die Fastnachtsbräuche in Garmisch-Partenkirchen oder Mittenwald.

Vom Bayerischen Wald nach

Hof Stadler

**LandSelection-Tipp:
Das „Grüne Gold" Bayerns**

Das würzige Aroma von Hopfen riechen, im interaktiven Hopfenroulette um „Reichtum oder Ruin" spielen, Hand anlegen an schwere Arbeitsgeräte – mit allen Sinnen kommen die Besucher im Deutschen Hopfenmuseum mit Hopfen in Berührung. Riechen, sehen, hören, schmecken, fühlen kann man dort die Faszination der „bayerischsten" aller Pflanzen. Denn um Hopfen (und um das Bier) dreht sich alles in der Hopfenmetropole Wolnzach, inmitten der Hallertau, dem größten Hopfenanbaugebiet der Welt.

Sich einfach fallen lassen, Entspannung erleben – auf dem Hof Stadler findet jeder Gast seine innere Mitte: im Hopfenbad relaxen, in der Entspannungsoase loslassen, bei einer guten Aromamassage, einer Kneipp-Anwendung oder einer kosmetischen Fußpflege die Zeit genießen oder nach der Sauna im Wasserbett gemütlich einen frisch aufgebrühten Kräutertee trinken. Hier findet der Gast wieder zu sich selbst und erlebt, wie der eigene Körper ganz und gar im Einklang mit den Elementen ist!
Der Hof Stadler befindet sich seit hundert Jahren im Familienbesitz. Von Abenteuer bis Wellness bietet er eine Reihe an Angeboten um den

Oberbayern

Land Selection
EUROPAS SCHÖNSTE FERIENHÖFE

Anneliese u. Rudolf Stadler
Hof Stadler
Dorfstraße 15
84106 Großgundertshausen
Tel.: 0 87 54/91 00 20
Fax: 0 87 54/91 00 21
www.stadler-hof.de
www.gesundheitsoase-bauernhof.de
info@stadler-hof.de

Urlaub perfekt zu gestalten. Vor allem aber wird Wert auf die Gesundheit gelegt, was morgens schon mit dem Bio-Frühstücksbuffet beginnt. Auch gibt es einen Ab-Hof-Verkauf im eigenen Hofladen mit Hopfenprodukten und Erzeugnissen aus der Holledau. Bei der Herstellung kann und darf zugeschaut werden.

Wer selbst einen Hopfenkranz winden möchte, hat die Möglichkeit, dies hier zu lernen.

Wer sich körperlich in Form bringen möchte kann sich im Pool, beim Beach-Volleyball oder auf dem Riesentrampolin austoben. Oder wie wäre es mit einem Golfschnupperkurs?

Die Umgebung lädt zum Wandern ein. Wer nicht gerne zu Fuß geht, genießt den Ausflug in der Kutsche.

- Wellnesstage
- fachl. qualifiziertierte Kosmetik
- Fußpflege • Ayurveda
- Basenbäder nach Jenschura
- Spezialmassagen
- Frühstücksbuffet mit Bioprodukten
- Tagungsräume • Seminare
- finnische Kota
- Familienprogramm mit Picknick
- Grillabende • Lagerfeuer
- Swimmigpool • Trampolin
- **Tischlein deck' dich**
- **Ziegenpeterservice**
- Ab-Hof-Verkauf von hausgemachten Produkten

Preise ab EUR	
Wohneinheit	FeWo
Ü	34–50
qm	35–60
12 Wohnungen, 40 Betten	

Vom Bayerischen Wald nach

Landgut Tiefleiten

LandSelection-Tipp:
Im und um den Silberberg

Viele Attraktionen machen den Silberberg zu einem unvergesslichen Erlebnis für die ganze Familie. Bei einer Tour durch das historische Besucherbergwerk werden die Besucher tief in das Innere des Silberberges geführt, wo mehr als 60 verschiedene Mineralien verborgen sind. Wieder oben angekommen, runden mehrere Streichelzoos, eine 600 m lange Sommerrodelbahn und spannende Spielplätze den interessanten und abwechslungsreichen Besuch auf dem Silberberg ab!

Nahe dem kleinen Ort Breitenberg schlängelt sich ein kristallklarer Bach in einem Wiesengrund und bildet die Kulisse für das 200-jährige Landgut Tiefleiten.
Das baubiologisch restaurierte Gehöft beherbergt sehr gemütliche 5-sterne-Appartements und Ferienwohnungen, die ihresgleichen suchen. Durch die Kombination alter, rustikaler Bauernmöbel und neuer Landhausmöbel, strahlt das gesamte Landgut einen besonderen Charme ländlichen Wohnens mit viel Liebe zum Detail aus.
Lauschige Eckchen laden zum Entspannen ein, Kosmetik und Massagen gibt's im Studio Cosmea. Wellness, Kneipp und Sauna versprechen

Oberbayern

Land Selection
EUROPAS SCHÖNSTE FERIENHÖFE

**Hedwig
Hemmerlein-Kohlmünzer
Landgut Tiefleiten
Tiefleiten 16
94139 Breitenberg
Tel.: 0 85 84/18 19
Fax: 0 85 84/18 43
www.Landgut-Tiefleiten.de
info@landgut-tiefleiten.de**

Kneipp-Gesundheitshof

- großer Aufenthaltsraum mit Kachelofen • Vollwert- u. vegetarische Küche, regionale Gerichte mit Produkten aus kontrolliert biologischem Anbau (kbA)
- Ernährungsberatung • für Selbstversorger: „Grüne Kiste" mit Produkten aus kbA • Frühstücksraum mit Terrasse • Tagungsräume
- Kreatives und Meditatives
- Kosmetik, Massagen • Kräuterwanderungen und Anwendungen
- Reitplatz (Unterricht mögl.)
- Grillabende • Wanderrückholdienst mögl. • im Winter: Loipe 1000 m, Lift 10 km • Familienskigebiet Hochficht • Nordischer Skisport vor Ort **Tischlein deck' dich • Ziegenpeterservice** • Pauschalangebote: Herzblatt- und Familienwoche, Wellnesstage, Fasten
- Ab-Hof-Verkauf von Marmelade und Eiern

ebenso Erholung wie der liebevoll angelegte Badeteich.
Vom Kaffeeklatsch in fröhlicher Runde, über ein flottes Tennismatch, T-Shirts bemalen bis hin zum gemeinsamen Spieleabend ist hier alles möglich.
Auch die Küche lockt mit Köstlichkeiten aus der Region, mit Produkten aus kontrolliert biologischem Anbau.
Kinder finden jede Menge Freiraum zum Reiten, Toben und Spaß haben und jede Menge Spielgeräte.
Im Winter laden tief verschneite Wälder und Wiesen zum Winterwandern, Schlitten fahren oder zu abenteuerlichen Schneeballschlachten ein. Dabei bietet das Langlaufzentrum Loipen für alle. Die kalten Nasen wärmt man sich bei Punsch und Jagatee am Kachelofen.

Preise ab EUR

Wohneinheit	FeWo
Ü Saisonpreise	36–89
qm	35–75

26 Betten

Vom Bayerischen Wald nach

Hagerhof

LandSelection-Tipp: Zu Besuch auf der Raubritterburg

Kurz vor der Mündung der Traun in die Alz grüßt die Felsenhöhlenburg Stein weit ins Chiemgauer Land. Mit der geheimnisvollen Höhlenburg untrennbar verbunden ist Heinz von Stein. Man stellt sich ihn als Blaubart mit kühnem Schnapphahn vor, der ein solch frevelhaftes Leben führte, dass er nicht in geweihter Erde ruhen durfte. Die Besucher wandeln beim Besuch der Höhlenburg auf den Spuren der tragischen Geschichte dieser historischen Sagengestalt.

Insel der Ruhe – Mit Herz und allen Sinnen

Sie bewohnen ein romantisches, einzigartiges Bauernhaus mit historischen Wurzeln.

Ganz in der Nähe des Chiemsees, eingebettet in eine phantastische 17-Seen-Landschaft, wurde der Hof vollständig neu erbaut. Entspannen Sie sich in einer der fünf urgemütlichen 5-Sterne-Ferienwohnungen mit echten Chiemgauer Bauernstuben, historischen Kachelöfen, massiven Holzdecken, märchenhaften Gewölben und handgearbeiteten Möbeln.

Jede der Traumwohnungen hat zwei oder drei Schlafzimmer mit ausgefallenen, kuscheligen Schlafwelten.

Oberbayern

Land Selection
EUROPAS SCHÖNSTE FERIENHÖFE

Augustin Pfaffenberger
Hagerhof
Meisham 36
83125 Eggstätt
Tel.: 0 80 56/5 39
Fax: 0 80 56/15 13
www.hagerhof-chiemsee.de
info@hagerhof-chiemsee.de

Neben dem märchenhaften Ambiente bieten die Gastgeber in jeder Wohnung modernste Ausstattung, wie Spülmaschine, Mikrowelle, DSL-Anschluss, Telefon, SAT-TV, DVD-Player, CD-Radio und MP3, vollautomatische Wohnraumbelüftung und weitere Annehmlichkeiten.
Hier wird nicht nur auf Komfort und Zweckmäßigkeit Wert gelegt, das Wohnen selbst wird zum Erlebnis! Der Hof glänzt auch durch eine hauseigene Sauna mit verschiedenen Wellnessangeboten. Sie dürfen Geborgenheit spüren und zur eigenen Herzensruhe finden. Wer Lust auf Sport hat, wird sich z.B. an den nahe gelegenen Golfplätzen erfreuen.

- mittelalterlicher Gewölbekeller mit Feuerstelle für gesellige Abende
- Aufenthaltsraum
- Frühstücksservice
- Semmelservice
- Hauswäscheservice
- Kleinkinderausstattung
- Kinderspielraum
- Abenteuerspielplatz
- Liegewiese
- Sauna
- Wellnessangebote
- Waschmaschine, Trockner
- Golfplätze in der Nähe
- Loipe am Haus
- Kuhstall mit Milchvieh
- Verkauf selbst erzeugter Produkte

Preise ab EUR

Wohneinheit	FeWo
Ü/2-4 Pers.	63-171
qm	40-75

jede weitere Pers. 12,60-27

5 Wohnungen, 25 Betten

Vom Bayerischen Wald nach

Blaslhof

LandSelection-Tipp: Auf „MuSeentour" im Blauen Land

Im Buchheim-Museum in Bernried wird die künstlerische Entwicklung der „Brücke"-Maler bis in die 1920er Jahre dokumentiert, das Kocheler Museum legt seinen Schwerpunkt auf die Bilder von Franz Marc. Im Schlossmuseum Murnau werden Einzelwerke des „Blauen Reiters" und die umfangreichste öffentliche Präsentation von Werken Gabriele Münters gezeigt. Das Murnauer Haus, in dem Kandinsky und Münter von 1908 - 1914 wohnten, gibt Einblick in Leben und Werk der Künstler.

Das Werdenfelser Land ist eine der harmonischsten Landschaften des Voralpenraumes. Seltene Tier- und Pflanzenarten sind in seinen hügeligen Wäldern, Wiesen und Mooren beheimatet. Am Horizont ragt die imposante Gebirgskette von der Benediktinerwand bis zu den Allgäuer Alpen empor.

In dieser reizvollen Umgebung liegt der Blaslhof mit seinen urgemütlichen baubiologisch eingerichteten Ferienwohnungen. Eine Großfamilie mit vielen vierbeinigen Freunden lädt Sie herzlich ein, das Leben im Einklang mit der Natur zu erproben. Dazu gehört nicht nur artgerechte Tierhaltung und extensive Bewirtschaftung, sondern auch die Arbeit

Oberbayern

selbst. Der Alltag auf dem Bauernhof mit seinen Tieren verlangt immer wieder aufs Neue viel Aufmerksamkeit und Feingefühl.
Ein neuer Abenteuerspielplatz mit großem Spielhaus, Rutsche, Klettergerüst, Seilbahn, Springmatten und anderen Geräten lädt die Kinder zum Spielen und Toben ein. Es kann gewandert, geritten, Kutsche gefahren oder den Erzählungen des Bauern beim Lagerfeuer gelauscht werden. Ein ganz besonderes Erlebnis ist auch die Märchenbühne von Bauer Sepp. Jedes Jahr wird im Theaterstadl ein selbst geschriebenes Puppenspiel aufgeführt. Die naturnahe Erholung und die herzliche Gastfreundschaft lassen auf dem Blaslhof neue Werte entdecken und frische Kraft für Leib und Seele schöpfen.

Land Selection
EUROPAS SCHÖNSTE FERIENHÖFE

Familie Taffertshofer
Blaslhof
Kalkofen 10
Gemeinde Uffing
82449 Schöffau
Tel.: 0 88 46/2 24
Fax: 0 88 46/81 48
www.blaslhof.de
info@Blaslhof.de

Biologisch bewirtschafteter Bauernhof

- Hoftaverne
- Reitkurse einmal anders
- geführtes Ponyreiten
- viel Platz zum Spielen, Grillen, im Stroh verstecken
- Obst-Liegewiesen
- Bauer Sepps Märchenbühne im Theaterstadl – auch auf Tournee
- im Winter: Loipe, Schlittschuhlaufen
- Lagerfeuer mit Abenteuergeschichten von Bauer Sepp
- Spielhaus – Abenteuerspielplatz
- Kinderermäßigung
- Streicheltiere
- **Tischlein deck' dich**
- **Ziegenpeterservice**
- Badesee in 6 km
- Skilifte 2 km
- Camping auf dem Bauernhof
- Übernachten im Heu
- 2 Hütten – Preise auf Anfrage

Preise ab EUR

Wohneinheit	FeWo	Zimmer
Ü/3 Pers.	74	27-29.
qm	60-65	22-24

jede weitere Pers. 8,80 zusätzl.
bis 3 Tage Aufpreis
24 Betten

Bayerischer Wald – Kulturdenkmäler

Kulturdenkmäler

Nationalpark Bayerischer Wald
Freyungenstr. 2, 94481 Grafenau,
Tel. 0 85 52/96 00-0, Urwald- und
Eiszeit-, Bergbach-Lehrpfad, Waldschule
Seelensteig

Bayerisches Moor- und Torfmuseum
Rottau, Samerweg 8, 83224 Grassau-Rottau, Tel. 0 86 41/21 26,
Öffnungszeiten: Mitte Mai bis
Mitte Oktober samstags ab 14 Uhr,
Sonderführungen auf Anfrage

Höhlenmuseum Frasdorf
Schulstraße 7, 83112 Frasdorf,
Tel. 0 80 52/17 96 25,
Öffnungszeiten: Juli/August jeweils
Donnerstag 18 bis 20 Uhr, Sonntag
16 bis 18 Uhr, sonst an jedem letzten
Sonntag im Monat 16 bis 18 Uhr oder
auf Anfrage

Freilichtmuseen

Museumsdorf Bayerischer Wald
94104 Tittling-Dreiburgensee,
Tel. 0 85 04/84 82,
Öffnungszeiten: ganzjährig geöffnet,
Hauptsaison: Palmsonntag bis Ende
Oktober 9 bis 17 Uhr, Nebensaison:
November bis Palmsonntag

> Wussten Sie, dass
> auf einem Hektar einer *Wiese* so viele
> *Regenwürmer* und sonstige *kleine
> Bodentiere* leben, die dem Gewicht
> von zwei ausgewachsenen Milchkühen
> entsprechen?

Webereimuseum auf dem Bauernhof
94139 Breitenberg,
Tel. 0 85 84/96 18 16,
Fax 0 85 84/96 18 26,
Öffnungszeiten: April bis Oktober
mittwochs und samstags von 14 bis
16.30 Uhr, Mai bis September täglich
von 14 bis 16.30 Uhr, für Gruppen nach
Vereinbarung jederzeit geöffnet

Freilichtmuseum Finsterau
94151 Mauth, Tel. 0 85 57/2 21,
Öffnungszeiten: 16.12. bis 30.4.
13 bis 16 Uhr, Mai bis September
9 bis 18 Uhr, Oktober 9 bis 16 Uhr,
montags außer an Feiertagen geschlossen

Niederbayerisches Landwirtschaftsministerium
Schulgasse 2, 94209 Regen,
Tel. 0 99 21-57 10,
Öffnungszeiten: ganzjährig täglich von
10 bis 17 Uhr

Bauernhausmuseum
(Bezirk Oberbayern)
Im Hopfgarten, 83123 Amerang,
Tel. 0 80 75/8 10,
Öffnungszeiten: Mitte März bis Mitte
November täglich 9 bis 18 Uhr, außer
montags

Freilichtmuseum Großweil
(Bezirk Oberbayern), 82439 Großweil,
Tel. 0 88 41/10 95,
Öffnungszeiten: April bis Oktober täglich
außer montags 9 bis 18 Uhr, November
nur samstags u. sonntags 10 bis 17 Uhr

Freilichtmuseen, Bauerngärten

Freilichtmuseum Massing
84323 Massing, Tel. 0 87 24/16 61,
Öffnungszeiten: April bis Oktober
10 bis 12 u. 13 bis 17 Uhr, November,
Dezember, März 12 bis 16 Uhr,
montags geschlossen

Bayerisches Brauereimuseum Kulmbach
Hofer Straße 20, 95326 Kulmbach,
Tel. 0 92 21/80-510
Waldgeschichtliches Museum St. Oswald
Glasmuseen in der Umgebung

Freilichtmuseum Glentleiten
An der Glentleiten 4, 82439 Großweil,
Tel. 0 88 51/1 85-0,
Öffnungszeiten: April Ende Oktober
dienstags bis sonntags 9 bis 18 Uhr,
Juli, August sowie an Feiertagen auch
montags geöffnet

Bauernhofmuseum des Bezirkes Oberbayern
Im Hopfgarten 2, 83123 Amerang,
Tel. 0 80 75/91 50 90,
Öffnungszeiten: Mitte März bis Anfang
November täglich 9 bis 18 Uhr, außer
montags

Bauernhausmuseum „Mörner" Kienberg
83361 Kienberg, Tel. 0 86 28/7 58,
Führungen nach telefonischer Anmeldung

Rupertiwinkler Bauernhofmuseum
Hof 1, 83417 Kirchanschöring,
Tel. 0 86 85/4 69,
Öffnungszeiten: 15. Mai bis 30. September Samstag und Sonntag 11 bis
17 Uhr, Juli/August zusätzlich mittwochs
12 bis 16 Uhr

Schnaps-Museum Reit im Winkl
83242 Reit im Winkl,
Tel. 0 86 40/79 77 66, Öffnungszeiten:
1. Mai bis 31. Oktober montags bis
freitags 10 bis 18 Uhr, samstags 10 bis
13 und sonntags 13 bis 16 Uhr,
20. Dezember bis 30. April montags bis
freitags 10 bis 17 Uhr, samstags 10 bis
13 und sonntags 13 bis 16 Uhr

F 83361 Kienberg, Tel.
0 86 28/7 58, Führungen nach telefonischer Anmeldung

Ziegel- und Kalkmuseum mit Bodenlehrpfad „Donau-Wald"
Flintsbach, 94577 Winzer,
Tel. 0 85 45/9 10 45,
Öffnungszeiten: April bis Oktober sonn- und feiertags 10 bis 17 Uhr, mittwochs
und samstags 13 bis 17 Uhr sowie nach
Vereinbarung

Brauereimuseum im Hofbräuhaus Traunstein, Hofgasse 6–11,
83278 Traunstein, Tel. 08 61/9 87 70,
Öffnungszeiten: jeden Mittwoch 14 bis
16 Uhr, Sonderführungen nach Vereinbarung

Bauerngärten

Rosi Neef
Gundelsheim, Tel. 0 98 34/9 68 37

Kräutergarten
Paul Freund, Lichtenau 8,
94160 Ringelai, Tel. 0 85 55/81 21

Atemberaubende Alpenlandschaften, Tausende von Badeseen, Wiener Schnitzel und Kaiserschmarren, Kulturschätze aus allen Epochen – es gibt viele Gründe, die Österreich zum klassischen Ferienland gemacht haben.

Der unglaublichen Vielfalt von Landschaft und Kultur entspricht die breite Palette an Freizeitmöglichkeiten und zwar zu jeder Jahreszeit. Im Winter werden die Alpen zum Paradies für Wintersportler, in den übrigen Jahreszeiten haben Wanderer die Wahl zwischen sämtlichen Schwierigkeitsgraden: von der leicht zu bewältigenden Wanderung durch die grünen Hügel des Voralpenlandes bis zu hochalpinen Bergtouren. Wer sich in abgelegene Gegenden begibt, trifft vielleicht auf Gämsen, Steinböcke und Murmeltiere und sammelt bei einer romantischen Hüttenübernachtung unvergessliche Eindrücke. Im Sommer zieht es Wassersportler und Badelustige an die vielen warmen und glasklaren Badeseen. Neben traditionellem Segeln, Surfen und Wasserski sind in manchen Orten neuerdings auch diverse Fun-Sportarten im Programm. Dazu locken die Gebirgsflüsse Wagemutige zum Rafting oder gar Canyoning an. Und natürlich sind die Alpen ein ideales Gelände für Drachen- und Gleitschirmflieger, denen außer einem gewissen Nervenkitzel einmalige Ausblicke auf das Alpenpanorama geboten werden.

> **Sei mir gegrüßt, mein Österreich, du herrlich blühender Gottesgarten, mit deinen Fluren Eden gleich, mit deiner Berge ewgen Warten.**
> Franz Liszt

Österreich

Auch im Frühling und Herbst ist in Österreich Saison. Der Frühling ist die romantische Jahreszeit mit blühenden Obstbäumen und Wiesen, der Herbst die Zeit des Almabtriebs und der Bauernmärkte mit den zugehörigen Brauchtumsfesten. Spätestens jetzt gibt es Gelegenheit, die Schmankerl der ländlichen Küche zu probieren.

Kultureller Höhepunkt des Salzburger Landes ist die Stadt Salzburg selbst. Erinnerungen an Mozart sowie die Salzburger Festspiele prägen das Bild der alten Bischofsstadt.

Das Salzburger Land ist das Land der Berge und der Seen. Heute haben Urlauber die Qual der Wahl zwischen großen und vielen kleineren Seen, die ruhige Stunden möglich machen.

An den Wochenenden suchen die Wiener zu Tausenden Natur und Erholung in den verschiedenen Landstrichen Niederösterreichs: im herben Waldviertel oder im lieblichen Weinviertel, in der romantischen Wachau oder im weitläufigen Wienerwald.

Tirol ist Österreichs beliebtestes Urlaubsland. Es ist das Land der hohen Berge und der großen Täler und somit ein Dorado für Wintersportler und Wanderer. Ein Prozent der Landesfläche sind Skipisten. Auf die Wanderer warten allein 3500 Kilometer Höhenwanderwege. Hinzu kommen Hunderte von warmen Badeseen mit ausgezeichneter Wasserqualität, ein mildes Klima und mondäne Badeorte, so dass der Begriff „Österreichische Riviera" durchaus zutreffend ist.

Österreich

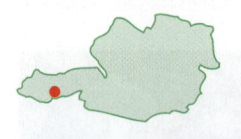

Ponyhof Wachter

LandSelection-Tipp: Anschnallen zum Abheben

Die Vorbereitung ist professionell: Pilotenweste anziehen, anschnallen, Daumen hoch, Abflug. Minuten später heißt es: Ohren anlegen, denn mit 80 km/h geht's zu Tal. Das ganze ist möglich mit dem „Fisser Flieger" – ein Fluggerät, einem Doppeldecker nicht unähnlich, das vier Passagiere aufnimmt und in acht bis 47 Meter Höhe über dem Boden „schwebt". Die Passagiere hängen in einem Drachenflieger-Gurt, der das Gefühl des freien Fluges vermittelt, aber dennoch optimale Sicherheit bietet.

In 1400 m Höhe auf der „Sonnenterrasse Tirols", unweit der Stadt Landeck, liegt der Ponyhof Wachter in Fiss, einem kleinen Bergdorf, das dank seiner freien Plateaulage über 2000 Sonnenstunden im Jahr verzeichnet.
Im Dorf stehen Bauernhäuser im rätoromanischen Baustil des 16. und 17. Jahrhunderts und auch der Ponyhof Wachter ist über 300 Jahre alt.
Die geräumigen Zimmer und Ferienwohnungen wurden mit modernem Komfort, viel Holz und einem offenen Auge für Tradition eingerichtet. Besonders in der Tiroler Bauernstube mit dem Kachelofen bekommt der Gast die warme Atmosphäre zu

Land Selection
EUROPAS SCHÖNSTE FERIENHÖFE

Resi und Ludwig Wachter
Ponyhof Wachter
Obere Dorfstr. 38
A-6533 Fiss
Tel.: 0043/54 76/64 19
Fax: 0043/54 76/6 41 98
www.pension-wachter.info
info@pension-wachter.info

spüren, die den Reiz alter Bauernhäuser ausmacht.
Auf die Kinder warten Ponys, Streicheltiere, ein Abenteuerspielplatz, eine Spielecke in der Diele, eine Spielhütte und vom Mini-Maxi-Club im Dorf ein buntes Programm für Kinder und Jugendliche. Spannend für alle ist der Bau von Wasserrädern.
Das dichte Wanderwegenetz führt bis auf 3.000 Meter in die Berge. Wer nicht gleich eine Gipfeltour machen möchte, sollte sich zumindest eine Trekkingtour mit den hofeigenen Lamas nicht entgehen lassen.
Abends kann man dann in der Sauna entspannen und einmal pro Woche gibt's einen gemeinsamen Grillabend im urigen Gartenhaus.

- Frühstücksbuffet mit Bioecke aus hofeigenen Produkten
- Spielhütte
- inkl. Mini-Maxi ab 5 Jahre
- Ponys und Streicheltiere
- Wasserräder bauen
- im Sommer Seilbahnbenutzung inklusive, im Winter Lift und Loipe in 500 m
- Badesee in 1,5 km
- **Ziegenpeterservice**
- **Tischlein deck' dich**
- Ab-Hof-Verkauf von Milch, Eiern, Kartoffeln, Erdbeeren und Marmelade

Preise ab EUR

Wohneinheit	FeWo	Zimmer
Ü/F Sommer		20-23
Ü/F Winter		34-37
Ü Sommer	35-75	
Ü Winter	70-140	

8 Wohnungen, 32 Betten

Österreich

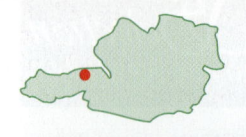

Landhaus Katharina

**LandSelection-Tipp:
Wie kommen die Löcher in den Käse?**

In der Zillertaler Schaukäserei wird die naturbelassene Almmilch auf traditionelle Art und Weise zu Käse verarbeitet. Die Besucher sehen dem Käsemeister über die Schulter und erleben den Arbeitsalltag einer Sennerei hautnah und lebendig. Anschließend können die kulinarischen Gaumenfreuden, wie der „Hochfügener Almkäse", „Emmentaler" oder der „Zillertaler Schnittkäse", aus der abwechslungsreichen Speisekarte der Zillertaler Sennereiküche probiert werden.

Am Ortsrand von Fügen im Zillertal finden Urlauber im Sommer wie im Winter eine Idylle der besonderen Art: Der Familienbauernhof der Familie Hanser.
Im dort ansässigen Landhaus Katharina sind komfortable und moderne Gästezimmer mit Alpenblick, Familienappartements und Ferienwohnungen untergebracht.
Im großen Garten kann jeder tun und lassen, was er möchte: Sei es im Liegestuhl die grandiose Aussicht auf die Tiroler Bergwelt genießen, den Spielplatz und all die Tretfahrzeuge ausprobieren oder mit den hofeigenen Fahrrädern eine Tour planen.
Margret Hanser verwöhnt ihre

Land Selection
EUROPAS SCHÖNSTE FERIENHÖFE

Margret Hanser
Landhaus Katharina
Gagering 24
A-6263 Fügen
Tel.: 0043/52 88/6 42 71
Fax: 0043/52 88/6 30 92
www.landhaus-katharina.at
landhaus-katharina@aon.at

Bauernhof

- Zimmer mit Alpenblick
- komfortable Ferienwohnungen und Suiten
- Großer Garten
- Liegewiese
- Grillplatz
- Tischtennis
- Spielplatz mit Schaukel
- große Sandkiste
- Gokart, Kindertraktor
- Fahrräder gratis
- ein Reiterhof und zahlreiche Badeseen sind in der Nähe
- schneesichere Langlaufloipen
- Zubringer ab Haus in die Zillertaler Skigebiete gratis
- schnee- und lawinensichere Skigebiete im Tal

Gäste auf Wunsch mit einem reichhaltigen Frühstück und auch nachmittags wird für die Hungrigen ein leckeres Schlemmerbüfett geboten, so dass man den Alltag einmal richtig hinter sich lassen kann.
Neben einem nahegelegen Reiterhof und einigen Badeseen in der Nähe locken zahlreiche Ausflugsziele zum Wandern, Fahrrad fahren oder Klettern.
Und im Winter verzaubert sich das Zillertal in ein wahres, schneesicheres Winterparadies.
Ein Zubringer ab Haus bringt Sie gratis in die Zillertaler Skigebiete. Doch nicht nur die Skifahrer kommen in der märchenhaften Landschaft auf ihre Kosten.

Preise ab EUR

Wohneinheit	**FeWo**
alle Preise auf Anfrage	

2 Suiten, 2 Wohnungen, 8 Zimmer

Österreich

Lindenhof

**LandSelection-Tipp:
Lebendiger Bauernhof**

Lena ist schon vor dem Frühstück bei den Tieren – zusehen oder mithelfen beim Kühemelken, Kälberfüttern, die Eier direkt aus dem Stall holen. Nach dem Frühstück noch Ziegen und Hasen füttern oder gleich in das Tageserlebnis einsteigen: Einen der vielen Ausflugs- und Wandertipps zu Naturschönheiten und warmen Badeseen nutzen, eine Planwagenfahrt in den Wald zum Wildbach oder die Moorhexentour? Nach dem Ponyreiten wird beim Grillabend schon die nächste Tour beraten. Vielleicht nach Salzburg?

„Einen Augenblick gelebt im Paradiese." (Carl Zuckmayer): Das Salzburger Alpenvorland ist eine Landschaft voller eigenwilliger Kontraste aber paradiesisch schön.
Hier liegt der Lindenhof mit seinen rustikalen Ferienwohnungen, die alte bäuerliche Architektur mit modernem Komfort verbinden. Zum Anwesen gehört eine Spiel- und Liegewiese, wo man im Schatten einer uralten Linde dösen kann. Eine Idylle, in der sich Kühe, Hühner und viele Streicheltiere ganz tiergerecht frei bewegen können.
Die zauberhafte Landschaft lädt zu jeder Jahreszeit zu Planwagen-

**Familie Schober
Lindenhof
Brunn 7
A-5201 Seekirchen/Wallersee
Tel.: 00 43/62 25/79 30
          oder   82 95
Fax: 00 43/62 25/79 30
www.bauernhoferlebnis-
lindenhof.at
schober.lindenhof@aon.at**

Bio-Ferienbauernhof mit Milchkühen, Ponys, Katzen, Hasen

- Bilderbuch „Ferien auf dem Bauernhof" nach dem Vorbild des Lindenhofes • Video über die 10-teilige TV-Serie „Ferien auf dem Lindenhof" • Wanderungen mit den Bauersleuten zu versteckten Naturschönheiten
- Planwagen-Traktorfahrten
- Spielscheune • überdachtes Schwimmbecken im Sommer
- Spielplatz • Fahrradverleih
- Schlafen im Heu • viele Tiere zum Anfassen • Rodelhang
- Badesee in 2 km
- **Tischlein deck' dich**
- **Ziegenpeterservice**
- Staatspreis der Europäischen Umweltstiftung • Ab-Hof-Verkauf von Milch, Butter, Honig und Wein

fahrten und Wanderungen ein. Schwimmen im überdachten Schwimmbecken oder im Badesee (2 km) stehen auf dem Programm. Für die Radtour können Fahrräder am Hof ausgeliehen werden.

Salzburg ist ohnehin immer eine Reise wert und auch die Wunderwelt der Eisriesen sollte man sich nicht entgehen lassen.

Nach den Erlebnissen des Tages ist der Grillplatz mit dem jahrhundertealten Troadkasten ein beliebter Treffpunkt.

Eine Nacht im Heu rundet das Abenteuer ab. Ferien auf dem Lindenhof sind immer ein unvergessliches Bauernhoferlebnis.

Preise ab EUR

Wohneinheit	**FeWo**
Ü	34–74
qm	40–50
14 Betten	

Österreich

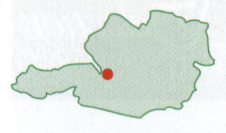

Familien-Erlebnishotel Moar-G[ut]

LandSelection-Tipp:
Erst zahlen,
dann weiterfahren!

In unmittelbarer Nähe der Gemeindegrenze zwischen St. Johann und Großarl klebt auch heute noch gleich einem Schwalbennest die „Alte Wacht" im Felsen. Das neben der Stegbachbrücke liegende Holzgebäude ist eine der letzten im Land Salzburg noch erhaltenen Maut– und Talsperren, stammt aus dem Jahr 1330 und ist ein Highlight eines jeden Besuches im Grossarltal. Heute braucht allerdings keiner mehr zu bezahlen!

Das Großarltal mit seinen 35 bewirtschafteten Almen, seinen saftigen Wiesen, seiner intakten Umwelt und der noch unberührten Natur lässt jedes Urlauberherz höher schlagen.

Das Familienhotel Moar-Gut am Bauernhof bietet die großartige Verbindung zwischen einem Vier-Sterne-Hotel, einer Wellnessoase und einem aktiven Biobauernhof. Es ist ein Hotel zum Wohlfühlen, das mit viel Gastlichkeit und Liebe geführt wird. Was es so einzigartig macht, sind die großzügigen Ferienwohnungen mit 3/4 Verwöhnpension, die hervorragende Kinderbetreuung an 60 Stunden pro Woche, Kindervollpension, die ideale Lage

Familie Kendlbacher
Familien-Erlebnishotel
Moar-Gut
Bach 19
A–5611 Großarl
Tel.: 00 43/64 14/3 18
Fax: 00 43/64 14/31 84
www.hotel-moargut.com
info@hotel-moargut.com

Wellnessoase am Bauernhof

- 1000 qm Wellnesslandschaft, Massage • Freizeitraum
- Sonnenterrasse • Wildgerichte u. öster. Hausmannskost
- Kinderbuffet • Bauernbrot backen und Butter rühren
- Grillenabende auf der Alm, Almübernachtungen • geführte Almwanderungen • Basket- und Volleyball • Reitplatz, Reiten
- geführte Radtouren
- Babyschallüberwachung, Verdunkelungsvorhänge in allen Wohnungen • ganztägige Kinderbetreuung • Kinderwander-Animationsspiel mit Preisen
- biol. erbautes. Kinderspielhaus
- Kinderspielhof, Heuhüpfen
- im Winter: schneesicher von Dezember bis April, Loipe ab Haus, Schlittenverleih, Rodelpartys • **Tischlein deck' dich**
- **Ziegenpeterservice**
- Ab-Hof-Verkauf • Badesee in 15 km • Skigebiet in 2,5 km

Preise ab EUR

Wohneinheit	FeWo
VP/P	80-110
qm	35-78
30 Wohnungen, 90 Betten	

abseits aller Straßen, die absolute Ruhe und dann natürlich 1000 qm Wellness.

Der Hof ist umgeben von unvergleichbarer Landschaft inmitten eines wunderschönen Gebirgspanoramas. Die liebevoll eingerichteten Hotelappartements sind mit hellen Vollholzmöbeln, Holzböden und aufeinander abgestimmten Leinenstoffen ausgestattet.

Wie es sich gehört, wird österreichische Hausmannskost serviert sowie feine Wildgerichte. Wer es ganz romantisch und abenteuerlich möchte, übernachtet nach einer geführten Wanderung auf der Alm. Vieles kann über das exklusive Bauernhofhotel erzählt werden, aber nichts ist so überzeugend wie der eigene Eindruck. Ab Sommer 2008 gibt es ein Panoramahallenbad.

Österreich

Reisenhof

LandSelection-Tipp:
Sagenhafte Bergwelt

Die tosenden Wasserfälle und die reißenden Wassermassen der Liechtensteinklamm bei St. Johann haben sich über Jahrtausende immer tiefer in die Schlucht geschnitten und eine der tiefsten und längsten Schluchten der Alpenwelt entstehen lassen. Die Felsen stehen nun stellenweise so eng und hoch, dass der Himmel nur mehr als kleiner Streifen zu erkennen ist. Besonderes Highlight ist die Klamm im Fackelschein, ein jährlich im August stattfindendes Ereignis!

Auf einer kleinen Anhöhe in einem Seitental von Großarl befindet sich der Reisenhof, umgeben von saftigen, grünen Wiesen.
Schon beim Frühstück auf der Terrasse oder auf dem Balkon mit frischem, duftendem Gebäck wird man von der wunderschönen Aussicht auf das Gebirgspanorama des Nationalparks Hohe Tauern verwöhnt.
Die freundlichen Ferienwohnungen bieten allen Komfort, denn auf die schöne Ausstattung des Hauses wurde besonderes viel Wert gelegt. Rund ums Haus gibt es genug Freiraum zum Spielen und Toben für den Nachwuchs, außerdem warten einige kleine Tiere auf liebevolle

Land Selection
EUROPAS SCHÖNSTE FERIENHÖFE

Margit und Martin Laireiter
Reisenhof
Reisenhof 52
A-5611 Großarl
Tel.: 00 43/64 14/4 06
Fax: 00 43/64 14/40 67
www.reisenhof.at
reisenhof@aon.at

Streicheleinheiten. Wer bei der Heuernte oder im Stall mithelfen möchte, kann das auf dem Reisenhof gerne tun, denn hier ist man für tatkräftige Unterstützung immer dankbar.

Wer aber einfach nur ausspannen und im Liegestuhl auf der Sonnenterrasse oder im Whirlpool faulenzen will, findet hier ebenfalls was er sucht.

Die vielen bewirtschafteten Almen rundherum bieten jede Menge Ziele für herrliche Ausflüge auf Schusters Rappen.

Im Winter sind die mit einer weißen Pracht bedeckten Berge ein Kleinod für alle Wintersportler und eine abendliche Rodelpartie am Hof bildet oft genug den fröhlichen Ausklang eines erlebnisreichen Tages.

- Aufenthaltsraum
- Sonnenterrasse
- Whirlpool
- gemeinsame Wanderung auf eine Alm
- Grillabende
- einige Streicheltiere
- Fahrdienste möglich
- im Winter: Lift und Loipe in 2,5 km, schneesicher von Dezember bis April, Schlittenverleih
- **Ziegenpeterservice**
- **Tischlein deck' dich**
- Badesee in 16 km
- Ab-Hof-Verkauf von Eiern, Milch, Speck und Schnaps

Preise ab EUR

Wohneinheit	FeWo
Ü	44-112
qm	40-70

4 Wohnungen, 20 Betten

Österreich

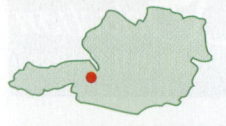

Moserhof

LandSelection-Tipp: Auf den Spuren des „Tauerngoldes"

Besucher können das goldene Naturerlebnis im Nationalpark Hohe Tauern und die Schatzkammer der Natur beim Bergwandern und Wanderreiten entdecken. Auf den Rücken berggewandter Haflingerpferde geht es auf den „Goldenen Trails" zu besonders geschichtsträchtigen Orten in die Zeit der Goldgräber, Bergknappen und Saumhändler. Alle Moserhof-Gäste bekommen die Nationalpark Kärnten Card gratis, die die Tür zu zahlreichen Tauerngold-Attraktionen öffnet.

Inmitten des Nationalparkes Hohe Tauern, umgeben von mächtigen Begmassiven, befindet sich der traditionsreiche Moserhof.
Hier – direkt Waldrand und an einem romantischen Flüsschen – hat Familie Hartweger ein bäuerliches Familienferiendorf errichtet. Dort verbringt jede Familie Ferien besonderer Art: In einem eigenen Vollholzhaus, das mit Kamin, Omas „Kuchlherd", eigener Terrasse und Bauerngärtchen keine Wünsche offen lässt.
Für Kinder ist ein Tag immer zu kurz, denn die Zeit vergeht wie im Fluge zwischen Streichelzoo, Spielscheune und Hühnerhaus, zwischen hauseigenem Badeteich und dem

Land Selection
EUROPAS SCHÖNSTE FERIENHÖFE

Gerhild und Heinz Hartweger
****Gut Moserhof
Moos 1
A-9816 Penk
Tel.: 00 43/47 83/23 00
Fax: 00 43/47 83/23 00 24
www.moserhof.net
office@moserhof.net

Familienferienhof in Einzellage

- bodenständige Kärntner Küche
- Speiseraum, Aufenthalts- und Seminarraum
- wöchentlich geführte Wanderungen im Nationalpark
- kreative Kurse
- Betriebsführungen
- Kutschfahrten auf Anfrage
- gemeinsame Grillabende
- Spielscheune und -platz
- Tischtennis • viele Streicheltiere
- Kinderbetreuung möglich (2 Halbtagsveranstaltungen)
- Kindergeburtstagsfeiern möglich • Kinderermäßigung
- Fahrdienst
- **Ziegenpeterservice**
- Ab-Hof-Verkauf aller Grundnahrungsmittel

Badestrand am Fluss. Die Pferdenarren sind sowieso im Reitstall zu finden und wer Wildtiere beobachten möchte, kann dies im hofeigenen Erlebniswald tun. Nachmittags lockt der Duft hausgemachter Mehlspeisen die Gäste zum Kaffeetrinken und während die Kleinen schon längst von ihren nächsten Abenteuern träumen, lassen sich die Großen in der Sauna im „Backhäusl" ausbacken". Rund ums Jahr locken Feste und Aktivitäten auf dem Hof – der traditionelle Almabtrieb im September oder die Bauernadventswochen im Dezember. Wocheninklusive-Verwöhnpauschale: Tägl. Frühstück oder Frühstückskorb ins Haus, 3 Abendsessen pro Woche im Gutshaus und Vieles mehr, Erw. 150,– EUR, Kinder je nach Alter 75-90,– EUR

Preise ab EUR

Wohneinheit	Haus 1 4 P.	Haus 2 4-(9) P.
Ü/HS 4 P	140	
Ü/HS 4 P		160
V/NS	120	140
Haus f. 2 Pers. ./. 20 %		
jede weitere Pers. 20/T, Kinder 15/T Aufpreis		
inkl. aller Nebenkosten und Nationalpark-Freizeitcard		
60 Betten		

Österreich

Pension Hochrieß

**LandSelection-Tipp:
Auf ins Spritzenhaus!**

Im Erlauftaler Feuerwehrmuseum gibt es viel rund um das Thema Feuerwehr zu sehen und zu erleben: Hand-, Karren- u. pferdegezogene Wagenspritzen, viele weitere historische Feuerwehrgeräte sowie die neuen Einsatzgeräte und -fahrzeuge können besichtigt und bei einer Vorführung hautnah erlebt werden. Tipp: Jeden 1. Samstag im Monat werden von 13.00-17.00 Uhr Feuerwehroldtimerfahrten durchgeführt und Kinder können mit einer alten Karrenspritze einen „Löschangriff" durchführen.

Im waldreichen Hügelland des niederösterreichischen Mostviertels liegt die Pension Hochrieß. Auf dem Vierkanthof der Familie Distelberger sind die Zimmer geräumig und neu eingerichtet. Mit regionalen Gerichten, Wildspezialitäten und selbst gemachten frischen Mehlspeisen verwöhnt die Speisekarte den Gaumen der Gäste.

Für Kinder ist der Hof ein wahres Paradies: Verschiedene Kleintiere wie Kaninchen und Meerschweinchen wollen im neuen Streichelgehege gepflegt werden. Die Ponys warten auf kleine Reiter und der große Spielplatz auf geschickte Kletterer.

Die Großen können sich auf dem

Land Selection
EUROPAS SCHÖNSTE FERIENHÖFE

Josef Distelberger
Pension Hochrieß
Hochrieß 5
A-3251 Purgstall/Erlauf
Tel.: 00 43/74 16/5 28 70
Fax: 00 43/74 16/52 87 04
www.tiscover.at/zum-tuerkensturz
familie.distelberger@utanet.at

„Fort-Court" tummeln, einem Freizeitplatz für alle möglichen Spiele wie Fußball Volleyball, Hockey und Badminton. Besonders schön sind die Ausritte, die für Anfänger und Fortgeschrittene, Kinder und Erwachsene angeboten werden. Spannend machen es die Gastgeber bei einer Erlebnisfahrt in den Wildpark. Abends trifft man sich zum geselligen Hütten- und Grillabend mit Musik oder in aller Ruhe am Kamin. Davon abgesehen – ein Ausflug nach Wien sollte unbedingt auf dem Programm stehen!

- Freizeitplatz „Fort Court"
- Ausritte für Anfänger und Fortgeschrittene • Ponyreiten
- Hütten- und Grillabend mit Musik • Wildpark-Erlebnisfahrt
- Kinderspielplatz und -spielraum
- Schwimmbad mit Überdachung
- Streicheltiergehege • Dreirad- und Tretautopark • Trampolin
- Tennisplatz • Fischteiche
- Traktor-Oldtimerfahrt • Aufenthaltsraum mit offenem Kamin
- Luftgewehrschießen im Kellerstüberl • regionale Küche mit Wildspezialitäten • **Ziegenpeterservice**

Preise ab EUR

Wohneinheit	**Zimmer**
Ü/F	27–30
HP	3–38
VP	39–42

26 Betten

Österreich

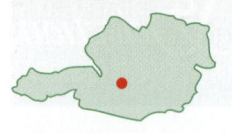

Nicklbauer

LandSelection-Tipp
Auf zur Drachenschlucht!

Die längste Hängebrücke der Alpen führt über die Drachenschlucht, die mitten in der Märchenwandermeile von Trebesing liegt. Der 3 km lange Erlebnisweg ist ein schöner, ruhiger und für Kinder ein besonders abwechslungsreicher und interessanter Wanderweg mit Märchenbüchern, Märchenfiguren, Rastplätzen und einer Wickeloase. Und beim Hexenhaus hält die Hexe Kniesebein für die kleinen Besucher viele Überraschungen bereit!

Der Nicklbauer gehört zu den Trebesinger Babyhöfen und bietet alles nur Erdenkliche für einen maßgeschneiderten Kinderurlaub. Das fängt bei den familiengerecht ausgestatteten Zimmern, Studios und Appartements an und hört bei der ganztägigen Kinderbetreuung noch lange nicht auf.

Die kleinen Gäste säen, gießen und ernten, pflegen und füttern Tiere und dürfen auf dem Traktor mitfahren. Dann wären da noch der große Spielplatz, die Indianerzelte, das Waldhaus, die Reitponys, Elisabeths Bastelstube und immer wieder bunte Kinderfeste.

Im Dorf wird auch einiges für Kinder organisiert, zum Bespiel ein Spa-

Land Selection
EUROPAS SCHÖNSTE FERIENHÖFE

Heinrich Preis
Nicklbauer
Altersberg 9
A-9852 Trebesing
Tel.: 00 43/47 32/38 68
Fax: 00 43/47 32/38 68 3
www.allesbauer.at
info@allesbauer.at

ziergang auf der Märchenwandermeile, ein Spielenachmittag im Zwergennest oder eine Babydampferfahrt auf dem Millstädter See. Da werden die lieben Kleinen gar nicht viel Zeit für ihre Eltern haben, aber für die gibt es auch genug zu tun: Die Naturschönheiten der beiden Nationalparks Hohe Tauern und Nockberge sind von hier aus gut zu erreichen, das mittelalterliche Städtchen Gmund mit Porschemuseum ist einen Besuch wert, und der Millstädter See lockt mit Strandbad und Wassersportmöglichkeiten.
Wenn abends die hungrige Meute in den Speisesaal einfällt, wartet Mutter Preis mit ihren Kochkünsten auf. Nicht nur sie wird man vermissen, wenn es – meist viel zu früh – wieder nach Hause geht.

- All inclusive-Pauschalwochen, **2 Erw. und 2 Kinder: ab 710,- EUR/W**
- Bauernstube mit Kachelofen
- hauseigene Kinderbetreuung (Mo–Fr. 9–17 Uhr) • Baumhaus
- Waldspielplatz • beheiztes Freibad • Lagerfeuer mit Würstchen grillen • Ponyreiten
- Übernachtungen im Waldhaus
- geführte Waldwanderungen
- Traktorfahrt • Rotwildfütterung
- Streicheltiere • Basteln u. Malen • Grillabende • See in 7 km • Ab-Hof-Verkauf von Brot, Butter, Haus- u. Hirschsalami, Speck, Hartwürsten und Birnenschnaps

Preise ab EUR

Wohneinheit	Zimmer und App.
VP (all inclusive)	45-85
qm	20-50

28 Betten

Österreich

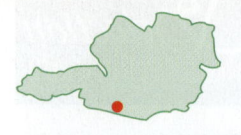

Haus Jakober

**LandSelection-Tipp:
Petri Heil in Kärnten**

Mehr als 20 Fischarten, ob Seeforelle, Hecht oder Karpfen: Der Weissensee ist mit seinen unterschiedlichen Seetiefen zwischen 5 und 99 m der ideale Ort für einen Angelurlaub. Höhepunkt für alle Petrijünger ist das schon traditionelle Internationale Angeln um die „Goldene Forelle vom Weissensee", das jährlich im Mai stattfindet. Über die gesamte Saison wird eine Hitliste mit den schwersten Fängen geführt und im Herbst findet das Hecht- und Barsch-Hegefischen statt.

Die Ufer des Weißensees sind in weiten Teilen noch völlig unbebaut. Hier werden alle Bauernhöfe naturnah bewirtschaftet und so haben diese und weitere Maßnahmen dazu geführt, dass die Region von der europäischen Union zum „Preisträger für Umwelt und Tourismus" gekürt wurde.

Direkt am See liegt das Haus Jakober. In den mit allem Komfort ausgestatteten Ferienwohnungen verbringen die Gäste ihre schönsten Tage des Jahres.

Beim Frühstück auf dem Balkon hat sicherlich schon so manches kleine oder große Kind ein Bad im See hinter sich, und der Tag bietet alle Möglichkeiten: Von der Bergwande-

Land Selection
EUROPAS SCHÖNSTE FERIENHÖFE

Fam. Johann Knaller
Haus Jakober
Neusach 12
A-9762 Weißensee
Tel.: 0043/47 13/22 62
Fax: 0043/47 13/22 62 20
www.hausjakober.at
info@hausjakober.at

rung, nach der man sich in der Sauna erholen kann, bis zur gemütlichen Schifffahrt auf dem Weißensee, von der Kräuter- bis zur Kinderwanderung oder der Fahrt mit dem Traktortaxi auf die Alm, wo die Kühe besucht werden können – ein Spaß für alle.

Die Gastgeber erzählen gerne kleine und große Geschichten über Land und Leute.

Für die Wintergäste liegt das Familienskigebiet „Naggler Alm" in nächster Näher und die Loipe geht sogar direkt am Haus los.

Wenn auch jeder seinen Urlaub anders gestaltet, ist eines gewiss: Der Urlaub bei Familie Knaller wird mit Sicherheit ein Knaller.

- Aufenthaltsraum mit Kachelofen
- eigener Strand am See mit Einstieg für Kinder • Ruderbootverleih • Traktorfahrt • Kinderspielzimmer • Kinderprogramm
- gem. Wanderungen • Verleih von Nordic-Walking-Stöcken, Pulsmesser, Mountainbikes
- Lauftreffs • Im Winter: Familienskigebiet „Naggler Alm" in 1 km, Loipe am Haus, Eisstockschießen, Eishockeyplatz, Eislaufbahn auf dem See; Eisstöcke- und Schlittenverleih
- **Tischlein deck' dich** • **Ziegenpeterservice** • Ab-Hof-Verkauf von Milch, Butter, Joghurt und Topfen • Fischerpauschale im Frühsommer und Herbst auf Anfrage

Preise ab EUR

Wohneinheit	FeWo
Ü	46–101
qm	26–52
9 Wohnungen, 30 Betten	

Österreich

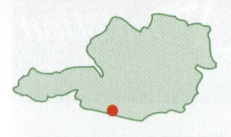

Ferienhof Neusacher-Moser

**LandSelection-Tipp:
Wandern mit dem Schiff**

Auf 146 km Wanderwegen haben Wanderer im Sommer und Herbst die Möglichkeit, den Naturpark-Weissensee zu erkunden und dabei zahlreiche Wanderwege zu Themen wie „Poesie am See" oder „Auf den Spuren des Waldglases" zu erleben. Wer seinen Fußmarsch unterbrechen möchte, der steigt einfach an einer der acht Anlegestellen aufs Schiff und wandert am anderen Ufer des Sees weiter – übrigens der höchst gelegen Badesee der Alpen!

Der Ferienhof Neusacher-Moser gehört zur Gruppe der „Weißenseer Naturnahen" und liegt direkt am idyllischen See, der sich im Sommer so herrlich zum Baden, Angeln, Rudern oder Surfen eignet und im Winter mit seiner dicken Eisfläche ein buntes Bild mit Eisläufern, Eisstockschützen, Eishockeyspielern und Winterwanderern bietet. Aus fast allen Gästezimmern hat man einen herrlichen Seeblick. Die Ferienwohnungen weisen eine gelungene Mischung aus rustikalen und modernen Elementen auf. Die ganze Familie kümmert sich liebevoll um ihre Gäste: Mit Opa geht's zu leichteren Wanderungen und Petrijünger versuchen, ihm einige Geheimnisse

Land Selection
EUROPAS SCHÖNSTE FERIENHÖFE

Brigitte und
Hans-Christian Winkler
Ferienhof Neusacher-Moser
Neusach 9
A–9762 Weißensee
Tel.: 00 43/47 13/23 22
Fax: 00 43/47 13/2 32 22
www.neusacher-moser.at
winkler@neusacher-moser.at

über den See zu entlocken. Mit Herrn Winkler geht es auf anspruchsvollere Bergtouren oder in den Stall und auf die Weide, wenn die Kühe gemolken werden. Frau Winkler bereitet das Frühstück mit leckeren Milchprodukten und Oma Winkler beherrscht das Käsen und Buttern. Die drei Kinder sind viel unterwegs, kommen aber immer gerne nach Hause und freuen sich über altbekannte Gesichter. Seine Urlaubslektüre findet man in der kleinen Bibliothek und kann sich dann im Aufenthaltsraum vorm Kachelofen direkt in sein Buch vertiefen. Alle haben stets ein offenes Ohr für ihre Gäste und viele Ideen für einen abwechslungs- und erlebnisreichen Urlaub haben.

- gemütl. Aufenthaltsraum mit Kachelofen u. Ausschank
- eigener Badestrand am See
- Ruderbootverleih • wöchentliche Hauswanderung • Grillabende, Mühlenfeste • Kinderspielzimmer und Kinderbetreuung nach Absprache • mit Katzen und Hasen spielen
- kl. Bibliothek • Fahrradtourenvorschläge • **Wintersport**
- **Tischlein deck' dich** • **Ziegenpeterservice** • Ab-Hof-Verkauf div. Produkte

Preise ab EUR

Wohneinheit	FeWo	Zimmer
Ü 2–6 P.	61–160	
qm	28–75	
Ü/F		31–47
qm		20–30

12 Wohnungen, 5 Zimmer, 45 Betten

Österreich

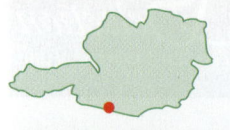

Obergasserhof

**LandSelection-Tipp:
Eine Autolegende und ihre Geschichte**

In Kärnten wurde das erste Auto mit dem Namen „Porsche" gebaut. 44 Coupés und 8 Cabrios entstanden von ersten Typ im Werk Gmünd, gebaut von 300 Mitarbeitern. Seit 25 Jahren zeigt das erste und einzige private PORSCHE-AUTOMUSEUM in Europa alles rund um Porsche, Austro-Daimler, Steyr und Volkswagen. Ein Archivraum mit Videofilm und Diaschau ergänzt mit vielen Informationen die sehenswerte Ausstellung technischer Raritäten von Porsche.

Der Weißensee – das beeindruckende Panorama, faszinierende Bergwelt und Natur in vollendeter Form bilden eine perfekte Kulisse für Urlaub im Sommer wie im Winter. Zwischen Himmel, Wald und See liegt der Obergasserhof, der im Sommer der ideale Ausgangspunkt für Wanderungen und Bergtouren ist. Wenn die Gastgeber eine Tour begleiten, erfährt man nicht nur eine Menge über die Natur und das Leben rund um den Weißensee, sondern findet auch so manchen Weg, der dem Unkundigen verborgen bleibt.

„Hecht", „Zander" oder „Forelle" heißen nicht nur die Ferienwohnungen, die mit urgemütlichen Massiv-

Land Selection
EUROPAS SCHÖNSTE FERIENHÖFE

Familie Lilg
Obergasserhof
Neusach 19 + 84
A–9762 Weißensee
Tel.: 00 43/47 13/2 26 50
Fax: 00 43/47 13/22 65 60
www.obergasser.at
info@obergasser.at

holzmöbeln und allen Annehmlichkeiten eingerichtet sind sondern auch die köstlichen Fische, die bei so manchem leidenschaftlichen Angler anbeißen. Abends kann dann der frische Fisch unter dem Birnbaum gegrillt werden.
Im Winter bietet der Naturpark Weißensee neben Ski- und Langlaufaktivitäten eine ideale Eis- und Schneefläche für Wanderungen, Spaziergänge und Eislauf.
In erholsamer Winterlandschaft genießen die Gäste ihre Ferien: Berge und mit Schnee überzuckerte Wiesen und Bäume soweit das Auge reicht. Gemütliche Abende am Kamin, Entspannung in der großzügigen Saunaanlage mit Whirlpool, beim Tischtennis, im Spielzimmer oder Wintergarten.

• Almbesuch • eigener Badestrand • Kinderfloß, flache Kinderbucht • Bootsverleih • Grillabende im Obstgarten • gemütl. Abende am Kamin od. im Garten • Dampfbad, Whirlpool, Ruheraum mit Gartenblick • Kinderspielzimmer • Tischtennis und Tischfußball • Billard • Ponyreiten • hauseigens Segelboot • **im Sommer gratis**: Fahrrad-, Ruderboot-, Badestrand- und Saunabenutzung, • **im Winter gratis**: Eisstock- und Rodelverleih, Saunabenutzung • Ab-Hof-Verkauf: Milch, Speck, Honig, Schnaps

Preise ab EUR

Wohneinheit	FeWo 2-5 P	Zimmer 1 P
Ü	49–122	28–45
qm	28–65	20–32
Häuser 2-6 P. 68–178		
qm	75–110	

2 Häuser, 7 Wohnungen, 25 Betten

Farbenprächtige Tulpenfelder, einsame Windmühlen, bunte Häuser und romantische Kanäle – Das Königreich Niederlande ist eine landschaftliche Augenweide und daher Anziehungspunkt für Künstler aus aller Welt gewesen. Unter ihnen der französische Impressionist Claude Monet, der Ende des 19. Jahrhunderts auf der Durchreise von England nach Frankreich die „Windmühlen bei Zaandam" die „Tulpenfelder in Holland" und noch weitere niederländische Motive in malerische Kunstwerke verwandelte. Was den Künstler damals schon veranlasste, zu Farbe und Pinsel zu greifen, ist auch heute noch von überwältigender Schönheit.

Man muss nicht unbedingt passionierter Landschaftsmaler sein, um das Land der Windmühlen zu lieben, doch sicher ist, dass man dort zum Naturliebhaber wird. Fauna und Flora der zahlreichen Naturschutzgebiete sind eine Wanderung wert. Wer die Augen und Ohren offen hält, kann dabei Vieles entdecken. Unter Artenschutz stehende Pflanzen sowie Insekten, Rehe, Hirsche, Schafe, Rinder, Pferde, Mufflons und viele andere Tiere. In Fluss- und Sumpfgebieten laden „Flüsterboote" zu beschaulichen Rundfahrten auf den Wasserstraßen und Flussläufen ein. Weit weg sind hier die Alltagsgeräusche und nur die Teichfrösche sind laut, wenn sie im Mai zum Froschkonzert einladen.

Das gesamte Land lässt sich wunderbar mit dem Fahrrad

> „Langsam öffneten sich meine Augen, ich begriff die Natur wirklich, gleichzeitig begann ich sie zu lieben."
> Claude Monet

Niederlande

erkunden. Die zahlreichen Radwege führen durch Waldgebiete, Felder, Dünen- und Heidelandschaften. Wer den eigenen Drahtesel nicht dabei hat, findet in den Niederlanden problemlos einen Fahrradverleih: Die Auswahl ist dabei vielfältig.

Ein kulinarisches Erlebnis sind die traditionsreichen Pfannkuchenhäuser. Einige Tausend gibt es in den Niederlanden, darunter auch Pfannkuchenmühlen, -boote oder gar Pfannkuchenkarussells. Oft stehen hundert verschiedene Spezialitäten auf der Speisekarte.

Zur Zeit der Tulpenblüte ziehen die holländischen Gartenanlagen viele Besucher an. Wer hier an tausenden von verschiedenfarbigen Tulpen, Narzissen und Hyazinthen vorbeiläuft, saugt den Frühling buchstäblich in sich hinein.

Wer seinen Urlaub direkt am Meer verbringen möchte, wird an den unterschiedlich ausgeprägten Küsten oder auf den Nordsee-Inseln reich belohnt. Beliebte Segelgebiete und kilometerweite, sonnige Sandstrände machen den Bade- und Wassersporturlaub zum wahren Erlebnis. Das ruhige Wattenmeer dagegen lädt große und kleine Meeresforscher zur abenteuerlichen Wattwanderung ein. Romantik pur versprechen zahlreiche malerische Städte, unter ihnen die Landeshauptstadt Amsterdam, die mit ihren Grachten von besonderer Bedeutung ist. Wussten Sie, dass Amsterdam mehr Kanäle hat als Venedig? Und mehr Brücken als Paris? Das kulturelle Angebot ist hier international.

Wer zu guter Letzt nach einem typischen Mitbringsel sucht, sollte nach Klompen Ausschau halten, die aus feinstem Pappelholz hergestellten Holzschuhe. Rund 25 Fertigungsbetriebe gibt es hier noch, die aus jedem Schuhpaar ein kleines Unikat machen.

Niederlande

Hof Mebelder

LandSelection-Tipp: Historischer Rückzugsort im Wald

Östlich von Doetinchem findet man mitten im Wald das mittelalterliche Schloss Slangenburg, welches im 17. Jahrhundert im Barockstil renoviert wurde. Seit 1945 gehört es dem Benediktinerorden, der es einige Jahre als Kloster nutzte, bis er 2 km südöstlich eine neue Abtei baute. Seitdem dient das Schloss als Unterkunft für jene, die für eine Retraite (Besinnungsperiode), ein Studium usw. bei den Mönchen zu Gast sind.

An der deutsch-niederländischen Grenze bei Kleve liegt der Ferienhof von Familie Mebelder in der Region de Achterhoek nicht weit von Doetinchem.

Die Gegend bietet alle Voraussetzungen für einen erholsamen Urlaub: Kilometerlange Fahrradwege, beschauliche Flüsse zum Kanuwandern und Angeln, Wanderwege durch Wald und Flur, Museen, regionale Spezialitäten auf den Speisekarten der Restaurants und eine Sagensafari.

Für die Niederlande ist der Hof eher untypisch, denn hier gibt es noch fast alle Tiere, die auf einen Bauernhof gehören: Schweine, Kühe, Kälber, Bullen, Ziegen und Geflügel,

Marcel Mebelder
Ferienhof Mebelder
Westendorpseweg 10
NL-7004 JD Doetinchem
Tel.: 0031/3 14/63 12 36
Fax: 0031/3 14/63 11 22
www.bauernhofurlaub.com/
hoefe/hof-mebelder.htm
m.mebelder@planet.nl

Vollbewirtschafteter Bauernhof

- Waffelnbacken im offenen Feuer
- viel Spielraum für Kinder
- Fahrradtouren
- Wanderungen
- Grillab ende
- Brotbacken
- Tiere zum Anfassen
- **Tischlein deck' dich**
- Badesee in 10 km
- Ab-Hof-Verkauf von Honig

sogar Kaninchen und ein Pony. Was den Hof allerdings ganz besonders auszeichnet und im ganzen Land bekannt gemacht hat, ist der leckere Honig aus der angegliederten Imkerei.

Der Hof ist umgeben von alten Bäumen und einem großen Garten, der mit viel Hingabe gepflegt wird. Im ehemaligen Landarbeiterhaus liegen zwei zweckmäßig ausgestattete Ferienwohnungen, die nicht luxuriös sind, dafür aber mit ihren offenen Kaminen eine behagliche Atmosphäre verbreiten.

Wer das Landleben kennen lernen will, wer Fahrradtouren unternehmem möchte und wessen Kinder viel Spielraum brauchen, wird hier voll auf seine Kosten kommen.

Preise ab EUR	
Wohneinheit	**FeWo**
Ü	37–49
qm	60–110
11 Betten	

Niederlande

Christina Hoeve

LandSelection-Tipp:
Wo Bäume zur Schule gehen

Das beschauliche Städtchen Boskoop ist Heimat von mehr als 700 Baumschulen und Gärtnereien und ist damit das größte zusammenhängende Zierpflanzengebiet der Welt. Die jungen Zier- und Obstbäume sowie zahlreiche Rosensorten werden nach ganz Europa exportiert. Der bekannte Apfel „Schöner aus Boskoop" dankt dem Ort seinen Namen. Im Baumschulmuseum Boskoop können Besucher die Geschichte der Baumkultivierung nacherleben und auch den ein oder anderen leckeren Apfel probieren.

Im Süden Hollands befindet sich das bekannte Baumschuldorf Boskoop. Eine faszinierende Landschaft aus kleinen Kanälen, weiten Wiesen, üppig bepflanzten Grundstücken und geschmackvollen Landhäusern stimmen auf die Ferien ein.

Inmitten des Middelburgschen Polders liegt der aus dem 19. Jahrhundert stammende Hof Christina Hoeve. In dem alten Teil des Hofes wurden vier komfortable Ferienwohnungen behutsam eingepasst und rustikal eingerichtet. Alle Wohnungen haben eine eigene Terrasse und entsprechen den hohen Standardansprüchen der „Groene Hart Logies". Schnell

Land Selection
EUROPAS SCHÖNSTE FERIENHÖFE

Corry und Nico Ravensbergen
Christina Hoeve
Middelburgseweg 86
NL-2771 NG Boskoop
Tel.: 0031/1 72/21 73 07
www.christinahoeve.nl
info@christinahoeve.nl

Bauernhof

- rustikal eingerichtete Appartements und Ferienwohnungen mit großer, eigener Terrasse
- Streicheltiere
- Fußball
- Badminton
- Angeln
- Fahrradverleih

werden sie den Gästen zu einem gemütlichen Ferienzuhause.
Auf dem Hof selbst gibt es jede Menge Streicheltiere. Man kann ungestört Fußball oder Badminton spielen oder einfach in Ruhe angeln.
Die Umgebung erkundet man idealerweise mit dem Rad, das man sich am Hof ausleihen kann. Schöner könnte es kaum sein, als zwischen endlosen Wasserstraßen und weiten Wiesen zu fahren!
Und doch sind Städte wie Amsterdam, Den Haag oder Utrecht in weniger als 45 Minuten erreichbar. Und was wäre ein Urlaub in Holland ohne den leckeren Käse – der kann in der Nachbarschaft probiert und gekauft werden, und auch das Städtchen Gouda ist gleich um die Ecke.

Preise ab EUR

Wohneinheit	FeWo	App.
Ü 2-3 Pers.	60-70	60-70
Ü 5 Pers.	85	85
qm	50-65	50-65

6 Wohnungen u. Appartements, 22 Betten

Niederlande

Sint Nicolaashoeve

**LandSelection-Tipp:
Viel mehr als nur Käse....**

gibt es in der Altstadt von Gouda zu erleben: Zwischen den legendären Karamellwaffel-Bäckereien und Kerzenmachereien befindet sich das spätgotische Rathaus, die „St. Janskerk" und die berühmte Käsewaage. Eine schöne Art, die Käsestadt Gouda zu entdecken, bietet die Käsetour, die man mit einer Tasse Kaffee und einer echten Karamellwaffel beginnt. Danach besucht man den Käsemarkt und die Käsewaage mit Käsemuseum, bevor der leere Bauch mit einer Käseplatte und einem Kräuterbitter gestärkt wird.

Sint Nicolaashoeve ist der Name eines geschichtsträchtigen Gehöfts aus dem 19. Jahrhundert in Südholland, welches heute im historischen Bauernhaus und im danebenliegenden Sommerhaus neu ausgebaute und komfortable Ferienwohnungen beherbergt.
Die Namen der Wohnungen, wie „De Boerenknecht", „De Dienstbode" oder „Den Moeder" erinnern an die ursprüngliche Bestimmung der traditionellen Räumlichkeiten. Ein großer Aufenthaltsraum – „De Regentenkamer" – steht allen Gästen zur Verfügung und eignet sich vor allem auch für Gruppen. Die Sint Nicolaashoeve liegen ein wenig außerhalb des charmanten

Land Selection
EUROPAS SCHÖNSTE FERIENHÖFE

Gerard Hartveld
Sint Nicolaashoeve
Hogendijk 1
NL-2441 CK Nieuwveen
Tel.: 00 31/1 72/53 47 69
Fax: 00 31/1 72/53 47 96
www.sintnicolaashoeve.nl
info@sintnicolaashoeve.nl

Bauernhof

- 3 rustikal eingerichtete Appartements
- Internetanschluss
- Waschmaschinen- und Trocknerbenutzung gratis
- Tischtennis
- Tischfußball
- Hofbesichtigungen
- Streicheltiere
- Verpflegung möglich
- für Gruppen geeignet
- Erwerbung des Bauerndiploms gegen Gebühr

Örtchens Nieuwveen, umgeben von weidenden Kühen, eindrucksvollen Kastanien, einem netten Flüsschen, Wiesen und Wasser.

Wer die Umgebung mit dem Rad erkunden möchte, hat die Qual der Wahl zwischen all den Möglichkeiten; besonders attraktiv ist die „Sieben-Höfe-Route", die direkt ab Hof losgeht.

Und wer im Winter nach Nieuwveen kommt, der erlebt eine Landschaft voller Zauber mit endlosen Schlittschuhwegen.

Preise ab EUR

Wohneinheit	App.	Chalets
Ü/2 Pers.		50-65
Ü/2 P/Wochenendende		230-290
Ü/4 P	58-75	
Ü/4 P/ W'ende	260-330	

2 Appartements, 2 Chalets, 14 Betten

Niederlande

Rijnhoeve

LandSelection-Tipp: Blumen unter dem Hammer

Europas größter Blumenmarkt in Aalsmeer handelt mit allem, was grün ist und nicht essbar – hier werden täglich 22 Mio Blumen aus 50 Ländern verkauft und landen anschließend in den Blumengeschäften 80 verschiedener Länder. Frühaufsteher können das Blumenauktionshaus täglich besichtigen: Um sieben Uhr morgens startet die erste Führung ins Herz des europäischen Blumenhandels!

Wo Schafe den Wegrand säumen, wo es genauso viel Wasser- wie Landwege gibt und der Rhein seiner Mündung zufließt, da ist man im grünen Herzen der Provinz Zuid-Holland.

In der Nähe des malerischen Örtchens Koudekerk am Rhein wurden vier geschmackvoll eingerichtete Ferienwohnungen mit gehobener Ausstattung in die ehemaligen Wirtschaftsgebäude der Rijn Hoeve der Familie Corts eingepasst. Besonderes Highlight der Wohnungen ist die große Veranda entlang des Gebäudes, über die man in die Wohnungen gelangt und auf der man direkt über einem kleinen Flüsschen sitzt. Die Idylle wird

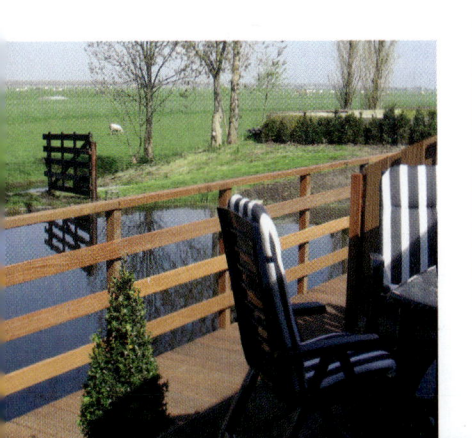

Land Selection
EUROPAS SCHÖNSTE FERIENHÖFE

Jan Dirk Corts
Rijnhoeve
Hondsdijk
NL-2396 HK Koudekerk/Rijn
Tel.: 00 31/71/3 41 23 23
Mobil: 0031/6 55 89 14 58
www.corts.nl
jdcorts@planet.nl

Historischer Bauernhof

- modern eingerichtete Ferienwohnungen
- eigene Terrasse
- eigener Eingang
- Spielplatz
- Fahrradverleih
- Freibad in 1 km
- Hallenbad in 3 km
- Verpflegung möglich
- Mitarbeit auf dem Hof
- Streicheltiere

abgerundet von weiten Wiesen und alten Bäumen rund um den Hof. Die „Rijn Hoeve" der Familie Corts sind gleichzeitig das Zuhause von gut hundert Kühen, denen beim Füttern und Melken nach neuesten Methoden zugeschaut werden kann. In der Umgebung gibt es viel zu entdecken – seien es die traditionellen Windmühlen in der Nähe, malerische Örtchen mit hübschen Kirchen oder natürlich die ein oder andere Käserei.
Und wer Abwechslung von der ländlichen Idylle sucht, der ist im Nu in Amsterdam, Rotterdam oder Den Haag.

Preise ab EUR	
Wohneinheit	**FeWo**
VS	56
HS	72
4 Wohnungen, 16 Betten	

Niederlande

„de Willigen Logies"

LandSelection-Tipp:
Gute Unterhaltung den Archeotolken

Urzeit, Antike und Mittelalter werden im Themenpark „Archeon" in Alphen am Rhein durch die Schilderungen der entsprechenden Bewohner, den Archeotolken, wieder lebendig. Auch Aktivitäten wie Brotbacken, Kanu fahren und Kerzen machen gehören zum Programm. Es gibt thematische Restaurants, in denen man die römische oder mittelalterliche Küche ausprobieren kann. Eine reizvolle Mischung aus Freilichtmuseum und Unterhaltung, die einen kurzweiligen Tag verspricht.

In dem einzigartigen Stück Natur direkt am alten Fluß der Utrechtsen Vecht mit Aussicht über weites Weideland, liegt der traditionsreiche Hof der Familie Willig zwischen den Dörfern Vreeland und Nigtevecht.
Hier kann man direkt mit dem Boot anlegen und in geschmackvoll eingerichteten und großzügig gestalteten Gästezimmern ein ideales Ferienzuhause finden. Gruppen sind bei den Willigs besonders willkommen, denn sie haben mit dem Gemeinschaftsraum mit eigener Küche einen idealen Treffpunkt.
Der Tag beginnt mit einem reichlichen Frühstücksbüfett, bestückt

Land Selection
EUROPAS SCHÖNSTE FERIENHÖFE

Familie Willig
„de Willigen" Logies
Nigtevechtseweg 188
NL-3633 XX Vreeland
Tel.: 00 31/2 94 - 25 16 68
www.dewilligenlogies.nl
info@dewilligenlogies.nl

Bauernhof mit Milchvieh

- 7 stilvoll und komfortabel eingerichtete Zimmer, alle mit TV
- Gemeinschaftsraum mit Küche
- für Gruppen geeignet
- Verpflegung möglich
- Angeln
- eigene Käse- und Eisproduktion
- Bootsanlegeplatz direkt am Hof

mit Milch und Käse aus eigener Produktion.
Zahlreiche Rad- und Wanderwege in der Umgebung versprechen abwechslungsreiche Ferien. Und wer einmal die Landschaft vom Wasser aus betrachten möchte, kann dies idealerweise mit dem Kanu tun, dabei in Ruhe angeln und die unvergleichliche Ruhe in sich aufnehmen.
Zurück auf dem Hof kann beim Melken, Käsen oder sogar der Eisproduktion zugeschaut werden.
Wer einmal Stadtluft schnuppern will, ist in einer halben Stunde mitten im Getümmel von Amsterdam, Utrecht oder Hilversum.

Preise ab

Wohneinheit	Zimmer
Ü/F	30

7 Zimmer, 23 Betten

Seit der politischen Wende von 1990 nimmt die Beliebtheit Polens als Urlaubsziel ständig zu. Kein Wunder, denn tausend Jahre Geschichte, unzählige Möglichkeiten zur aktiven Freizeitgestaltung und die sprichwörtliche Gastfreundschaft versprechen einen harmonischen, naturverbundenen Urlaub. Wer im Frühjahr oder Spätsommer durch Polen reist, wird eine himmlische Ruhe finden und, falls er es wünscht, mehr Tiere antreffen als Menschen.

Im Norden liegt Masuren, das „Land der tausend Seen". Sanfter Tourismus und die Schaffung von großräumigen Naturreservaten sorgen dafür, dass Flora und Fauna dieser großartigen Landschaft erhalten bleiben. Wer Masuren zu Fuß, per Fahrrad, Kanu oder Paddelboot entdeckt, begegnet immer wieder Störchen. Ein Viertel aller Störche weltweit ist in Polen zu Hause. Es gibt sogar Dörfer in Masuren, in denen mehr Störche als Menschen wohnen. Mit etwas Glück sieht man in den Wäldern Rehe, Wildschweine oder Elche; an den Seeufern Reiher, Kormorane oder Kraniche.

Überhaupt leben in Polen noch Tiere, die in weiten Teilen Europas bereits ausgestorben sind, wie zum Beispiel Wisente, Braunbären, Wölfe, Luchse oder Biber.

In Niederschlesien lädt das sagenumwobene Riesengebirge im Sommer zum Wandern und im Winter zum Skifahren ein. Seine oft im Nebel verborgenen Gipfel übten bereits eine große Faszina-

> „Dieses Land ist tatsächlich wunderschön.
> Jetzt verstehe ich, wie man es lieben kann."
> Franz Liszt

Polen

tion auf deutsche Maler der Romantik aus, wie zum Beispiel auf Caspar David Friedrich.

Die polnische Ostseeküste ist eine Augenweide. Stundenlang kann man über die weißen, menschenleeren Sandstrände schlendern, die von hohen Dünenfeldern gesäumt werden. Bei wechselhaftem Wetter entschädigt den Urlauber ein Regenbogen am Horizont, der das malerische Bild über dem Meer nur noch perfekter macht. Wenn es in der Nebensaison noch ruhig ist, lassen sich am Strand sogar Robben blicken. Im Sommer verwandeln sich die Bade- und Ferienorte zu einem El Dorado für Wassersportler. Ein beliebtes Surferziel ist die Insel Hel.

Wer Waldpilze in allen kulinarischen Variationen liebt, für den ist in Polen im Herbst Hauptsaison. Pilze sammeln ist in Polen Volkssport. Wer in den Wäldern aufmerksam Ausschau hält, entdeckt Steinpilze, Röhrlinge, Butter- und Birkenpilze. Nach dem Sammeln werden sie getrocknet, gebraten, sauer eingelegt, für Suppen und Fleischgerichte verwendet oder frisch am Straßenrand verkauft.

Polen — Riesengebirge

Ferienhof Ditterla

LandSelection-Tipp: Wo das „Bunzlauer" Zuhause ist

Bunzlau/Boleslawiec war über die Grenzen Schlesiens hinaus schon vor Jahrhunderten durch sein Töpferhandwerk bekannt. Besondere Eigenschaften des grau-weißen Tones ermöglichen Brenntemperaturen bis zu 134° und die Gefäße waren dadurch besonders haltbar und feuerfest. Im 19. Jahrhundert kamen hellere Gefäße und Service mit dem sog. „Pfauenauge" hinzu. Alles zum Thema „Bunzlauer" kann im reich bestückten Keramikmuseum nachverfolgt werden.

Lange Zeit waren die landschaftlichen Reize Polens hinter dem eisernen Vorhang verborgen; dies mag dazu beigetragen haben, dass sich die Natur hier noch in ihrer ganzen Schönheit und Urwüchsigkeit erhalten hat.

Wer dieses unbekannte Land und seine Menschen entdecken möchte, wird sich auf dem Familienbetrieb von Familie Ditterla mit seinen stilvoll eingerichteten Gästezimmern sicher wohl fühlen.

Das Anwesen liegt in 560 m Höhe am Fuße des Riesengebirges, mit Blick auf die berühmte Schneekoppe.

Familie Ditterla
Ferienhof Ditterla
Przedwojów 64
skr. pocz. 6
PL-58-400 Kamienna Góra
Tel.: 00 48/75/7 44 76 45
www.bauernhofurlaub.com/
hoefe/hof-ditterla.htm

Vollbewirtschafteter Bauernhof

- selbst produzierte Lebensmittel
- landesübliche Küche mögl.
- Aufenthaltsraum mit Spielen, Büchern und Landkarten
- Holzhütte
- Spielwiese
- **Ziegenpeterservice**
- auf dem Hof wird Deutsch gesprochen

Von hier aus kann man auf den Spuren Rübezahls durch unberührte Wälder wandern, Skiurlaub jenseits vom Massentourismus genießen und die zahlreichen kunst- und kulturhistorischen Schätze der Umgebung besichtigen.
Der Ferienhof der Familie Ditterla ist ein vollbewirtschafteter Bauernhof, auf dem viele hofeigene Lebensmittel hergestellt werden. Entsprechend lecker und unverfälscht schmeckt dort die landesübliche Küche, die auf Wunsch serviert wird.
Familie Ditterla verbindet auf ihrem Hof westlichen Komfort mit herzlicher polnischer Gastfreundschaft.

Preise ab EUR		
Wohneinheit	**FeWo**	**Zimmer**
Ü	11	11
Ü/F	18	18
HP	21	21

10 Betten

Polen – Masuren

Herrmannshof

LandSelection-Tipp: Der schiefe Kanal

Der „oberländische Kanal" überwindet insgesamt 99 Meter Höhenunterschied und verbindet mehrere Seen über 81 km Wasser und Landstrecke. Neben Hebewerken mit Schleusen dienen fünf geneigte Ebenen zur Überwindung von Höhenunterschieden. Hier werden die Schiffe auf Schienenwagen verladen und mit einer Standseilbahn bzw. einem Schrägaufzuge zum nächsten Gewässer befördert. Die Kanalanlage wird immer noch von Ausflugsschiffen befahren, die geneigten Ebenen sind eine beliebte Attraktion.

Masuren, das „Land der tausend Seen" im Nordwesten Polens, ist mit seinen weiten Wald- und Heideflächen, den zahllosen kleinen und großen Gewässern und den hier beheimateten, seltenen Tierarten (Wisente, Fischotter, Kraniche und Schwarzstörche) eine Urlaubsandschaft von außergewöhnlicher Schönheit und Vielfalt.
Inmitten dieser eindrucksvollen Landschaft liegt der Herrmannshof direkt am Ufer des 53 Meter tiefen Deyguhner Sees.
Von den Balkonen der kleinen, gemütlichen Appartements blickt man auf die meist spiegelglatte Wasserfläche des Sees. Vom Hof aus führen stille Wanderwege durch

Land Selection
EUROPAS SCHÖNSTE FERIENHÖFE

Cecylia Herrmann
Herrmannshof
Wies Kronowo 3
PL-11-520 Ryn
Tel.: 00 48/87/4 21 44 67
Fax: 00 48/87/4 21 44 15
www.ferienhaus-privat.de/herrmann
jleinich@surfeu.de

Vollbewirtschafteter Bauernhof

- große Appartements
- großer Aufenthaltsraum mit Kamin und Sat-TV
- auf Wunsch Frühstück und Abendessen
- Organisation von Schiffsfahrten bis 12 Personen
- Reitunterricht
- Geländeausritte
- Pferdewagenausfahrten
- eigener Bootssteg
- Boot- Kajak- und Wassertretbootverleih
- eigener Bootssteg
- Angeln mit eigener Ausrüstung
- Tiere zum Anfassen
- **Tischlein deck' dich**
- Familie Herrmann spricht sehr gut Deutsch
- Ab-Hof-Verkauf von Eiern, Kartoffeln und einigen Gemüsearten

die Wälder voller Pilze und Waldfrüchte; für Ausritte stehen Pferde, auf Wunsch mit Begleitung einer erfahrenen Pferdekundigen, zur Verfügung und mit dem Auto erreicht man in kurzer Zeit die gotischen und barocken Bauwerke von Swieta Lipka (Heilige Linde), Suwalki und Olsztyn.

Immer wieder werden von den Gastgebern Schiffsfahrten auf den umliegenden Seen organisiert. Die Seen laden aber auch zum Schwimmen, Rudern, Segeln, Surfen oder zum Angeln in absoluter Stille ein – die Fische kann man dann abends in geselliger Runde im Garten am Feuer grillen.

Auf dem Herrmannshof erlebt man einen Natururlaub, wie er erholsamer und vielseitiger kaum sein könnte.

Preise ab EUR

Wohneinheit	Zimmer
Ü/P	16
F	+ 4

HP auf Anfrage

42 Betten

Wer schon einmal in Ungarn war, weiß, dass diese kleine Perle im Herzen Mitteleuropas unterschiedliche Gesichter offenbart. Während man im Norden und Süden auf Mittelgebirge stößt, ist das übrige Land flach. Über 2000 Sonnenstunden im Jahr bietet das ungarische Klima. Naturschönheiten, kultureller Reichtum und zahlreiche Heilbäder sind die Trümpfe des Landes und magische Anziehungspunkte für Menschen, die das Besondere suchen.

Die ungarische Hauptstadt Budapest hat ihren Charme bis heute nicht verloren und gilt als eine der schönsten Städte der Welt. Oft wird sie als „Paris des Ostens" bezeichnet. Doch auch die malerischen Dörfer entlang der Donau sind eine Reise wert.

Als „ungarisches Meer" wird der Balaton bezeichnet, zu Deutsch der Plattensee. Er ist nicht nur bei Anglern sehr beliebt, sondern auch bei Familien mit Kindern, da er nicht tief ist und dadurch hohe Wassertemperaturen aufweist. Sand- und Rasenstrände gibt es da und an einigen Stellen kann man bis zu hundert Meter weit in den See laufen. Selbstverständlich bietet der Balaton auch eine Menge an Wassersportmöglichkeiten für die aktive Erholung. Fischkenner dürfen sich auf den Balatoner Zander freuen, der in vielen Gaststätten rund um den

> Du bist wie eine Blume,
> So hold und schön und rein;
> Ich schau dich an, und Wehmut
> Schleicht mir ins Herz hinein.
> Mir ist, als ob ich die Hände
> Aufs Haupt dir legen sollt,
> Betend, dass Gott dich erhalte
> So rein und schön und hold.
>
> Franz Liszt

Ungarn

See serviert wird. Im Frühjahr verwandeln Obst- und Mandelbäume die „Balatoner Riviera" in ein Blütenparadies.

Wer zur Herbstsaison reist, sollte die Gelegenheit einer Bootstour auf dem Theiß nicht verpassen. Mehr als 150 verschiedene Vogelarten kann der Besucher in dieser Zeit beobachten. Der Theiß ist nach dem Balaton der zweitgrößte See Ungarns. Er ist Naturschutzgebiet und zudem eines der größten Vogelreservate Europas.

Das Hinterland ist eine Oase für Ruhe suchende Menschen. Wanderer, Reiter und Radfahrer durchqueren eine abwechslungsreiche, zum Teil unberührte Landschaft, in der man Steppen findet, genauso wie Berge, Täler, bewaldete Hochebenen, fischreiche Seen und Flüsse.

Östlich der Donau erstreckt sich die Weite der Puszta – eine Tiefebene mit frostigen Wintern und sonnenreichen trockenen Sommern. Sie ist die Speisekammer und Herzstück des Landes. Davon zeugen auch die vielen Köstlichkeiten wie Paprika, Gulaschsuppe oder Kraut in allen Varianten.

Ungarn – Kirécse - Kendli

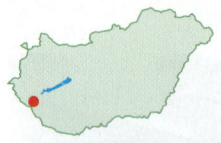

Czinki-Nostalgiebauernhof-Ken

LandSelection-Tipp: Heilsames Wasser

Der Heilsee von Hévíz ist der größte, biologisch aktive, natürliche Thermalsee der Welt und ist Ursprung des ältesten Heilbads in Ungarn. Der 4,4 Hektar große See mit einer Quelltiefe von 38 Metern wird von einer Quelle mit Schwefel-, Radium- und Mineralstoffgehalt gespeist, welche dank ihres Wasserreichtums den gesamten Wasserbestand des Sees binnen 48 Stunden austauscht. Die Wassertemperatur beträgt im Winter 23-25°C, im Sommer erreicht sie bis zu 33-36°C.

Wer Ursprünglichkeit und unberührte Natur sucht, der findet dies auf dem Ferienhof von Ortrun und László Czinki, im Südwesten Ungarns, unweit des Plattensees. Das historische Anwesen liegt in einem kleinen Sackgassendörfchen im „Landschaftspark Fannonhát" und bietet mehrere komfortabel und geschmackvoll ausgestattete Ferienhäuser und -wohnungen, die alle behutsam und baubiologisch renoviert wurden.

Eingerahmt von Pferdekoppeln, Obst-, Gemüse- und Weingärten kann man hier den Alltag nach Herzenslust hinter sich lassen. Man hat die Wahl zwischen romantischen Ausritten und Kutschenfahrten,

Land Selection
EUROPAS SCHÖNSTE FERIENHÖFE

Ortrun und László Czinki
Nostalgiebauernhof Czinki
Kossúth ut 24
H-8756 Kisrécse-Kendli
Tel.: 00 36/93 37 14 71
Fax: 00 36/93 57 10 06
www.czinki-ferien-bauernhof.hu
czinkihu@t-online.hu

zwischen Traktorfahren und Töpfern, zwischen Bogenschießen und Bocciaspielen.
Zahlreiche Tiere leben auf dem Hof und lassen vor allem die Kinder so richtig ins Landleben eintauchen. Abends finden sich alle am Backofen und Gulaschkessel in der gemütlichen Partytenne oder im Weinkeller ein, wo Aus–flugstipps zu nahegelegenen Sehenswürdigkeiten oder Dampfeisenbahnpicknick gehandelt werden. Ortrun und Laszló Czinki sprechen perfekt deutsch. Das Städtchen Nagykanizsa, in dem man alles für den Ferienalltag kaufen kann, ist nur 10 Minuten entfernt, gute und preiswerte Restaurants sind in der Nähe. Zum nächstgelegenen Flughafen Sármellék sind es 25 km. Thermal- und Heilbäder in der Nähe.

• Häuser und Appartements mit antiken Möbeln • überdachte Begegnungstätte mit Backofen, Grill und Gulaschkessel vor dem Weinkeller • Frühstück möglich • Fahrdienste geg. Gebühr • Betriebsführungen • geführte Wanderungen nach Absprache • Kutsch- und Traktorfahrten, Fahrradtouren • Reitunterricht, Ausritte • verschiedene kreative Kurse • Heuboden, Sandkasten • Sauna • Fuß-, Feder- und Volleyball, Bogenschießen • viele Streicheltiere • Ab Hof-Verkauf von Wein, Marmelade und Honig, kostenlos Eier, Obst und Gemüse aus hofeigenen Gärten • Pauschalangebote

Preise ab EUR

Wohneinheit	FeHaus	App.
Ü	40-50	20-30
Ü/F	48-66	28-38

3 Häuser, 2 Wohnungen, 16 Betten

Ungarn – Südungarische Puszta

Virág Tanya Reitergut

LandSelection-Tipp:
Wo das Gulasch NICHT herkommt:

„Die Speisekammer Ungarns", das ist die Puszta. Typisch für die ungarische Küche sind neben der berühmten ungarischen Salami natürlich die Szegediner Paprika, die den Gerichten den besonderen Geschmack verleihen. Der deutsche Name für das Szegediner Gulasch ist irreführend, da die ursprüngliche Bezeichnung nicht auf die Stadt Szeged sondern auf den Namen eines ungarischen Dichters zurückgeht. Das bekannte Gericht ist ein Genuss und sollte auf keine Fall verpasst werden!

Die ungarische Puszta, die Tiefebene östlich der Donau, ist noch ein kleines Abenteuer mitten im Herzen Europas. Fernab von Straßen und Lärm, in weitläufigen Wiesen und Feldern liegt das „Reitgut Virág Tanya" – eine Insel für die Seele. Hier haben die gebürtigen Österreicher Daniela & Oliver Christen in Ruzsa, einer kleinen Gemeinde nahe der Sonnenstadt Szeged, vor ein paar Jahren ein altes Bauernhaus erworben. Mittlerweile haben sie drei weitere Gebäude gekauft und zu stilvollen Gästehäusern umgebaut. Mit viel Fingerspitzengefühl und einem guten Instinkt fürs Schöne wurden die Lehmhäuser restauriert und mit authentischen Möbeln

Land Selection
EUROPAS SCHÖNSTE FERIENHÖFE

Daniela und Oliver Christen
Virág Tanya
Tanya 592
H-6786 Rusza
Tel.: 00 36 / 30 / 3 70 62 37
www.viragtanya.hu.
www.reiten-ungarn.com
info@viragtanya.hu

Reiterhof in Einzellage

- Reitstall
- Reitunterricht für Anfänger und fortgeschrittene Reiter
- Gelände- und Ausritte in die Puszta
- 1 Ferienhaus, 2 große Ferienwohnungen mit separatem Eingang
- Kutschfahrten
- Spielplatz
- Streicheltiere
- organisierte Gästeabende bei Bauen der Region
- hauseigener Teich
- Ab-Hof-Verkauf von Gemüse, Hausbränden, Gewürzpaprika auf den benachbarten Bauernhöfen
- auf dem Hof wird Deutsch gesprochen

eingerichtet, was 2005 durch den Ungarischen Tourismuspreis gewürdigt wurde.
Für reitbegeisterte Gäste ist „Virág Tanya" der Himmel auf Erden: Die unvergesslichen Weiten der ungarischen Puszta warten nur darauf, auf dem Pferderücken erkundet zu werden. Auf den täglichen Sternritten entlang der für die Gegend so typischen unendlichen Sandwege treffen die Reiter auf eine schon vergessen geglaubte Welt. Höhepunkt eines jeden Urlaubs in „Viràg Tanya" sind die Nachtritte beim weißen Licht des Vollmondes. Dank der 280 Sonnentage im Jahr ist dieses Plätzchen ein ideales Reiseziel rund ums Jahr – auch für Nichtreiter, die die Gegend mit Kutschfahrten erkunden oder am hauseigenen Teich entspannen können.

Preise ab EUR

Wohneinheit	FeHaus	FeWo
Ü	55-77	55
qm	90-150	

zzgl. Endreinig. und Energiekosten
Al-Inclusive-Programm a. Anfr.

17 Betten

Italien ist das Land der Opern, der bildenden Künste, der Kulturschätze und der Weinschlösser. Es ist das Land der zauberhaften Landschaften, der Romantik und des stilvollen Genusses. „Belpaese" nennen die Italiener ihre Heimat, das schöne Land. Und Jeder, der schon einmal dort gewesen ist, weiß, dass er noch lange nicht alles gesehen hat.

In Italien lassen sich Badeferien sehr gut mit Kultur- und Naturerlebnissen kombinieren. Zirka 8500 Kilometer Küste säumen den italienischen Stiefel. Von keinem italienischen Ort aus ist das Meer weiter als einen Tagesausflug entfernt. Leichter Wellengang macht die herrlichen Badestrände kinderfreundlich, ob an der Adria im Westen oder am Mittelmeer im Osten.

Italien besteht aus 20 verschiedenen Regionen, die sich nicht nur klimatisch und geographisch voneinander unterscheiden, sondern auch alle ihre besondere Kultur, Tradition und Gastronomie bewahrt haben. Da gibt es die majestätischen Berge im Piemont und die stillen Seen in der Lombardei, die mondänen Städte in Ligurien und die malerischen Dörfer in den Marches, die alten Künstler in Florenz und die Fußballfans in Rom, die edlen Weingüter in der Toskana und die stimmungsvollen Straßencafés in Venetien.

> Es ist besser, Genossenes zu bereuen, als zu bereuen, dass man nichts genossen hat.
> Giovanni Boccaccio

Italien

Landliebhaber werden in Italien viele verwunschen Orte finden. Die Ferienhöfe liegen in der Regel in kleinen Weilern, oft nur über eine kleine holprige Zufahrtsstraße zu erreichen. Üppige Oleanderbüsche oder Kletterrosen säumen alte Gemäuer, alles ist ein bisschen lässiger als nördlich der Alpen. Und oft offenbart sich ein wunderbarer Blick über die sanften Hügelgruppen, eingefangen von diesem besonderen Licht, welches es nur im südlichen Europa gibt.

Der Weinanbau schaut in Italien auf eine lange Tradition zurück. Seit 3000 Jahren wird in Italien Wein produziert. Allein in der Toskana sind es ungefähr 35 verschiedene Weintypen, deren Trauben inmitten der sonnigen, sanften Hügellandschaft reifen, umgeben von Olivenhainen und Zypressen. Wenn zum herrlichen Tropfen dann noch die Genüsse der italienischen Küche, bestehend aus einfachen aber immer frischen Zutaten und zubereitet nach traditionellen Rezepten, gereicht werden, ist für alle Genießer der Moment der Entspannung gekommen.

Italien

Fattoria Montalbano

LandSelection-Tipp: Das kleine Paradies im Wald

Nur wenige Kilometer von der Fattoria Montalbano entfernt befindet sich eine der schönsten und bekanntesten Sommerfrischen in den Bergen um Florenz – der Ort Vallombrosa, in einem großen Tannenwald gelegen. Sehenswert ist das idyllische Benediktinerkloster „Abbazia di Vallombrosa". Ein entspannter Spaziergang durch den Wald führt zur „Paradisino", einer Einsiedelei aus dem 11. Jahrhundert.

Oberhalb des Arno-Tals, an den Ausläufern des Pratomagno-Massivs, liegt bei Donnini die Fattoria Montalbano, umgeben von Wäldern und Weinbergen.

In den von wildem Wein umrankten Hofgebäuden erwarten den Gast stilvolle, typisch toskanisch eingerichtete Appartements, die mit antikem Mobiliar bestückt sind.

Die Außenanlagen mit ihren Olivenbäumen, blühenden Sträuchern und Blumenkübeln vermitteln mediterranes Flair; lauschige Sitzecken im Schatten alter Bäume laden zum Verweilen und Entspannen ein und eine Pool-Landschaft mit einem Extrabecken für die Kleinsten sorgt für Abkühlung an heißen Tagen.

Land Selection
EUROPAS SCHÖNSTE FERIENHÖFE

Daniela Kratzenberg-Nustrini
Fattoria Montalbano
Via Montalbano 112
I-50060 Donnini
Tel.: 00 39/0 55/8 65 21 58
Fax: 00 39/0 55/8 65 22 85
www.montalbano.it
info@montalbano.it

Ferienhof in Einzellage mit Wald

- kleiner Wintergarten
- Weindegustationen
- Verpflegung möglich
- geführte Wanderungen und gemeinsame Grillabende mögl.
- Töpfer- und Kochkurse mögl.
- Kinderbetreuung mögl.
- viele Streicheltiere
- **Tischlein deck' dich**
- Gastgeberin ist deutschsprachig und spricht Englisch
- bei mindestaufenthalt von 3 Wochen 10 % Rabatt auf den Gesamtpreis
- Ab-Hof-Verkauf von Chianti, Weißwein, Grappa, Barrique, Vin Santo, Olivenöl, Obst und Marmelade

Mehr Aufmerksamkeit als dem erfrischenden Nass schenken die Kinder wohl dem Pony und dem Esel, den Ziegen, Kaninchen und Katzen, dem Federvieh und dem Hofhund. Vielleicht lockt aber auch der große Spielplatz.
Für die Großen gibt es Töpfer- und Kochkurse oder eine stilvolle Weindegustation.
Auf ausgedehnten Wanderungen oder Ausritten auf den Pferden des Nachbarn lassen sich die umliegenden Wälder des Vallombrosa mit ihrem Artenreichtum und ihren vielen Quellen erkunden.
Abgesehen von den vielen Ausflugszielen liegt auch Florenz, die Metropole der Kunst und Kultur schlechthin, nur 25 Kilometer entfernt.

Preise ab EUR

Wohneinheit	FeWo	Zimmer
Ü/Woche	413–1188	62-115
qm	25-65	25-65

10 Wohnungen bzw. Zimmer, 32 Betten

Italien

Il Tesorino e Gerfalco

LandSelection-Tipp:
Auf zu Napoleons Insel!

Direkt gegenüber des Ortes Follonica erblickt man die Umrisse der Insel Elba, die von Piombino aus per Schiff in ca. 1 Std. zu erreichen ist. Minimetropole der Insel ist das malerische Hafenstädtchen Porteferraio, ein guter Ausgangsort für weitere Erkundungen der Insel: Diese bietet neben Steilküste, Bergen, schönen Badebuchten u.a. die Möglichkeit, in einer Erzgrube bei Rio Marina selbst nach Mineralien zu schürfen.

Im Parco di Montini gehen die Ausläufer des toskanischen Apennins allmählich in das hügelige Hinterland der maremmanischen Küstenebene über.
Naturparks von atemberaubender Schönheit und weitläufige Landgüter mit frei lebenden Pferde- und Büffelherden prägen das Bild der Landschaft.
Im Hügelland zwischen Massa Maritima und Follonica liegen die Bauernhäuser von Il Tesorino e Gerfalco, umgeben von Olivenhainen und Weinbergen.
Zu den einfachen, rustikalen Ferienwohnungen in den ehemaligen Stallgebäuden gehören kleine Gärten mit Pinien, Akazien und

Land Selection
EUROPAS SCHÖNSTE FERIENHÖFE

Giovanna Vecchioni Righi
Azienda Agr.
Il Tesorino e Gerfalco
Postfach Nr. 5
I-58022 Follonica
(Grosseto)
Tel.: 0039 – 05 66 - 86 00 00
Fax: 0039 – 05 66 - 86 00 00
www.vivere-toscana.de
iltesorino@aol.com

Landgut in Einzellage- mit Wein-Oliven-und Getreideanbau

- Grillabende
- Gruppenraum
- Kinderbetreuung möglich
- **Ziegenpeterservice**
- **Tischlein deck' dich**
- Entfernung zum Meer 6 km
- die Gastgeber sprechen etwas Deutsch
- Ab-Hof-Verkauf von Öl und Wein

wunderschönen Rosenbeeten. Geballte Kultur von den Etruskern bis zu den Medici, unberührte Wälder mit glasklaren Quellen und seltenen Wildarten und – 6 km entfernt – ein Meer, wie Homer es besungen hat, sind Grund genug, dieses Land zu besuchen.

Kinder sind auf dem Hof gern gesehene Gäste. Wenn sie mal keine Lust haben, mit den Eltern einen längeren Ausflug zu machen, dürfen sie in der Obhut der Gastgeber auch auf dem Hof bleiben und einfach weiter spielen. Angesichts der natürlichen Freundlichkeit der Gastgeber fühlt man sich in Il Tesorino e Gerfalco schnell zu Hause.

Preise ab EUR

Wohneinheit	FeWo	Zimmer
Ü	44–85	
qm	57–150	
32 Betten		

Käse, Wein, Champagner, Cognac – jede Region in Frankreich hat ihr edles Tröpfchen und den passenden Käse dazu. Heute zählt man mehr als 400 Käsesorten im Land. Genauso unterschiedlich und vielseitig sind auch die Franzosen selbst. Sie lassen sich nicht über einen Kamm scheren, wie man auch Charles de Gaulles Aussage entnehmen kann. Hier heißt es: „Savoir-vivre", jeder nach seiner Art.

In Frankreich gibt es eigentlich nichts, was es nicht gibt. Kaum eine Sportart ist den Franzosen fremd und landschaftlich ist alles vertreten vom großartigsten Alpengletscher bis zu den schönsten Palmen an den Mittelmeerstränden. Diese Vielseitigkeit macht Frankreich zu einem beliebten Urlaubsland mit angenehmem Klima, mondänen Badeorten, gemütlichen Fischerdörfern, Schlössern, Weinrouten, Bergen und einer einzigartigen, schönen Natur.

Die berühmteste Sehenswürdigkeit des Landes ist sicherlich der Eiffelturm, Wahrzeichen von Paris und weltweites Symbol für Frankreich. Die höchste, zugängliche Plattform befindet sich auf 276 Meter Höhe. Wer sich bis dort hinauf wagt, genießt einen unvergesslichen Ausblick auf die Stadt der Liebe.

Liebe auf den ersten Biss, erfährt der Urlauber beim Genuss der französischen Küche. Zum Beispiel im Perigord, östlich von Bordeaux, wo Liebhaber von echten Trüffeln und „Foie gras", der Gänseleberpastete auf ihre

> Es ist schwer, ein Volk zu regieren, das 246 Sorten Käse hat.
> Charles de Gaulle

Frankreich

Kosten kommen - in der Normandie bei Calvados und Apfelkuchen, in der Bretagne bei Austern und Hummer, im Languedoc beim Cassoulet-Eintopf oder in Marseille bei der berühmten Bouillabaisse. Frankreich und Gastronomie, das gehört einfach zusammen.

Doch was wäre Frankreich ohne seine schönen Dörfer, seine ländlichen Kommunen, seine charmanten Städte und seine sehenswerten Schlösser? Aufmerksame Wanderer stoßen hier und dort, inmitten landschaftlicher Schönheiten, auf ein reiches historisches Erbe. Ob in den malerischen Flusstälern der Dordogne, in der Gebirgsregion des Cantal, in der Vulkanlandschaft der Auvergne oder an den Granitküsten der Bretagne, überall warten spektakuläre Naturphänomene, die oft mit Geschichten und Legenden verbunden sind und so eine unvergessliche Atmosphäre schaffen.

In Frankreich geht die Kunst des Genießens jedoch weit über die Küche hinaus – die Franzosen vesrtehen zu leben und laden ihre Gäste ein, es ihnen gleichzutun.

Frankreich

Domaine de Lavalette

LandSelection-Tipp:
Auf den Spuren des Trüffels

Mit ein bisschen Glück können die Gäste in den Ferien selbst auf Trüffelsuche gehen. Wer Eichen mit einem vegetationslosen Ring um dem Stamm sieht, der befindet sich möglicherweise direkt an einer „Trüffel-Quelle". Immer mehr verbreitet sind in der Gegend Trüffelzuchtbetriebe („Truffiere"), die je nach Erntezeit auch besichtigt werden können. Im Anschluss an die Besichtigung kann man Trüffelprodukte kaufen und sogar die Delikatessen direkt im Rahmen eines Feinschmecker-Menüs verkosten.

Das Perigord im Südwesten Frankreichs ist „das Paradies" der Franzosen. Das wird jeder bestätigen, der einmal dort einen Urlaub verbracht hat.

Der mittelalterliche Gutshof mit seinem Herrenhaus aus dem 15. Jahrhundert steht inmitten einer Parklandschaft. Der Hof wird über eine private Allee erreicht, die durch Eichen- und Kastanienwälder führt.

Die alten Wirtschaftsgebäude wurden zu vier Ferienhäusern umgebaut. Sie bestechen durch ihre Natursteinwände, alte Holzbalkendecken, kühle Terrakottaböden und die luxuriöse Einrichtung. Von der Küche aus geht man direkt auf die

Land Selection
EUROPAS SCHÖNSTE FERIENHÖFE

Danielle und Horst Benden
Domaine de Lavalette
F-24510 St. Felix de Villadeix
Tel.: 00 33/5/53 63 11 33
Fax: 00 33/5/53 63 02 49
www.la-valette.fr
benden@wanadoo.fr

Herrschaftlicher Gutshof (15. Jhd.) inmitten 80 ha Wald und Wiesen

- luxuriöse Ausstattung
- hotelähnlicher Service
- Croissants und Baguettes inkl.
- eigene Pferde
- Gastpferdeboxen
- Angeln
- beheiztes Schwimmbad
- Tischtennis
- Billardsaal mit Bibliothek und offenem Kamin
- geführte Wanderungen
- Kutschfahrten
- Fahrradverleih
- Spielplatz
- Streicheltiere
- Ab-Hof-Verkauf von Bio-Rindfleisch
- deutsch/französische Inhaber

Terrasse und in den Garten, wo morgens frische, duftende Croissants schon auf die Gäste warten. Wer möchte kann im hofeigenen Bach angeln oder schwimmen. Einer der beliebtesten Treffpunkte ist der große beheizte Pool mit überdachter Grillstelle und Pizzabackofen.
Die herrliche Landschaft lässt sich zu Fuß, per Fahrrad oder mit der Kutsche erkunden.
Auf erfahrene Reiter warten sechs Haflinger. Ein Auto ist dann notwendig, wenn man die vielen Sehenswürdigkeiten in der Dordogne besuchen möchte.
Absolute Ruhe inmitten intakter Natur, macht den einzigartigen Reiz des Domaine de Lavalette aus.

Preise ab EUR

Wohneinheit	Ferienhaus
Ü/Woche	750-1550
qm	50–130

18 Betten

Frankreich

Le Colombié

LandSelection-Tipp: Höhlen und ihre Geheimnisse

In der nahen Umgebung sind fast ein Dutzend einmalige und berühmte prähistorische Höhlen sowie Tropfstein-Höhlen zu finden. (Ca. 10 im Umkreis von 35 km). Außerdem ist die Gegend des Quercy und des Périgord in sportlichen Fachkreisen für das Höhlentauchen weltberühmt. Erfahrene Taucher können zwischen Mitte September und November über „Le Colombié" Tauchkurse bei professionellen und ortskundigen Tauchern belegen.

Die Dordogne steht bei allen Frankreich-Reisenden wegen ihrer hervorragenden Küche – bekannt für Käse und Wein wie z.B. der Bergerac - hoch im Kurs. Mitten in einem Naturreservat, nur ein paar Kilometer vom Fluss Dordogne entfernt, befindet sich das kleine Ferienparadies „Le Colombié". Die gebürtigen Deutschen Silke und Arne Thies bieten in mehreren alleinstehenden Ferienhäusern erholsame Ruhe und perfekte Harmonie zwischen hohem Wohnkomfort und Natur. Jedes der Häuser liegt inmitten großzügiger Rasenflächen und alten Bäumen. In der Regel hat sogar jedes der Ferienhäuser einen eigenen Pool sowie ein idyllisches Saunahäus-

Land Selection
EUROPAS SCHÖNSTE FERIENHÖFE

Arne und Silke Thies
Le Colombié
F-46350 Payrac
Tel.: 00 33/5 65/37 96 44
www.colombie.de
a.thies@laposte.net

Ferienhof in Einzellage

- vier Ferienhäuser, davon zwei rollstuhlgeeignet
- großer Park
- Sauna
- Angel- und Badeteich
- hofeigener Tennis- und Basketballplatz
- ornithologischer Beobachtungsstand
- Reitmöglichkeit gegen Gebühr
- begleitete Motorradfahrten
- Streicheltiere
- Kajak- und Kanuverleih im Ort
- drei Golfplätze in der Nähe
- kreative Workshops

chen. Le Colombié bietet sich rund ums Jahr für Traumferien an – auf dem Hof gibt es einen eigenen Tennis- und Basketballplatz, einen verträumten Angel- und Badeteich, ornithologischer Beobachtungsstand und auch ein paar Pferde, die von erfahrenen Reitern nach Vereinbarung geritten werden können. In der nahegelegenen Dordogne kann bedenkenlos gebadet und Kanu gefahren werden, auf den romantischen Flussinseln wird gezeltet und Lagerfeuer gemacht. Drei schöne Golfplätze sind in der Nähe, die Gäste können die Gegend mit hofeigenen Fahrrädern erkunden und abends sind unvergessliche Beobachtungen am klaren Sternenhimmel ohne störendes Streulicht möglich, wofür die Gastgeber eigens ihr Teleskop verleihen.

Preise ab EUR

Wohneinheit	**Häuser**
Ü/Wo/2-6 Pers. 150-1700 je nach Haus und Saison	
qm	50-180
4 Häuser	

Frankreich

Mon Moulin

**LandSelection-Tipp:
Liebe geht durch den Magen**

Die Franche-Comté ist bekannt für Ihren großartigen Comté Käse. Ein kulinarischer Ausflug zu den Fromagerien entlang der „Comté-Reiseroute" ist nicht nur etwas für Käseliebhaber. Wie wäre es mit einem Picknick in den Weinbergen mit Blick auf das malerische Panorama, mit einem Stück Comté aus der örtlichen Fromagerie, frischem Baguette und Walnüssen? Wer noch nicht satt ist, der sollte nach Arbois fahren, um dort die herrlichsten Schokoladenkunstwerke beim besten Patissier Frankreichs zu probieren.

Es war Liebe auf den ersten Blick, als Iris und Jan Hanke die „Vieux moulin d' Ougney", die urkundlich bis zur französischen Revolution zurückverfolgt werden kann, Ende der Neunziger Jahre entdeckten und unter Berücksichtigung und Bewahrung der historischen Bausubstanz zur „Neuen" Mühle von Qugney umbauten. Sie liegt eingebettet in das kleine Dorf Ougney am Fuße des Massif de la Serre, an der Schnittstelle der Departements Jura und Cote d`Or. Das Bild dieser Region wird von den größten zusammenhängenden Waldgebieten und saubersten Flüssen Frankreichs sowie extensiver Landwirtschaft geprägt. Das malerische, ca. 1,5 ha

Land Selection
EUROPAS SCHÖNSTE FERIENHÖFE

Iris und Jan Hanke
Mon Moulin
3, rue de l'Ecole
F-39350 Ougney
Tel.: 00 33/3 84 70 99 97
Fax: 00 33/3 84 70 99 97
www.mon-moulin.de
bonjour@mon-moulin.de

Ferienhof

- historische Mühle
- 15.000 qm Parkanlage
- 3 komfortable Ferienwohnungen
- Kaminraum
- Weinkeller
- eigene Bade- und Angelstelle für Kinder
- Tretboot fahren auf dem Mühlkanal
- Ab-Hof-Verkauf von Honig

große Mühlen-Grundstück wird von Bächen, einem Mühlteich, uralten Kopfweiden und viel Grün geprägt. Den Gästen der exklusiv ausgestatteten Ferienwohnungen steht ein separat gestalteter Gartenteil sowie eine kleine Badestelle zur Verfügung.

„Mon-Moulin" lädt ein, draußen zu sein, im Grünen zu essen, zu sitzen, zu lesen, Boule zu spielen oder Pflanzen zu bestaunen und zu beschnuppern. Und die nähere Umgebung bietet alles, was man von einem richtigen Frankreich-Urlaub erwartet: Exzellente Weine, berühmte Käsesorten, Sterneköche in kleinen Restaurants, malerische und kultur-historisch wertvolle Städte und sogar eines der 100 schönsten französischen Dörfer gleich um die Ecke.

Preise ab EUR

Wohneinheit	FeWo
Ü inkl. Nebenkosten	70-100
qm	38-76

3 Wohnungen, 10 Betten

251

Die spanische Kultur ist stark von orientalischen Einflüssen geprägt – dies macht sicherlich auch die Spannung aus, die diese stolze Nation der iberische Halbinsel ausstrahlt.

Tradition und Moderne, Meer und Gebirge. Es ist das Land der Kontraste, der großen Metropolen und der kleinen Dörfer. Die Iberische Halbinsel empfängt das ganze Jahr über Touristen aus aller Herren Länder. Ob während einer Städtetour, eines Kultur- oder Aktivurlaubs, ob auf den Inseln oder in den Bergen, bei jeder Gelegenheit erfahren die Besucher eine besondere Gastfreundschaft, die den Urlaub in allem noch attraktiver macht.

Von der knapp 800-jährigen maurischen Herrschaft geprägt, ist vor allem die Region Andalusien. Zeugen sind heute noch viele Sehenswürdigkeiten, unter ihnen Kunstwerke von Weltruhm wie die Alhambra in Grenada oder die Giralda in Sevilla.

In Andalusien ist auch der Flamenco zu Hause, der Dreiklang aus Gesang, Tanz und Gitarrenspiel, der uns von Glück und Pech im Alltag, von der Liebe und dem Leben erzählt.

Das subtropische Klima an der Costa del Sol sorgt ganzjährig für angenehme Temperaturen. Mehr als 320 Sonnentage pro Jahr garantieren den gelungen Badeurlaub an dieser Küste im Süden Spaniens, die durch Bergketten zusätzlich von Nordwinden geschützt ist. Für eine angenehme Abkühlung sorgen kunstvoll angelegte andalusische Gärten

> **Spanien ist der Himmel auf Erden.**
> Sylvia Plath

Spanien

oder ein Bad im Mittelmeer. Wer Abwechslung zum Strandleben braucht, findet diese in Malaga. Etwas wilder zeigt sich die Natur am katalanischen Mittelmeer, an der Costa Brava. Stark zerklüftete Felsmassive fallen hier steil zum Meer hinab. Abseits der Bettenburgen in Lloret de Mar, trifft man an dieser Küste auf malerische Fischerdörfer, kleine Strände und Buchten, die zum Teil nur mit dem Boot zu erreichen sind. Pinien-, Korkeichen und Akazienhaine zieren die felsigen Küstengebirge. Ein Hauch von Rosmarin und Thymian liegt in der Luft. Die weiße Perle der Costa Brava ist Cadaqués, die Heimat von Salvador Dalí. Das weiße Fischerdorf hat sein ursprüngliches mediterranes Ambiente mit seinen hübschen, schmalen Gassen erhalten und ist heute noch dank seiner idyllischen Lage Anziehungspunkt für viele Künstler.

Spanien – Andalusien

Finca Los Cerrillares

**LandSelection-Tipp:
Ein Rausch für alle Sinne!**

Eine Woche nach Ostern beginnt in Andalusien das größte Fest Spaniens, die „Feria de Abril de Sevilla", mit schönen Frauen, Freude, Musik, Gesang, Tanz, Speise und Trank, Gastfreundschaft in den „Casetas" (kleinen privaten Festzelten), Pferde-Paraden und Jahrmarkt. Wein fließt in Strömen und zur Eröffnung findet jedes Jahr auf dem Stierkampfplatz die größte Kutschenparade der Welt statt.

Zwischen Sevilla und Cordoba, im Naturpark der Sierra Norte mit ausgedehnten Korkeichenwäldern und uralten Olivenhainen liegt die Finca Los Cerrillares.

Das acht Quadratkilometer große Anwesen grenzt an einen See und bietet alle Möglichkeiten, die Natur zu genießen.

Die geräumigen und gut ausgestatteten Appartements liegen im früheren Cortijo, dessen Natursteinmauern teilweise aus dem 17. Jahrhundert stammen.

Die deutschen Gastgeber verwöhnen ihre Gäste mit einem abwechslungsreichen Frühstücksbüffet zu flexiblen Zeiten. Auf Wunsch erhalten die Gäste auch Vollverpflegung

Land Selection
EUROPAS SCHÖNSTE FERIENHÖFE

Udo Eckloff
Los Cerrillares
Ctra. Las Navas, km 17
E-41479 La Puebla de los Infantes (Sevilla)
Tel.: 00 34/95/5956/130
Fax: 00 34/95/5956/150
www.fincaparadies-andalusien.de
info@fincaparadies-andalusien.de

Einzelhof

- großzügige Wohnmöglichkeiten
- großer Speiseraum mit Bar und Kamin
- herausragende, lokale Küche mit eigenen Erzeugnissen
- Fincarundfahrt mit dem Jeep
- Segeln, Kanu fahren, Fluss oder Quellwasserpool
- Streicheltiere, Wild, Schafe und Iberische Schweine
- Bogenschiessen
- Pilze sammeln
- Grillen am Fluss
- Hautkur mit frischer Aloe Vera
- ab-Hof-Verkauf von Schinken, Wurst, Olivenöl und Honig

mit typisch spanischen Gerichten – die frischen Zutaten und das ökologisch hergestellte Olivenöl stammen von der Finca.

Auf dem riesigen, eingezäunten Privatgelände führen mehr als 100 km Wander- und Spazierwege durch eindrucksvolle Schluchten und Täler zu Anhöhen mit imposanter Fernsicht. Dort können in aller Ruhe freilebende Tiere in ihrer natürlichen Umgebung beobachtet werden. Erfahrene Reiter nutzen auf der Finca die fast 200 km Reitwege. Die Finca selbst kann per Jeep erkundet werden. Für alle, die Kultur erleben wollen: Sevilla, Cordoba und Granada mit ihren Sehenswürdigkeiten sind nur 1-2 Autostunden entfernt und auch das Mittelmeer und die Atlantikküste sind in kurzer Zeit erreichbar.

Preise ab EUR

Wohneinheit	FeWo
Ü/F 1 Pers.	65
4 Pers.	185
qm	30-50
VP/Pers/Tag inkl. Getränke	30
24 Betten	

Spanien – Andalusien

Las Navezueals

LandSerlection-Tipp: Üppiges Grün im Nationalpark

Der Nationalpark Sierra Norte umfasst eine Fläche von ca. 165.000 ha in der Sierra Morena der Provinz Sevilla. Seine Grenzen reichen bis nach Badajoz, Huelva und Cordoba. Die größte Regenfallmenge der Provinz sorgt hier für schöne Wälder und eine üppige Fauna und Flora. Dieses Gebiet wurde bereits von den Iberern besiedelt und schon die Römer begannen hier mit dem Abbau von Bodenschätzen.

Ganz im Norden Andalusiens, in der Mittelgebirgslandschaft der Sierra Morena, liegt die ehemalige Olivenmühle Las Navezuelas, deren Ursprünge bis ins 16. Jahrhundert zurückreichen. Das Anwesen, von den Gastgebern liebevoll restauriert, beherbergt heute stilvolle, rustikale Gästezimmer und kleine Ferienwohnungen.

Die hervorragende spanische Küche verwöhnt den Gaumen mit regionalen Spezialitäten und der nächste Ort ist weit weg, sodass nichts die Ruhe und Entspannung auf Las Navezuelas stört und der Blick ungehindert über die offene Landschaft der Sierra Norte schweifen kann. Sogar während der heißesten

Land Selection
EUROPAS SCHÖNSTE FERIENHÖFE

Luca Cicorella
Las Navezuelas
Carretera A 432, km 43,5
E-41370 Cazalla de la Sierra
Tel.: 00 34/9 54/88 47 64
Fax: 00 34/9 54/88 45 94
www.bauernhofurlaub.com/
hoefe/las-navezuelas.htm
navezuela@arrakis.es

Landgut in Einzellage mit Viehzucht

- großer Freiluft-Pool mit Liegezone
- Terrasse mit Gartenmöbeln
- Gartenanlagen
- Handwerkskurse in den eigenen Ateliers (Keramik, Korbflechten)
- Speiseraum mit offenem Kamin
- regionaltypische Küche mit Produkten aus der eigenen Erzeugung
- Kleinkindausstattung
- Kinderbetreuung stundenweise mögl.
- eigener PKW erforderlich
- Gastgeber sprechen etwas Englisch, Französisch und fließend Italienisch

Sommertage versorgen die kristallklaren Wasser des Naturparks nicht nur die Olivenhaine, sondern auch den großen Freiluft-Pool mit dem kühlen Nass.
In den Gartenanlagen kann man die Seele baumeln lassen oder ein gutes Buch lesen. Kreative können in den hofeigenen Ateliers traditionelle Handwerkskünste lernen, wie zum Beispiel das Keramiker-Handwerk oder Korbflechten; per Pedes, Drahtesel oder hoch zu Ross lässt sich die Landschaft rund um Cazalla erkunden.
Auch entferntere Ziele wie die historischen Städte Sevilla und Cordoba sind einen Tagesausflug wert. Allerdings ist hierfür ein eigener PKW erforderlich.

Preise ab EUR

Wohneinheit	Studio	Zimmer
Ü/F	63–71	26–28
qm		14–18
26 Betten		

Es war der portugiesische Seefahrer Fernando Magellan, der zu Beginn des 16. Jahrhunderts die erste Weltumsegelung unternahm. Sein berühmtes Zitat ist bis heute eine Aufforderung an die Menschheit geblieben, den Heimathafen von Zeit zu Zeit zu verlassen, um nach neuen Ufern Ausschau zu halten. Der Entdeckergeist lohnt sich allemal, vor allem, wenn das Ziel das Geburtsland des Entdeckers selbst ist.

In Portugal herrscht der Geist einer alten Seefahrertradition. Stockfisch und gegrillte Sardinen gehören an Feiertagen zu den traditionellen Essen. In der Musik widerspiegeln sich Sehnsucht und Melancholie, gepaart mit afrikanischen Rhythmen.

> Wer an der Küste bleibt, kann keine neuen Ozeane entdecken
> Fernando Magellan

Portugal ist auch das strahlende Land der Orangen- und Zitronenbäume, der Oliven und Feigen, der Mandeln und Weintrauben. Es besitzt die Idylle der kleinen Dörfer, der alten Burgen, der zum Teil unberührten Natur und der absoluten Abgeschiedenheit. Es ist ein farbenprächtiges Land, in dem sich das Leben an der Küste sehr stark vom Leben im Hinterland unterscheidet.

Das touristische Zentrum Portugals bleibt unangefochten die Algarve, die südlichste Region des Landes. Strahlender Sonnenschein, weitläufige Strände, herrliche Felsformationen und kristallklares Wasser empfangen den Urlauber, der hier das ganze Jahr über mit dem schönsten Wetter rechnen kann. Der Küstenstreifen der Algarve eröffnet dem Besucher zwei gegensätzliche

Portugal

Landschaftstypen: Die östliche Sandalgarve, die von langen Sandstränden und Lagunenlandschaften geprägt ist. Und die westlich gelegene Felsalgarve, eine zerfurchte 20-50 m hohe Steilküste mit kleinen Buchten und malerischen Formationen aus gelben und rötlich braunen Kalk- und Sandsteinfelsen.

Wegen der vielen Golfplätze, von denen manche bis direkt an die Steilküste hin angelegt sind, ist die Algarve ein Geheimtipp bei Golfern. Für die Kulturinteressierten ist das küstennahe Hinterland vor allem wegen seiner archäologischen Sehenswürdigkeiten interessant. Und wer sich bis ans Ende der Welt wagt, sollte einen Ausflug zum Cabo de Sao Vicente machen. Auf jeden Fall hat er dann das südwestlichste Ende Europas erreicht.

Portugal – Algarve

Quinta da Figueirinha

LandSelection-Tipp: Wohltuende Wanderungen

Das Gebirge der Serra de Monchique ist ein lohnendes Ausflugsziel für alle Wanderfreunde und Naturliebhaber. Die Luft ist erfrischend und selbst im Hochsommer blühen hier noch Blumen. Besonders empfehlenswert ist ein Besuch der Thermalquellen und der angenehm verwilderten Parkanlage von Caldas de Monchique. Dem Wanderer eröffnet sich ein einzigartiges Panorama – weite Wälder und schroffe Gebirge.

Zwischen den Bergen der Serra de Monchique und den munteren Strandorten der Algarve liegt das Maurenstädtchen Silves. Von hier sind es nur noch wenige Kilometer zur Quinta da Figueirinha. Auf dem biologisch anerkannten Obst- und Gemüsebaubetrieb laden zehn komfortable und mediterran eingerichtete Ferienwohnungen sowie ein großzügiges Gästehaus zu Ferien unter südlicher Sonne ein. Während die Großen im Schatten die Seele baumeln lassen, klettern die Kleinen schon durch die vielen Bäume oder entdecken den Hof. Da fällt nur noch die Wahl schwer, in welchem der vier Schwimmbäder man sich abkühlt.

Land Selection
EUROPAS SCHÖNSTE FERIENHÖFE

Dr. Gerhard Zabel
Quinta da Figueirinha
P-8300-028 Silves/Portugal
Tel.: 00 351/282 440 700
Fax: 00 351/282 440 709
www.qdf.pt
qdf@qdf.pt

Einzelhof inmitten von Orangenbäumen

Von der Quinta (kleines Landgut) blickt man auf ein landschaftliches Idyll aus Orangen-, Clementinen- und Zitronenbäumen. Mandeln und Johannisbrot werden ebenso angebaut wie Oliven oder Feigen. Und wer exotische Früchte, hausgemachtes Marzipan oder Liköre probieren möchte, kann dies nach Herzenslust im hofeigenen Laden tun.

Das vielseitige, landwirtschaftlich geprägte Umland lädt zu allerhand Ausflügen ein – sei es zu einem der legendären Strände der Algarve oder zu Touren auf den Spuren der Mauren.

- Schaugarten trockenresistenter Pflanzen
- Schaugarten exotischer Kulturen
- Bibliothek
- Familienfeiern, Kaffeetrinken
- Gruppenraum für 50-60 Pers.
- Frühstücks- und Fernsehraum
- vier Rundschwimmbecken
- Internetzugang
- Tischtennis und viele Spiele
- kostenlose Breitstellung von mobilen Grillgeräten
- Betriebsführungen für Gäste der Quinta kostenlos
- ab-Hof-Verkauf von Obst und Gemüse mit Biozertifikat, Likören, Likörweinen, Marmelade, Marzipan aus eigener Herstellung
- Strand in 15 km
- Kindergeburtstagsfeier mögl.

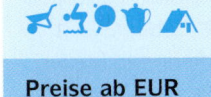

Preise ab EUR		
Wohneinheit	FeWo	Zimmer
Ü/2-6 Pers.	30-72	5/P
Ü/F 2-6 Pers.	40-102	10/P
HP 2-6 Pers.	60-162	20/P

10 Wohnungen, 1 Gästehaus, 41 Betten

Portugal – Algarve

Residencia Minuh

LandSelection-Tipp: Quellen der Algarve

Schon die Römer wussten um die Heilkraft des Wassers, das in Caldas de Monchique aus mehr als ein Dutzend Quellen sprudelt. Aufgeheizt vom Gesteinskörper des Monchique-Gebirges tritt es mit 32°C an mehreren Stellen zutage und jede der Quellen ist mit einem Volksglauben verbunden. So soll die Quelle der Jugend die regelmäßig Trinkenden um sechs Jahre verjüngen. Vielleicht bilden sich deshalb so lange Menschenschlangen, ausgerüstet mit Unmengen von Kanistern, um das Heilwasser abzufüllen.....

Am westlichsten Zipfel Europas, da wo die Sommer nicht zu heiß und die Winter angenehm sind, der Himmel immer ein bisschen blauer aussieht und die Sonne ein wenig öfter scheint, da ist man an der portugiesischen Algarve angelangt. Deren Hinterland ist ebenso reizvoll in seiner Ursprünglichkeit und Ruhe wie die weißen Sandstrände und Klippen der spektakulären Küste. Hier in der Serra de Monchique, in einem Bio-Natur-Reservat inmitten eines Korkeichenwaldes bietet die Familie Mittelstädt Ruhe suchenden Landliebhabern ein charmantes Gästehaus in familiärer Atmosphäre. Dort gibt es zwei Ferienwohnungen, eine Suite mit Kinderzimmer

Land Selection
EUROPAS SCHÖNSTE FERIENHÖFE

Uta Mittelstädt
Residencia Minuh
Apartado 72
P-8550 Monchique
Tel.: 00 351/2 82 91 11 75
Fax: 00 351 2 82 91 11 75
www.residencia-minuh.com
www.algarve-pension.com
minuh@hotmail.de

Ferienhof mit Orangen und Olivenanbau

- Gästehaus im Bio-Natur-Park
- gemütliche Wohnungen und Zimmer im Landhausstil, mit Antiquitäten eingerichtet
- Panorama-Terrassen
- Frühstück auf Wunsch
- Schwimmbad (01.06.-30.09.)
- Liegewiese
- geführte Wanderungen und Fahrradtouren, Reitmöglichkeit, Wellness-Center,
- Frei- und Hallenbad im Ort
- 36-Loch-Golfplatz in 10 km
- Küste in 20 km

sowie sieben liebevoll eingerichtete Gästezimmer, die mit viel Liebe zum Detail gestaltet wurden. Davon zeugen die verschiedenen Wandfarben der Zimmer oder die ausgesuchten Antiquitäten.

Orangen- und Olivenbäume säumen die Terrassen und von hier aus bietet sich dem Gast ein atemberaubender Blick auf das Panorama der portugiesischen Küste.

Wer Ruhe und Entspannung in einer malerischen Idylle sucht, ist hier genau richtig. Im Ort gibt es ein nettes Freibad, ein Wellness-Center sowie Reitmöglichkeiten – letzteres ist ideal, um die Gegend zu erkunden. Ein wunderschöner Golfplatz ist nur wenige Autominuten entfernt. Mit einem Gläschen Wein am Kaminfeuer der Residencia Minuh klingt der Tag aus.

Preise ab EUR

Wohneinheit	FeWo	Zimmer
Ü/HS	97	
Ü/NS	75	
Ü/DZ/HS		75
Ü/DZ/NS		55
Ü/EZ/HS		62
Ü/EZ/NS		42

kleines Frühstück 8 EUR/P/Tag
großes Frühstück 12 EUR/P/Tag
1 Suite, 2 Wohnungen, 5 DZ, 2 EZ.

LandSelection – Besondere Angebote

Lernen Sie die schönsten Seiten des Landes kennen!

Zu zweit den Alltag hinter sich lassen und sich ausgiebig verwöhnen lassen,

Kinder, die in den Ferien auch mal ohne Eltern aufs Land verreisen und dort den Traum vom Ponyhof erleben,

Großeltern, die in der ferienfreien Zeit mit den Enkeln unbeschwerte Tage auf dem Bauernhof genießen,

Kulturliebhaber, die Lesungen und Konzerte in Fachwerkscheunen oder in weitläufigen Landgärten erleben,

Und Stadtmenschen, die einen Kontrapunkt zu Ihrem üblichen Leben setzen, um voll ins Landleben einzutauchen: Melken, füttern, ausmisten oder Heu machen.

Sei es eine Woche außerhalb der Schulferien oder einfach mal ein

Wochenende mit zwei Übernachtungen, die LandSelection-Höfe haben das ganze Jahr Programm!

Oder eben kein Programm, ganz wie Sie wünschen!

Probieren Sie es einfach aus! Die schönsten Seiten des Landes halten Sie direkt in der Hand. Stöbern Sie in Ruhe und finden Sie Ihr Land-Ziel für Zwischendurch.

Oder werden Sie fündig unter www.landselection.de

Europas schönste Ferienhöfe erwarten Sie!

Besondere Angebote – LandSelection

Reisen zu zweit

Sie reisen mit Freundin oder Freund an? Oder haben Sie die Kleinen zu Hause gelassen, um wieder einmal zu zweit ein paar ruhige Tage zu verbringen? Wollen Sie mit dem Partner aktiv das Land per Rad oder per Pedes erleben? Oder mit einem Wellness-Wochenende neue Kräfte sammeln?

Einfach abschalten, in der Sonne aalen, unterm Apfelbaum ein gutes Buch lesen, im Garten den Schmetterlingen nachlaufen, den Wind um die Nase wehen lassen oder nach Lust und Laune mit netten Menschen über Unwichtiges und Alltägliches debattieren – wer träumt nicht von solch einfachen Urlaubserlebnissen. Viele LandSelection-Höfe bieten während Ihres Aufenthalts eine **besondere Überraschung**, z.B. ein **romantisches Abendessen**, ein **Picknick im Grünen**, einen **Tea for Two**...

Flitterreisen

Verliebt, verlobt, verheiratet – auf dem Land werden solche Feste immer gerne gefeiert. Als Flitter-Gäste werden Sie auf LandSelection-Höfen natürlich mit einem **Hochzeitsstrauß** und einem kleinen **Sektempfang** in der Bauernküche standesgemäß begrüßt. Und wenn Sie wollen, können Sie sich auch mit Ihren Hochzeitsgästen auf den Höfen einquartieren und dort ausgiebig feiern, auf der Tenne, im

LandSelection – Besondere Angebote

umgebauten Kuhstall oder sogar im Garten. Möglichkeiten gibt es unendlich viele und jeder LandSelection-Hof bietet seine ganz persönlichen Festspezialitäten an.

Junge Familien

Immer mehr Familien mit Kleinkindern zieht es aufs Land. Und das nicht ohne Grund. Wo sonst kann man ungestört auf der Terrasse ein Buch lesen, während das Baby fröhlich im Kinderwagen kräht, oder der vierjährige Max mit dem Trettrecker hinter Bauer Moritz her fährt. Und die kleine Lena der Bäuerin Martha beim Pfannkuchenbacken hilft. Eine besondere Urlaubszeit für junge Familien sind die Monate im Jahr, in denen keine Schulferien sind. Denn dann haben die Gastgeber die richtige Muße, den Allerkleinsten das Landleben nahe zu bringen.

Außerhalb der Hauptsaison erhalten junge Familien mit nicht schulpflichtigen Kindern übrigens einen *Preisnachlass in Höhe des Alters der Kinder.* Wer z.B. mit zwei Kindern im Alter von 4 und 6 Jahren einen LandSelection-Urlaub macht, erhält 10 Euro Rabatt.

Besondere Angebote – LandSelection

Tischlein deck' dich

Wer sich im Urlaub selbst versorgt, ist unabhängiger. Doch einen Nachteil hat die Sache:
Will man am Tag der Anreise nicht gleich wieder abreisen, um einzukaufen, muss man eine „Start-Ration" zwischen den Kleidern im Koffer verstauen. Das können wir Ihnen ersparen. Bei den entsprechend gekennzeichneten Ferienhöfen erhalten Sie schon mit der Buchungsbestätigung ein Formular, auf dem Sie Ihre Einkaufswünsche ankreuzen können. Die Bestellung schicken Sie vorab zurück und bei Ihrer Ankunft finden Sie dann alles vor, was man für die erste Mahlzeit braucht. Kurzum:
Das Tischlein ist gedeckt.

Ziegenpeter Service

Gerade für Kinder sind unsere Bauernhöfe eine Welt voller großer Abenteuer und kleiner Wunder. Doch was tun, wenn die Kinder kurz vor Urlaubsbeginn krank werden? Auch in solchen Fällen *ist es uns ernst mit der Kinderfreundlichkeit*. Bei Vorlage eines ärztlichen Attestes fallen die sonst üblichen Stornogebühren nicht an. Einzige Voraussetzung: Sie holen den geplanten Urlaub auf dem gleichen Hof innerhalb von 6 Monaten nach.

LandSelection – Kindergeburtstage

Happy Birthday
Das Rundum-Sorglos-Paket für den Kindergeburtstag!

Klar – *Urlaub auf dem Bauernhof* ist immer eine tolle Sache. Aber wie wäre es mal mit einem Kindergeburtstag auf dem Lande? Ein spannendes Detektivtreffen zwischen Heu und Stroh, eine urige Bauernhofparty, abenteuerliche Piratenspiele oder zauberhafte Prinzessinnenfeiern – sie alle haben eines gemeinsam: Ohne die richtige Dekoration, den passenden Snack, die zündende Spielidee und ein starkes Mitgebsel für die Gäste ist die Meute nicht zu bändigen.

Stellen Sie sich vor, Ihr Sprößling wird nächste Woche sieben, ganz hoch im Kurs stehen Piraten oder das Thema Bauernhof – und Sie sollen alle Sonderwünsche unter einen Hut bekommen! Kommt Ihnen das bekannt vor? Dann können Sie jetzt entspannt aufatmen – denn die *Partystrolche sind ein kompetenter Partner*, wenn es um streßfreies Feiern geht.

Bei uns finden Sie jede Menge Spiel-Anregungen, Basteltipps, Geschenkideen und leckere Rezepte. Im Online-Shop können Sie unter *www.partystrolche.de* völlig entspannt alle Accessoires für die Bande zusammensuchen. Alles aus einer Hand und ohne Einkaufshektik!

Wetten, diese Party wird ein voller Erfolg!

www.partystrolche.de

Service — LandSelection

Worauf Sie sich verlassen können

Wir sind keine Hotelkette. Bei uns gibt es weder das genormte Standardzimmer noch die „Exit"-Leuchtschrift am Ende des Flures. Dafür können Sie sich darauf verlassen, eine Vielzahl individueller Kleinigkeiten und Aufmerksamkeiten vorzufinden.

In unseren Vergnügungsparks gibt es Rinder, Kühe, Kälber, Schweine, Hühner, Ponys und Kaninchen. Allerdings: Ausnahmen können schon einmal die Regel bestätigen – wie z.B. bei einem Forstbetrieb. Am besten Sie rufen uns an. Dann erfahren Sie nicht nur, welche Tiere wir haben, sondern auch, unter welchen Bedingungen Sie Ihre eigenen Haustiere mitbringen können.

LandSelection-Höfe haben ihre eigene Geschichte – und die erzählen wir Ihnen gerne. LandSelection-Höfe sind teilweise seit vielen Generationen im Familienbesitz, oft regionaltypisch gebaut und eingebettet in die umgebende Landschaft. Die charakteristische Form als Stall, Scheune oder Gutshaus beibehaltend, haben wir in unsere Gebäude mit viel Liebe moderne Ferienwohnungen und gemütliche Gästezimmer eingebaut.

Wenn's um die Wurst geht, wissen wir genau, um welche Wurst es geht, denn dass wir in unseren Küchen das Fleisch unserer eigenen Tiere verarbeiten und auch frische Produkte von unseren eigenen Feldern und Gärten verwenden, ist selbstverständlich. Und so ist es kein Wunder, dass unsere Küche auch bei Gourmets inzwischen schon als Geheimtipp gilt.

Draußen auf dem Feld oder im Stall hilft nur, wer Lust und Laune dazu hat: Stroh bergen, Kartoffeln sammeln, Heu stapeln oder Zuckerrüben hacken mag dem ein oder anderen zu anstrengend sein. Aber beim Füttern zugucken, den Weideauftrieb der Kühe beobachten, eine Runde auf dem Traktor mitfahren oder selbst mal versuchen, eine Kuh zu melken, ist schon weit weniger strapaziös.

LandSelection – Service

Reihenweise Zusatzleistungen

Eine ganze Reihe von zusätzlichen Leistungen werden auf allen LandSelection-Höfen angeboten.

Wer zum Beispiel nicht mit dem Auto, sondern mit der Bahn in Urlaub fahren möchte, wird von den Gastgebern gern am Bahnhof abgeholt.

Wer in einer Ferienwohnung unterkommt, ist fast immer Selbstversorger. Für das Frühstücks-Brötchen muss man aber nicht früh aufstehen und den Weg zum Bäcker antreten: Mit den Gastgebern kann ein Brötchenservice abgesprochen werden.

Freizeitaktivitäten finden meist nicht nach einem festgelegten Plan statt, sondern nach individueller Absprache. Und nicht selten wird spontan ein gemeinsamer Grillabend oder ein gemütlicher Kaminabend organisiert. Eventuelle Kosten für die verschiedenen Freizeitangebote sollten aber vorab geklärt werden, damit es keine Missverständnisse gibt.

Bei der Planung von Ausflügen und Aktivitäten sind die Gastgeber gern behilflich. Sie kennen sich am besten in der Umgebung aus, sind über die aktuellen Programme der Fremdenverkehrsämter informiert und vermitteln geren Angebote von Nachbarhöfen, die auf dem eigenen Hof nicht möglich sind.

Empfehlen Sie uns weiter!

Sie kennen einen Ferienhof, der gut zu LandSelection passen würde? Dann freuen für uns über Ihre Empfehlung!

Für jede erfolgreiche Vermittlung bedanken wir uns mit einem Reisegutschein im Wert von 100 Euro.

LandSelection – EUROPAS SCHÖNSTE FERIENHÖFE

www.stilvoller-urlaub.de

Stilvoller Urlaub
EXZELLENTE SCHLÖSSER UND LANDGÜTER
ERLEBEN UND GENIESSEN

HERZLICH WILLKOMMEN AUF DEN SCHÖNSTEN SEITEN DES LANDLEBENS

Eine Landpartie zu gepflegten Schlössern und Herrensitzen, Ferien auf dem Erlebnisbauernhof oder dem Reiterhof der Extraklasse, mal zu Zweit, mal mit der ganzen Familie, mal mit Geschäftspartnern, mal mit Familienfreunden – das Land ist voller Möglichkeiten! Schauen Sie einfach mal rein, was die Gastgeber von **"Exzellente Schlösser und Landgüter"** so zu bieten haben!

Historisch wertvolle Schlosshotels und Herrensitze, Burgen, Klöster und Landhäuser finden Sie bei **Culture & Castles e.V.**. Die Angebote reichen von der stilvollen Übernachtung mit Frühstück über Ferienwohnungen und Suiten. Zahlreiche Anwesen verfügen über eigene Standesämter oder kleine Kapellen – beste Voraussetzung für die Hochzeit. Auch für Meetings, besondere Feierlichkeiten und als Tagungslocation eignen sich die historischen Salons und Gewölbekeller, die weitläufigen Parkanlagen und Turmzimmer hervorragend.

Das ganz besondere Urlaubserlebnis für Familien versprechen die **LandSelection Höfe** – Europas schönste Ferienhöfe. LandSelection steht für ausgefallene Ferienhöfe, die die traditionellen Vorzüge des Urlaubs auf dem Bauernhof mit anspruchsvoller Ausstattung in allen Bereichen kombinieren: Ambiente, Landschaften, Küche und Freizeitmöglichkeiten. Bei LandSelection finden Sie den Erlebnisbauernhof am Rhein oder die spanische Finca – hier machen Sie Urlaub auf dem Bauernhof in seinen unterschiedlichsten Varianten, in seiner schönsten Form.

Machen Sie sich auf – erkunden Sie das Land in seiner schönsten Form und das zu jeder Jahreszeit; seien es die großen Ferien auf dem Bauernhof oder das verlängerte Wochenende im Schloss – wir freuen uns auf Sie und Ihre Wünsche!

Culture & Castles
Stilvoll logieren – herrschaftlich übernachten in privaten Schlössern, Herrensitzen und Schlosshotels

LandSelection
Traumhafte Ferien auf dem Land – exklusive Adressen für Ferien auf dem Bauernhof

© Culture & Castles e.V. und Marketinggemeinschaft Landselection | Impressum

---

Willkommen auf den schönsten Seiten des Landlebens

Vom Himmelbett im Schlossturm bis zum rustikalen Bauernbett auf dem Landgut:

Das neue Reiseportal www.stilvoller-urlaub.de für den exklusiven Landurlaub lässt keine Wünsche offen.

LandSelection – Symbole

Wir setzen Standards!
We set Standards

Weinbaubetrieb
Viticultural business
Der Betrieb bewirtschaftet eigene bzw. gepachtete Rebflächen

Aufnahme von Kindern ohne Begleitung Erwachsener
Children also welcome without adult accompaniment
Kindergerechte Zimmerausstattung und Verpflegung, qualifizierte, volljährige Aufsichtsperson, Spielzimmer

Kleinkinderservice
Infant service
Babybadewanne, Windeleimer, Schubladen- und Steckdosensicherung, Baby- und Wickelunterlage auf Wunsch, Kinderarzt in erreichbarer Nähe

Rollstuhlgerechte Unterkunft
Accommodation suitable for wheelchairs is available
Barrierefreier Räume, behindertengerechte Sanitärzellen, Chauffeur- und Einkaufsdienst

Haustiere können nach Rücksprache mitgebracht werden
Pets may be brought along subsequent to agreement
Eventuell gegen Aufpreis

Mitarbeit auf dem Hof möglich
Helping on the farm is possible
Ausreichende Haftpflichtversicherung, Maschinen und Gebäude berufsgenossenschaftlich abgenommen

Zelten/Camping auf Anfrage
Camping on request
Strom- und Wasseranschluss am Platz, sanitäre Einrichtungen max. 250 m

Bademöglichkeiten am/im Haus
Swimming facilities on the grounds in the building
Schwimmbecken oder eigener Badestrand bis zu max. 500 m vom Betrieb

Sauna am/im Haus
Sauna in or near the building
Täglich benutzbare Sauna bis zu max. 500 m vom Betrieb

Tennis *Tennis*
Bespielbarer Tennisplatz in max. 1 km oder Tennishalle in max. 5 km vom Betrieb

Reitmöglichkeit am Haus
Riding facilities on the ground
Mindestens ein Pferd/Pony, das von Anfängern (Erwachsener und Kind) ggf. unter Aufsicht einmal täglich geritten werden kann. Pferdestall bis max. 500 m vom Betrieb

Fahrradverleih
Bicycle hire
Mindestens jeweils ein verkehrstüchtiges Damen-, Herren- und Kinderfahrrad vorhanden, Kleinkindersitz auf Wunsch

Eigene Jagd
Private hunting grounds
Jagdmöglichkeiten für Gäste mit Jagdschein im Rahmen vorheriger Absprache

Kinderspielplatz
Childrens's play area
Fallsicherer Platz mit Sandkasten und mindestens einem Spielgerät

Tischtennis
Table tennis
Den Tischtennisnormen entsprechende Platte, Netz, Tischtennisschläger und -bälle in ausreichender Zahl vorhanden

Eigene Angelgewässer
Private fishing waters
Angelmöglichkeiten für Gäste im Rahmen vorheriger Absprache

Wintersportmöglichkeit am Haus
Wintersport facilities near the grounds
Lift, Piste oder Loipe maximal 500 m entfernt, Schlittenverleih, relative Schneesicherheit während der Winterhauptsaison

Einzelübernachtungen bzw. Kurzurlaub möglich
Overnight stays and short holidays available
Nach Voranmeldung, evtl. gegen Aufpreis

Für Senioren besonders geeignet
For seniors particularly suitably
Ruhige Lage, Wanderwege am Betrieb, Chauffeur- und Einkaufsdienst

Ruderboot
Rowing boat
Verleih von Ruderbooten in der Nähe

Fitnessraum im/am Haus
Fitnessroom in/near by the house
Täglich benutzbarer mit mindestens zwei Trimmgeräten ausgestatteter Raum bis zu max. 500 m vom Betrieb